GROWTH IN THE AGE OF COMPLEXITY

복잡성 시대의
성장의 역설

GROWTH IN THE AGE OF COMPLEXITY

안드레이 페루말·스티븐 윌슨 지음 | 김만수·권영상 옮김

여백

"밀도의 경제(Economies of Density)와 스마트 다양성(Smart Variety)을 통한 성장 등 사고의 지평을 넓혀주는 새로운 개념들로 가득한 책이다. 기업의 수익적 성장(Profitable Growth)에 관한 이론과 실무에 크게 기여할 것이다."

__ **고정석** 일신창업투자 대표이사

"역사적 관점에서 산업화 시대와 산업화 이후의 시대(복잡성 시대)로 구분하고, 각 시대의 성장을 견인한 고정원가와 복잡성원가의 중요성을 설명한 책이다. 미시적 차원인 기업 내의 하위 레벨에 존재하는 복잡성원가에 대한 통찰력과 실제 사례들을 기술한 책으로, 복잡성 시대에 처한 기업의 리더들이 실무적으로 반드시 알아야 할 내용들로 넘쳐난다."

__ **구자균** LS Electric 대표이사 회장

"수많은 기업의 경영자가 성장을 위해 고군분투하고 있다. 특히, 역사가 오래된 기업의 경영자일수록 열심히 경영하지만 성과가 개선되지 않는 그 이유를 더 알고 싶어 한다. 이 책은 복잡성의 함정이 그 원인임을 명확히 짚어내고 있으며, 그 함정에서 벗어나기 위해 경영자가 갖추어야 할 마인드와 전략을 담고 있다. 이론서가 아닌 실용서이기 때문에 이 책을 읽기를 더욱 권한다."

__ **구현모** KT 대표이사 사장

"뉴 노멀 시대의 특징은 불확실성이고 불확실성이 커질수록 복잡성은 증가한다. 복잡성은 이해하기 어렵지만 이 책에서는 다양한 사례들과 재미있는 비유로 이를 잘 설명하고 있다. 앞으로는 복잡하고 불확실한 상황에 빠르게 적응하는 기

업만 생존하고 성장할 것이다. 이러한 환경을 대비하는 경영자들에게 일독을 권한다."

"복잡성이 기업의 성장을 어떻게 가로막고 조직의 민첩성을 현저히 저하시킬 수 있는지, 시의적절한 예시들로 흥미를 불러일으킨다. 저자는 성장을 저해하는 장애 요인들의 원인을 진단하고, 이에 따른 분석구조와 해결방안을 구체적으로 제시하고 있다. 매우 유익한 책이다."

"기업은 성장하는데… 수익성은 떨어진다." 이 '성장의 역설(Paradox of Growth)'을 초래하는 원인은 의도하지 않은 복잡성의 누적이다. 이 책은 그 과정을 사례를 들어 실증하는 동시에 함정을 피하는 효과적인 방법 또한 제시한다. 날로 심화되는 복잡성의 시대를 마주하고 있는 경영인 모두의 필독서이다.

"이 책은 산업화 시대의 기존 원가 개념을 고수한 채 기업의 성장과 이익을 구체적으로 분석할 수 없으며, 이에 기초한 제품 포트폴리오 합리화 및 M&A 등 새로운 시장 진출 전략은 반드시 실패한다는 실무적인 경험과 다수의 사례들을 제시하고 있다. 복잡성원가를 분석하기 위한 새로운 개념의 제곱근 원가계산(Square Root Costing)을 설명한 실무지침서이다."

오늘날 대다수의 대기업들은 기하급수적으로 증가하는 복잡성으로 인해 성장전략이 오히려 성장을 저해하고 위기에 빠지는 성장의 역설(Paradox of Growth)을 겪고 있는데, 왜 이런 일이 반복적으로 일어날까? 기업은 복잡성 시대의 성장의 의미를 어떻게 생각하고 준비해야 할까?

2013년 『복잡성과의 전쟁 *Waging War on Complexity Costs*』(McGraw-Hill)의 첫 번째 번역서에서 우리가 고객에 자문과 컨설팅을 직접 수행하는 과정에서 얻은 글로벌 지식과 경험을 기반으로 원가를 증가시키고 수익성을 악화하는 복잡성 관점의 원가절감 이슈를 분석했다. 아울러 복잡성에 대응할 수 있는 새로운 통찰력 및 차별화된 원칙 그리고 복잡성원가의 분석기법 또한 제시했다.

인간의 역사라는 긴 시간 속에서 매우 예외적으로 짧은 산업화 시대의 기간 동안 '규모의 경제'는 중요한 문제로 인식되었다. 하지만 오늘날처럼 기하급수적으로 증가하는 복잡성이 원가구조와 기업의 혁신 및 성장을 포함하는 경쟁방식에도 영향을 미침에도 불구하고, 그 중요성이 인식되지 않고 오히려 우리의 사고방식은 구시대적인 산업화 시대에 고착되어 있다. 이것은 마치 오래전 지형이 바뀌었음에도 여전히 구식 지도를 가지고 바다를 항해하는 것과 같다.

원가에는 3가지 유형의 원가, 즉 변동원가, 고정원가 및 복잡성원가가 있다. 역사적으로 보면 항상 3가지 유형의 원가가 존재했지만 산업화 이전 시대, 산업화 시대 그리고 산업화 이후 시대에 따라 각 원가의 상대적 중요성이 급격히 바뀌었고, 이는 기업의 성장 및 이익 경쟁력 확보 방식에도 큰 변화를 주었다. 산업화 이전은 변동원가가 지배하는 시대이고, 산업화 시대는 고정원가와 규모의 경제(Economy of Scale)가 지배하는 시대이며, 산업화 이후 복잡성 시대에는 성장을 견인하는 복잡성원가와 밀도의 경제(Economy of Density)가 지배하는 시대이다.

규모는 클수록 좋다. 그러나 기업이 이런 생각에 빠지면 길을 잃게 되는데, 가령 코로나 19 또는 글로벌 경제 위기로 매출이 급감한 경우, 경영진은 상황의 절박함을 깨닫고 매출을 확대시킬 수 있는 것이라면 무엇이든 실행할 것이다. 이로 인해 서비스 수준은 저하되고 고객 불만은 증가하여 수익성은 끝을 모르게 떨어질 것이며, 성장전략은 역효과를 낳을 것이다. 고객들이 원한 것은 제품의 '유용성'이었으나, 기업은 제품의 '다양성'에 집중한 결과이며, 현실은 복잡성만 늘어나고, 기업은 규모를 매출로 혼동한 것이다.

복잡성 시대에는 '회사 전체 또는 사업부의 크기'로 규모를 정의할 수 없으며, '제품별, 고객별, 시장별'로 규모의 경제, 즉 복잡성을 반영한 '밀도의 경제'가 중요하다. 수익성을 결정하는 '진정한 규모(실질 규모, Real Scale)'는 미시적 차원인 기업 내의 하위 레벨에 존재하는데, 예를 들면 특정 제품의 매출, 특정 고객의 매출, 특정 시장의 매출 등이 규모를 결정한다.

일반적으로 원가를 변동원가와 고정원가로 분류하고 간접제조원가 및 판매비와 일반관리비 등의 간접비를 고정원가로 분류한 후 제품별로 원가를 배분하고 있다. 복잡성원가를 반영하지 않은 이러한 전통적인 원가계산(표준원가)은 원가의 수치를 왜곡시켜 어느 제품 또는 어느 고객층에서 실제로 이익을 내고 있는지 알 수 없다. 따라서 복잡성원가를 파악해야 기업의 제품별 진정한 원가를 파악하게 되고 이를 기초한 성장전략을 세울 수 있으며, 전통적인 원가계산에 기초한 제품합리화 및 시장합리화는 필연적으로 실패한다는 실무적인 경험과 다수의 사례를 이 책에서 제시하였다.

구시대적인 산업화 시대의 원가개념을 고수한 채 기업의 성장과 이익을 구체적으로 분석할 수 없으며, 모든 기업은 '제3의 원가'인 복잡성원가를 계산하고 분석하는 역량을 반드시 갖추어야 한다. 또한 복잡성을 고려한 새로운 성장전략의 목표를 달성하기 위해서는 기존의 구식의 기업운영 모델을 변화시켜야 하며, '운영효율화'보다는 '실행효율화'가 더욱 중요하다.

우리는 학자가 아니다. 이 책은 저자가 최근 20년간 자문과 컨설팅을 통해 실제적으로 얻고 깨달은 경험과 지식 그리고 오늘날 세상의 변화를 주도하는 글로벌 기업들의 성공 및 실패 사례를 토대로 하였다. 이를 중심으로 성장의 역설, 밀도의 경제, 수익적 성장, 복잡성 임계점, 성장의 사이렌(유혹), 규모의 곡선, 스마트 다양성, 사업의 방향전환, 고신뢰조직, 야드스틱 등 독특한 개념을 정의하고 적용하여 기업운영의 사고를 넓혀주는 새로운 지평을 열었다.

똑똑한 몇몇 사람이 시대에 뒤떨어진 진부한 글로벌 경영방식에 기반한 사업계획을 믿고 수조 원 이상을 투자했으나, 어느 누구도 기업의 수익적 성장에 영향을 주는 복잡성을 고려하지 못했다. 뿐만 아니라 성장전략의 재평가와 기업 리더들의 새로운 사고방식(리더십)과 기술(역량)이 필요하다는 생각도 하지 못했다. 그렇다면 구시대적인 글로벌 경영방식으로, 복잡성 시대의 변화된 기업환경을 충분히 고려하지 못하고, 과거의 성장전략을 고집스럽게 추진하는 한국의 대기업은 얼마나 많을까?

이 질문은 한국의 대기업을 위해 우리가 『복잡성 시대의 성장의 역설 *Growth in The Age of Complexity*』(McGraw-Hill, 2018)을 두 번째로 번역하게 만든 핵심 질문의 하나였다. 그리고 복잡성 시대의 성장의 사이렌(유혹)을 피할 수 있는 방법이 무엇인지 찾고, 공유하여 위험한 바다에서 안전한 항로를 찾을 수 있는 방법을 알려주고 싶었다.

또한 우리는 이 책을 통해 한국의 대기업들에게 성장 여력을 확보하기 위한 수익적 성장에 대한 새로운 구조를 알려주고자 한다. 성장을 주제로 쓴 책은 시중에 많지만, 복잡성 시대에 어려움을 헤치고 성장과 이익을 달성한다는 것이 어떤 의미인지를 실무적으로 다룬 책은 이 책이 처음이다.

끝으로 이 책의 번역 시작부터 최종 완결까지 끝까지 최선을 다한 김달호 컨설턴트 등을 포함하여 번역과 책의 요약서 작성 등에 실질적으로 참여한 많은 임직원들에게 감사하고 싶다. 그리고 이 책의 초기 번역에 참여했으나, 현재는 산업계로 이직한 김시정 부사장(『복잡성과의 전쟁』의 공동 번역) 및 박성우 컨설턴트에게도 고마움을 전한다.

김만수·권영상

2018년 이 책이 출간되었을 당시, 세계 경제는 역사상 가장 긴 호황기를 기록하고 있었다. 이 시기에 다국적 대기업들은 새로운 매출 확장의 기회를 찾아내어 지속적인 성장을 이루었지만, 그에 뒤따르는 복잡성을 상당히 경계하였고, 또한 언젠가 호황의 시대가 끝나고 경기 침체기가 찾아올 수 있다는 것에 매우 신중을 기하고 있었다.

최소한 단기적인 관점에서, 그동안 우리가 우려하였던 경기 침체의 영향보다 현실은 더욱더 냉혹하다는 것을 이제는 알 수 있으며, 2019년 하반기부터 퍼지기 시작한 코로나 19로 인한 팬데믹의 영향을 피할 수 있는 분야는 거의 없었다. 공공과 재정 부분에 미치는 영향은 말할 것도 없으며, 산업 전반에 상당한 타격을 입힐 것이고, 우리의 일하는 방식과 소비자의 행동을 변화시킬 것이다. 어떤 면에서 현재의 상황은 금융권이 무너지고 경제가 붕괴되던 2008년 세계금융위기 시절을 떠올리게 한다. 그 당시 우리는 우리의 첫 번째 책인 『복잡성과의 전쟁』을 집필하였고, 2010년에 출간하였으며, 우리의 사업 파트너인 한국의 '키투웨이(Key To Way Inc.)'에서 한국어로 2013년에 번역, 출간되었다. 당시 각국의 많은 대기업들이 지난 수년간 사업부 내에 누적된 복잡성으로 인해 비대해진 원가구조 때문에 갑작스러운 위기에 봉착했다. 따라서 『복잡성과의 전쟁』은 복잡성원가를 감축해야 할 필요성을 마주한 대기업들을 위한 로드맵이며, 복잡성을 파악하고 해결하기 위한 분석기법과 통찰력을 제시한 실무적 지침서이다.

그러나 이 시기는 낙관론의 근거를 제공했다는 점에서 독특하기도 하다. 우선 코로나 19가 퍼지기 전, 많은 국가들의 경제구조는 상당히 튼튼하였고, 금융부문은 세계금융위기 때보다 자본의 관점에서 더욱 충실하였다. 세계금융위기를 극복한 경험과 『복잡성과의 전쟁』의 책을 통해 학습된 많은 대기업들은 성장이 확실히 수익성으로 이어지도록 하는 데 더욱 신중을 기하였다. 시간이 지난 후에 알 수 있겠지만, 누군가가 우리를 흔들어 놓으려고 경제호황에 '일시 중지' 버튼을 눌러 놓은 일시적인 위기일 뿐, 결국 다시 '재생' 버튼을 눌러 사업이 활기를 되찾을 것이라는 희망 또한 여러 곳에서 존재한다. 결과적으로 1929년 대공황이 시작되어 경기침체의 긴 터널을 지나야 했지만, 예술과 문화가 번창했던 미국의 지난 '광란의 1920년대(Roaring Twenties)'로 돌아갈 수도 있다는 희망을 아마도 가질 수는 있다.

다소 낙관적인 생각일 수도 있지만, 이미 많은 대기업들이 세계금융위기와 그 이후를 돌아보며, '다시는 기회를 잡는 데 그렇게 굼뜨지 않을 거야!'라는 다짐을 하고 있는 것은 분명해 보인다. 실제로 대기업의 대담한 CEO들에게는 더 많은 M&A(더 나은 가치평가로), 더 많은 변혁(소비자 행태가 변화함에 따라), 운영 모델의 변화(디지털화의 가속으로 인해), 시장 점유율 획득(이듬해 또는 다음 분기에)을 통하여 이번 시기가 성장 전망으로 바뀔 수 있는 기회이기도 하다.

이 책에서 설명한 것처럼, 성장의 리더들은 탐험가의 사고방식(리더십)

과 항해사의 기술(역량)을 동시에 보유하고 있다. 후자는 매출 성장을 수익성으로 연계시키는 데 필요한 기술(역량)을 설명하는 것으로, 지금뿐만 아니라 언제든지 적용 가능하다. 그러나 현재와 같이 급변하고 불확실하며 모호한 복잡성 시대에서 정말 빛나는 것은 탐험가들의 리더십이다. 그들은 대담하게 행동하고, 문제를 단순화하고, 빠르게 움직이고, 성공 확률을 높이기 위해 노력하며, 기존의 것을 뒤집어엎고 다시 시작하는 것을 두려워하지 않는다.

이러한 모든 이점들이 결합한다면, 오늘날처럼 거친 파도에 저항해야 하는 많은 대기업들에게 코로나 19로 인한 지금의 시기는 오히려 엄청난 기회가 될 수 있다. 코로나 19로 인해 과거에 확립되었던 질서가 무너졌고, 지금은 많은 것들의 의미가 다르게 다가올 수 있다.

"대담하라, 빠르게 움직여라, 그래서 이 로드맵을 사용하여 여러분의 성장 궤도를 근본적으로 바꾸어라. 운명은 용감한 자의 편이다!"

2018년 이 책이 출간되었을 당시 책의 목적은 '복잡한 세계에서 어떻게 수익성이 있는 새로운 성장 기회를 찾을 수 있는가'였다. 이 책은 글로벌 대기업이 수익성을 동반한 성장을 달성하고, 매출을 이익으로 전환할 수 있는 역량을 구축하도록, 우리가 지난 10년 동안 컨설팅 회사인 '윌슨페루말(Wilson Perumal & Company)'을 운영하면서 고객에게 자문과 컨설팅을 수행한 실천적 결과물이다. 우리는 이 책이 현재 한국어로 번역되고 있다는 사실과, 전세계적으로 인정받는 동시에 한국 경제성장의 원동력인 놀라운 대기업들의 발전을 위해 활용될 수 있다는 사실에 흥분을 감출 수 없다.

『복잡성과의 전쟁』이 2013년 출간되어 한글로 번역된 후 우리는 삼성, 현대, SK, LG, 롯데 그룹과 같은 훌륭한 기업의 많은 경영자들을 만날 수 있는 특권을 누렸다. 그들에게서 모든 기업의 경영자들이 갖추어야 할 위대한 덕목이며, 우리가 생각하는 탐험가의 자질인 역동성, 속도, 경쟁력, 야망 등이 공통적으로 나타났다. 우리는 이러한 경영자들이 우리 앞에 놓인 불확실성을 어떻게 헤쳐 나가고, 기회를 어떻게 이용할 것인지에 대한 큰 기대를 갖고 있다.

마지막으로, 고마움을 전하고 싶다. 한국어 번역이 시작될 때부터 지속적으로 지원해준 맥그로힐(McGraw-Hill) 출판사에 감사한다. 그리고 번역을 실행하고 우리의 아이디어를 한국에 들여와준 우리의 사업 파트너인 '키투웨이'에 진심으로 감사를 표한다.

안드레이 페루말·스티븐 윌슨

| 차례 |

Part Ⅲ

탐험가의 사고방식

Part Ⅳ

항해사의 기술

규모의 암살자 The Killer of Scale

> "목적지로 항해하는 배와 물살에 떠밀려가는 통나무의 차이는 무엇일까?
> 그 차이는 바로 우리 자신에게 있다. 물살에 떠밀려갈 때 고통(지옥)을 느끼고,
> 목적지를 향해 배를 항해할 때 더없는 안전함(천국)을 느낀다."
>
> **-조지 버나드 쇼, 『인간과 초인』, 제3막**

"바로 이것 때문에 우리의 규모의 경제가 사라졌다." 전략 담당 임원이 우리가 만든 도표를 가리키며 이렇게 외쳤다.

우리는 고객의 본사 건물 1층에 위치한 회의실에 앉아 있었다. 회의실 한쪽 면 전체를 덮은 통유리창을 통해 맑은 하늘과 밝은 회사의 풍경이 들어오고 있었고, 창밖에는 며칠 전 내린 눈의 자취가 녹색 잔디 위로 희끗희끗 남아 있었다.

우리는 2009년 『복잡성과의 전쟁*Waging War on Complexity Costs*』(2013년 한국어 번역서 출간)이라는 첫 번째 책을 출간한 이후 기업의 임원들과 회의실에 모여 이와 같은 대화를 나누는 데 꽤 익숙해져 있었고, 이런 회의에 적지 않게 초대받았다.

『복잡성과의 전쟁』에는 우리가 고객에 자문과 컨설팅을 직접 수행하는 파징에서 얻은 글로벌 관점의 지식과 경험이 제시되어 있다. 요약하면, 현재의 기업들은 이전과는 비교할 수 없는 매우 복잡한 경쟁시장과 기업운영에 힘들어하고 있고, 이러한 기업환경과 시장의 경쟁을 설명하기 위해서는 과학적 전문용어인 '복잡계(Complex Systems)'라는 새로운 개념이 필요하며, 복잡계라는 개념을 활용하여 기업의 원가가 증가하고 성장이 둔화되는 현상을 설명할 수 있고, 기업이 복잡성과 싸우기 위해 적용해야 할 차별화된 원칙과 방법론을 제시했다. 이것은 하나의 이론이 아니라 우리가 많은 대기업 및 다국적기업에서 직접 보고 경험한 실제 결과물이었는데, 그 때문인지 많은 독자들이 공감과 지지를 보내주었다.

전략 담당 임원이 가리킨 도표는 복잡성원가가 기하급수적으로 증가하는 현상을 보여주는 다음의 도표였다. "10년 전에는 원가가 이런 패턴으로 증가하리라고는 아무도 예상하지 못했다. 그러나 지난 10년간 우리 기

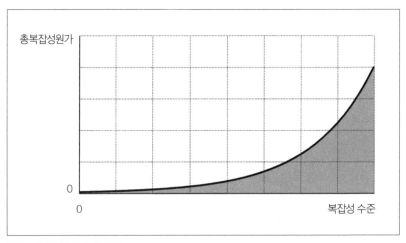

복잡성원가의 기하급수적 증가

업의 원가는 이 표처럼 증가했고, 기대했던 규모의 경제효과는 어디에서도 찾아볼 수가 없었다. 복잡성이 규모의 경제를 죽였다."

그의 기업은 수조 원 규모의 기술 벤처기업으로, 지난 10여 년간 사업계획 및 전략에 따라 폭발적으로 성장해왔으며, 많은 투자자들이 이런 사업계획을 믿고 투자했다. 이 기업의 전략은 단순하고 명확했는데, 최초 창업 시의 핵심 사업영역과 기술 플랫폼을 지속적으로 확대시켜 경쟁사와 차별화할 수 있는 규모의 경제를 창출하는 것이었다. 그리고 이 사업계획에 따르면, 우리가 미팅을 했던 시점에 1조 원 정도의 이익이 달성되어야 했다.

그러나 계획은 계획일 뿐이었고, 목표로 한 매출 규모를 달성했음에도 불구하고 기대했던 규모의 경제효과와 이익은 실현되지 않았으며, 원가는 지속적으로 증가했고, 더욱이 원가상승률은 매년 증가하고 있었다. 즉, 복잡성원가가 기하급수적으로 증가하는 현상이 나타났던 것이다. 이사회는 이런 상황에 대해 심각한 우려를 갖게 되었고, 특단의 해결책을 경영진에 요구했다.

기업은 예산 긴축을 통해 이익을 어느 정도 달성할 수는 있었지만, 전략 담당 임원 입장에서는 실망스러웠고, 복잡성을 해결하지 않고는 목표이익의 달성이 불가능하다는 것을 알고 있었다.

"이 도표를 10년 전에 봤더라면 얼마나 좋았을까요." 그가 말했다.

우리는 '이 기업의 투자자들도 아마도 같은 생각일 겁니다'라고 말하고 싶었지만 참았다.

이 미팅을 계기로 우리는 '이런 상황이 왜 발생할까? 기업의 성장전략이 오히려 기업을 위기에 빠지게 하는데, 왜 이런 일이 반복적으로 일어날까? 복잡성 시대에서 기업은 성장을 어떻게 생각해야 하는가?'라는 의문을 갖게 되었다. 사실 우리는 『복잡성과의 전쟁』을 출간한 이후 이와 같은 의문을 가졌으며, 언젠가 해답을 찾겠다는 생각을 하고 있었다. 그러나 우리 안에서 스파크가 터진 것은 바로 이날이었다.

우리는 전략 담당 임원과 향후 계획에 대한 의견을 교환한 뒤 회의를 마치고 밖으로 나왔다. 건물 밖에는 차가운 산바람이 불고 있었지만, 방금 전에 들었던 이야기들이 머리에 맴돌아 추위를 느낄 수 없었다. 그 순간 어떤 깨달음이 번개처럼 우리를 스쳐갔다.

똑똑한 몇몇 사람이 시대에 뒤떨어진 진부한 글로벌 경영방식에 기반한 사업계획을 믿고 10조 원 이상을 투자했으나, 어느 누구도 기업의 '수익적 성장(Profitable Growth)'에 영향을 주는 복잡성을 고려하지 못했고, 현재의 복잡한 경영환경에서 지속적인 수익적 성장을 달성하기 위해서는 새로운 기업운영 원칙이 필요하다는 생각을 아무도 하지 못했다. 그렇다면 구시대적인 글로벌 경영방식으로 성장을 추진하면서, 이와 유사한 어려움에 직면하고 있는 대기업은 얼마나 많을까?

우리는 이런 주제, 즉 복잡성 시대의 성장과 관련한 두 번째 책을 써야만 했다.

글로벌 성장을 위한 새로운 구조

우리는 이 책을 간결하게 써내기 위해 2가지 합리적인 가정을 세웠다. 첫째, 기업은 다양한 고객층과 다양한 제품, 서비스 포트폴리오를 갖고 있으며, 글로벌 사업에는 이익을 창출하는 부분과 손실이 발생되는 부분이 혼재되어 있다. 둘째, 기업은 새롭고 차별된 사업 또는 시장으로의 확장에 관심을 가지고 있다. 이 책에서 성장전략의 전통적 요소에 대해서는 많은 지면을 할애하지 않을 것이며, 오히려 리서치와 컨설팅 과정에서 실제적으로 획득한 새로운 지식과 경험 그리고 통찰력을 독자에게 전달하는 데 집중할 것이다.

현재와 같이 기업운영의 리스크가 컸던 적은 없었다. 많은 기업들이 신성장전략을 수립하고, 경쟁할 만한 진정한 규모와 수익성 향상을 위한 항해를 준비하고 있으며, 지금이야말로 성장전략을 새롭게 평가해야 할 때이다! 출발점에서의 미세한 방향 차이 또는 경영원칙의 작은 변화로 인해 항구에 안전하게 도달할지 난파를 당할지가 결정될 수 있다.

이 책은 수익적 성장에 대한 새로운 구조를 제공한다. 성장을 주제로 쓰인 책은 시중에 많이 있지만, 복잡성의 시대에 어려움을 헤치고 성장과 이익을 달성한다는 것이 어떤 의미인지를 실무적으로 다룬 책은 이 책이 처음이다.

이 책을 통해 우리는 위험한 바다에서 안전한 항로를 찾을 수 있는 방법을 알려주고자 한다. 앞으로 복잡성 시대*의 새로운 경영환경을 조망하고, 기업의 항해를 난파로 이끄는 위험 요인들을 짚어볼 것이며, 위험 요인을 피해 수익적 성장을 달성하기 위해 사용해야 할 방법과 지향점을 제시할 것이다.

자, 이제 닻을 올리자!

---

* 복잡성 시대(Age of Complexity[SM])는 윌슨페루말(Wilson Perumal & Company, Inc.)에 등록된 서비스 마크이다.

Part I

새로운 성장의 도전

The New Growth Challenge

Chapter 1

성장의 역설 The Paradox of Growth

"나는 앞으로 나아가기만 하면 어디든 갈 준비가 되어 있다."

-데이비드 리빙스턴[1]

성장은 직선으로 그려지지 않는다. 자동차를 운전하며 백미러로 뒤를 돌아보면, 지나온 길이 직선인 것처럼 보이지만, 한 기업의 과거 성장 경로의 좌표를 찍어보면 직선이 아님을 깨닫게 된다. 기업의 리더들이 처음부터 명확한 전략을 수립하고 일관성 있게 추진했다고 믿고 싶겠지만, 현실 세계는 그처럼 단순하지 않다. 성장은 전략이라고 부르는 상세한 정보에 근거한 예감 및 직관, 끈질긴 노력과 결의 그리고 다양한 경영 실험이 복합적으로 결합하여 달성되며, 어떤 경우에는 운이 결정적인 영향을 미치기도 한다. 요컨대 성장은 목표를 향해 한 걸음 나아가는 과정보다는 탐험이나 탐사의 과정과 유사하다고 할 수 있다.

지난 수년간 우리는 다수의 대기업 및 글로벌 다국적기업들이 불황을 극복하고, 사업을 안정화하고, 새로운 성장 경로를 찾도록 자문과 컨설팅을 수행했다. 기업들은 고객을 유지하고 이익을 창출할 수 있는 역량을 잠식해온, 오랜 기간 동안 축적된 복잡성이 매듭을 끊어내고 제거해야만 했다. 아울러 또 다른 경영 이슈, 즉 '어떻게 성장할 것인지, 어떻게 이익을 증가시킬 것인지, 어떻게 핵심적인 '경쟁할 수 있는 진정한 규모'의 경제성을 유지하면서 고객 만족을 제고할 것인지'에 대한 방향도 찾고 있었다.

우리는 자문과 컨설팅을 수행하면서 기업에 무시하지 못할 큰 영향과 어려움을 주는 근본적인 역설이 있음을 발견했다. 그것은 '기업이 성장을 위해 추진하는 경영활동이 사실 기업의 성장을 저해하고 있다'는 사실이었다. 우리는 이를 '성장의 역설(The Paradox of Growth)*'이라고 불렀고, 많은 기업에서 이러한 현상을 발견할 수 있었다.

성장 속도를 높이고 고객 중심 조직을 구축하기 위해 수백 개의 R&D 프로젝트를 동시에 추진했던 하이테크 기업의 경우를 보자. 지나치게 많은 R&D 프로젝트의 결과로 인해 연구개발 활동은 정체되고, 시장에서 확산될 만한 제품은 출시되지 않았으며, 규모의 경제와 효율이 저하되었고, 핵심적인 고객 만족도 지표인 정시 배송 비율이 저하되는 현상이 발생했다.

다른 예로, 경제 불황기에 매출의 약 50%를 잃은 후 생존을 위해 몸부림쳐야만 했던 산업 소재 제조기업의 경우를 보자. 이 기업은 경제 불황기에 잃어버린 매출만 회복할 수 있다면 수익성이 회복될 것으로 기대하고 매출 회복에 총력을 기울였다. 그 결과 경제 불황기 이전 수준으로 매출

을 회복하는 데는 성공했으나, 잃어버린 매출의 질적 수준과 이후에 회복한 매출의 질적 수준은 서로 다른 것이었다. 매출 회복을 위해 과거에는 거들떠보지 않던 소량 주문 고객에 대한 영업 기회에 눈을 돌렸는데, 그 결과로 제품의 복잡성이 증가하고 로트당 생산수량이 감소하여 운영의 부담이 늘어나는 현상이 발생했다. 이로 인해 고객 서비스 수준 저하, 제품 결함 증가와 함께 고객 만족도가 저하되었고, 이익과 성장 여력은 오히려 감소했다.

우리는 모든 산업에서 이와 유사한 현상을 발견할 수 있었고, 복잡성이 증가하는 방식으로 성장을 추진한 기업들은 오히려 성장을 저해하는 '성장의 역설'을 경험했다.

현재, 성장해야 하는 많은 기업들이 선택의 여지가 없는 경영환경에 놓여 있다. "우리가 스스로 우리 제품을 자기잠식(Cannibalize)하지 않으면, 경쟁자가 그렇게 할 것이다." 아이폰을 출시하며 아이팟 시장을 스스로 없애버린 스티브 잡스가 한 말이다. 더욱이 창조적 파괴의 속도는 가속화되고 있는데, S&P 500대 기업의 평균 지속기간(기업 생명주기를 가늠할 수 있는 지표)이 1958년에는 60년이었으나, 1980년에는 25년, 현재는 18년으로 단축되었다.[2]

이러한 현상은 기업의 리더들이 해결할 수 없는 경영상의 이슈일 수도 있지만, 소비자 입장에서는 매우 좋은 소식이다. 기존의 경쟁 질서를 파괴하고 혁신적인 방식으로 소비자의 가치를 높이는 기업들이 지속적으로 나타나는 시장을 소비자가 반기지 않을 이유가 없다. 어찌되었든 시장에 자리를 잡고 있는 기존의 기업들에게는 도전적인 상황이 연출되고 있고, 특히 복잡하고 전통적인 제품 포트폴리오, 프로세스, 조직구조를 가진 기업들은 더욱 큰 어려움에 처할 수밖에 없다.

불과 10년 전에는 거의 존재하지 않다가 지금은 400조 원 이상의 시장을 형성한 스마트폰 산업을 살펴보자. 그림 1.1은 지난 몇 년간 빠른 기술 혁신과 제품 선택 범위의 폭발적 증가로 인해 시장의 점유율이 어떻게 변화되었는지 보여준다.

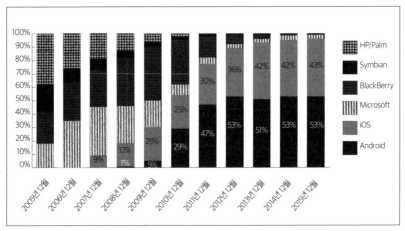

그림 1.1: 스마트폰 시장의 점유율 변화(플랫폼별 시장 점유율)
(출처: comScore's 2016 US Cross Platform Future In Focus)

블랙베리(RIM OS 플랫폼에서 구동)는 아이폰이 처음 등장했을 때 키패드가 없다는 이유로 중요한 경쟁 상대가 되지 못할 것이라 예상했다. 이는 애플의 시장 점유율이 9% 수준이었던 2007년 상황에서는 그다지 이상해 보이지 않았으나, 어느 누구도 예상하지 못한 점은 애플의 가상 키보드가 충분히 쓸 만했다는 것과 아이폰의 앱과 다양한 기능이 키보드의 불편함을 상쇄하고도 애플 고객을 만족시켰다는 것이다. 블랙베리는 2014년에 시장에서 실질적으로 사라졌으며, 2016년에는 스마트폰 사업의 전면적 중단을 선언했다.

복잡계(Complex System)인 기업들

변화가 가속화된 시장에서 살아남기 위한 기업들의 노력의 결과로 유례없는 수준의 복잡성 증가가 초래되었으며, 대부분의 기업들은 복잡계, 즉 구성 요소들이 복잡하게 연결되어 상호 영향을 주고받는 집합체로 변화하게 되었다.

복잡계는 이해하기 어렵고, 관리가 힘들다. 이는 비선형적 작동 메커니즘, 악순환 구조(거품과 붕괴), 창발성(Emergent Property, 개별 구성 요소가 가지고 있지 않은 성질이 구성 요소의 상호작용에 의해 나타나는 현상) 등으로부터 기인한다.

복잡계의 예로는 인간의 몸, 기후, 경제현상 등을 들 수 있다. 이들은 우리에게 익숙한 원인과 결과의 선형적 인과관계 대신 다양한 원인과 결과가 복잡하게 연결된 그물과 같은 시스템이다.

복잡계에서는 예상하지 못했던 결과가 발생할 가능성이 크고, 시장과 기업이 점점 복잡계로 변화해감에 따라 논리적으로 이해되지 않는 모순이 나타난다. 원가절감을 위한 활동이 오히려 원가를 증가시키고, 성장을 위한 활동이 종국적으로는 성장 역량을 저해하고 있다.

『복잡성과의 전쟁』에서 우리는 복잡성의 관점에서 원가절감 이슈를 분석하고, 원가를 증가시키고 수익성을 악화시키는 복잡성에 대응할 수 있는 새로운 통찰력과 분석기법을 제시했다.

2009년에 이 책을 발간했는데, 당시에는 많은 기업들이 경기 하강기에 직면하여 원가절감을 추진할 수밖에 없는 상황에 직면해 있었다. 현재 많은 기업들이 성장의 과제를 해결하기 위해 노력하는 상황에서 우리는 다시 복잡성의 관점에서 성장의 문제를 분석했으며, 복잡성이 기업의 싱킹 메커니즘을 변화시켰다는 점을 발견할 수 있었다.

원가, 성장 그리고 리스크

복잡성은 원가 및 성장의 질을 변화시키는 데 그치지 않고, 리스크의 질도 변화시켰다. 복잡성은 2010년 BP의 멕시코만 원유 누출 사고(그림 1.2 참조)와 2012년 제이피 모건(J. P. Morgan)의 2조 원에 이르는 거래 손실에 이르는 대형 사고를 일으켰다. 고도의 기술력을 가진 조직도 복잡성과 리스크 관리에 애를 먹고 있는데, 나사(NASA)의 챌린저호와 콜롬비아호 우주왕복선 폭발 사고, 도쿄전력의 후쿠시마 원전 폭발 사고, 미공군의 핵미사일 부품 분실 사고 등이 그 예이다.

복잡성이 증가함에 따라 운영 리스크가 기하급수적으로 증가하여, 전통적인 방

그림 1.2: 멕시코만 원유 누출 사고

법으로는 리스크 관리가 어려운 수준에 이르렀다. 기술, 설비, 프로세스, 제품, 조직구조도 점점 복잡해졌고, 더욱이 각종 규정과 규제도 복잡해짐에 따라 이러한 복잡성이 증가하면, 시스템이 정상 작동하지 않을 수 있는 위험 요인도 증가하게 되어, 재앙적 사고를 유발할 수 있는 사건들이 어떤 방식으로 결합할지 예측이 더 어려워지고 있다. 불행히도 복잡성에 대응하는 전형적인 방식은 오히려 복잡성을 증가시키고 있어, 더 많은 인원, 더 많은 관리 시스템, 더 많은 규정, 더 많은 감독과 관리가 추가되어 문제를 해결하기보다는 오히려 문제를 악화시키기 쉽다.

근본적인 문제점은 기업의 리더들이 전통적인 방법으로 복잡성 문제를 해결하려 하는 것이며, 경영자의 의지나 능력의 문제가 아니라 그동안 살면서 체득한 도구, 방법론, 분석기법, 심리적 모델 및 패러다임이 더 이상 통하지 않는다는 것이다. 즉, 복잡성이 게임의 룰을 바꿔 놓은 것이다.

복잡성이란 무엇인가?

우리는 무엇이 복잡하다는 것을 직관적으로 알 수 있지만, 정의하기는 매우 힘들다. 우리가 생각한 단순한 정의는 '복잡성이란 기업에 존재하는 다양한 이질적인 것들의 개수'이다. 복잡성에는 시장에 제공하는 제품이나 서비스의 수, 공정 단계의 수, 사업 범위 내 지역의 수, 상이한 매장 형태의 수, 생산 공장의 수, 공급사의 수, 운영 중인 IT 시스템의 수 등이 포함된다.

'복잡성과의 전쟁'에서 우리는 복잡성 큐브를 소개한 바가 있다. 우리는 이 단순한 그림을 복잡성의 성격을 설명하기 위한 유용한 분석틀로 사용하고 있는데(그림 1.3 참조), 이 그림을 통해 복잡성과 복잡성원가의 상관관계를 직관적으로 이해할 수 있기 때문이다. 이 상관관계를 이해하게 되면 기업의 복잡성을 찾아내고 그 영향을 관리하는 역량이 크게 향상된다.

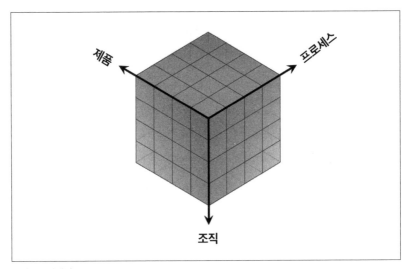

그림 1.3: 복잡성 큐브

우리는 복잡성을 세 가지 차원에서 정의하고 있다.

- **제품 복잡성** 기업이 고객에게 제공하는 제품(서비스를 포함)의 다양성으로, 그런 제품을 구성하는 요소의 다양성까지 포함.
- **프로세스 복잡성** 제품의 생산 및 기업의 운영을 위해 수행되는 프로세스의 수, 프로세스 내 업무 단계의 수 및 조직 간 업무 연결의 수.
- **조직 복잡성** 프로세스의 수행을 위해 투입되는 자원의 다양성으로 인력, 시설, 장비, 공급사, IT 시스템, 보고서, 참여 주체의 수 등을 포함.

위 세 가지 차원을 복잡성의 척도로 활용할 수 있지만, 차원 간의 상호

작용을 고려하여 복잡성원가 또는 복잡성의 영향을 평가해야 한다. 앞에서 인용했던 제조기업의 예를 들면 제품 복잡성의 증가에 의해 프로세스 이슈가 발생하여 고객 서비스의 악화가 초래되었다. (이를 '제품-프로세스 복잡성'이라고 부른다.)

요컨대, 원가 또는 성장에 미치는 복잡성의 영향을 알기 위해서는 통상의 관점보다 훨씬 폭넓은 관점에서 기업을 봐야 한다. 복잡성은 상호관계 속에 존재하기 때문이다.

구성 요소의 수가 많을수록, 구성 요소의 다양성이 클수록, 구성 요소 사이에 더 많은 연결이 존재할수록 조직의 복잡성은 증가한다. 복잡성과 다양성은 동일한 의미를 갖고 있다고 볼 수도 있다. 다만 다양성(Variety)은 긍정적 뉘앙스를 담고 있고 복잡성(Complexity)은 부정적 뉘앙스를 갖는데, 사실은 복잡성에도 좋은 복잡성(Good Complexity)과 나쁜 복잡성(Bad Complexity)이 존재한다.

좋은 복잡성이란 고객이 해당 가치를 인정하고, 그 가치에 대해 추가적인 가격을 지불할 용의가 있는 다양성이다. 추가적인 제품의 기능이나 다양성, 또는 제품의 구성 요소에 대해 고객이 추가적으로 가격을 지불할 용의가 없다면, 그것은 고객의 관점에서 중요하지 않다는 것을 의미한다. 나쁜 복잡성은 고객이 인지하지 못하거나 추가적인 가격을 지불할 용의가 없는 다양성이다. 당연히 기업 내부의 복잡성은 나쁜 복잡성이다. 지나치게 복잡한 기업 내부의 프로세스에 대해 추가적인 가격을 지불할 고객은 없다.

복잡성 큐브를 통해 알 수 있는 복잡성의 본질

첫째, 복잡성은 다차원적 이슈로서 복잡성의 영향은 큐브의 선이 아닌 큐브의 면에 존재하므로, 어떤 하나의 차원만을 보고 판단한다면 복잡성의 영향을 과소평가하게 된다. 예를 들어 큐브의 각 차원별로 50%는 좋은 복잡성(기업가치를 증가시키는 복잡성), 50%는 나쁜 복잡성(기업가치를 잠식하는 복잡성)으로 구성된 기업이 있다고 생각해보자. 이 경우 큐브의 면을 보면 좋은 복잡성은 1/4에 나쁜 복잡성은 3/4을 차지하고 있다는 것을 볼 수 있다. 심지어 전체 큐브의 부피를 보면 좋은 복잡성은 1/8에 불과하고 나쁜 복잡성이 7/8을 차지한다는 것을 알 수 있다.

둘째, 복잡성의 영향(원가, 리스크 또는 운영성과)을 효과적으로 개선시키기 위해서는 둘 또는 세 개의 차원에서 복잡성을 동시에 줄여야 한다. 복잡성을 해결하기 위해 시도하는 통상적인 방법을 보면, 대부분의 기업들은 복잡성과 같이 큰 이슈를 해결하고자 할 때, 가장 먼저 이슈를 잘게 나누어 실행 가능하고 관리 가능한 단위로 나누는 것부터 시작하는데, 이런 식의 접근법으로는 복잡성과 같이 다양한 요소가 상호 복잡하게 연계되어 있는 이슈를 해결할 수 없다.

끝으로, 큐브를 통해 복잡성원가가 기하급수적으로 증가하는 것을 볼 수 있는데, 만일 복잡성이 점점 증가하다 보면 복잡성에 의해 증가하는 원가가 매출 증가를 넘어서는 지점을 통과하게 된다. 이 지점부터는 복잡성이 기업의 가치를 감소시키는 것이며, 대부분의 기업들은 이 지점을 넘어가고 있고, 이로 인해 원가와 성장에 심각하게 나쁜 영향을 주고 있다.

기업은 (1) 여러 자원을 사용해서 (2) 업무 프로세스를 실행하고 (3) 고객에게 제품과 서비스를 제공한다. 이런 관점에서 보면 기업의 복잡성이 나쁜 것이라고 단정할 수는 없고, 복잡성이 전혀 없거나 매우 적었던 시절로 회귀하기를 원하는 사람은 아무도 없을 것이다. 다만 적정 선을 넘는 과도한 복잡성은 나쁜 복잡성이므로, 가치 창출에 도움이 되지 않는다는 의미이다.

나쁜 복잡성은 어떤 형태로 나타날까?

- 제품 복잡성은 기업의 공급과 관리를 힘들게 하는 다양한 제품의 포트폴리오 형태로 나타날 수 있다. 재고는 많지만 불필요한 제품이 적지 않아, 영업조직은 다양한 제품, 서비스를 파악하는 데 애를 먹는다. 더 심각한 문제는 고객도 과도한 선택 범위로 인해 어려움을 겪게 되는데, 과도하고 복잡한 제품 포트폴리오는 제품의 차이를 파악하기 어렵게 하고 심지어 선택의 복잡성 때문에 구입을 포기하게 한다.

- 프로세스 복잡성은 프로세스의 부서 간 중복, 재작업, 표준을 벗어난 예외적 업무 처리 등으로 나타난다. 프로세스가 복잡하게 꼬이고, 불필요하게 힘들고, 부서 사이 업무 연결 포인트도 지나치게 많아진다. 결과적으로 프로세스 처리능력의 저하(품질 저하, 리드 타임 증가, 납기 준수율 저하)가 발생하고 조직의 효율성이 떨어진다.

- 조직 복잡성을 가장 잘 표현하자면, '정돈이 안 됨' 즉 '프로세스 수행을 지원하기 위해 자원이 적절히 정돈되어 있지 못한 상태'일 것이다. 공장이나 물류센터 내에 제멋대로 배치되어 있거나, 관리가 어려울 정도로 IT 시스템이 복잡하게 구축되어 있거나, 일처리가 어려운 복잡한 조직구조의 형태로 조직관점의 복잡성이 나타날 수 있다.

제한적 이익과 배분된 원가(Local Benefits, Distributed Costs)

왜 많은 기업들에 과도한 복잡성이 존재하는가? 하나의 원인은 **복잡성의 이익이 특정 영역에 제한적으로 집중되는 반면, 관련 원가는 여러 영역으로 배분되기 때문이다.** 복잡성을 증가시키는 요소인 신제품, 추가적인 프로세스 단계, 새로운 보고서, 또는 IT 시스템을 추가할 때는 그 이익이 분명하다. 이것이 최초에 복잡성을 증가시키는 이유인데, 복잡성 증가를 추진하는 입장에서는 그 이익이 분명하지만, 복잡성의 증가로 인한 이익은 특정 영역에 제한적으로 나타난다.

이에 반해 복잡성을 추가하게 될 때 증가하는 원가, 예를 들면 제품을 추가할 경우 증가하는 구매, 물류, 영업 등의 원가는 눈에 잘 띄지 않아 파악하기 어려워, 복잡성원가는 전체 시스템 내에 구성 요소 간의 상호작용을 통해 발생하며 확산된다. 복잡성의 제한적 이익은 명확하게 눈에 보이는 반면, 관련하여 배분된 원가는 파악하기 어렵기 때문에 기업은 복잡성의 증가로 인해 한 발짝 한 발짝 힘겹게 앞으로 나아가게 된다.

불행히도 기업이 점점 더 복잡해지면 제한적 이익과 배분된 원가의 불균형이 점점 증가하고, 복잡성 증가에 따른 전체 시스템의 원가 증가를 파악하기가 더욱 어려워져, 결과적으로 복잡성이 증가할 가능성이 더욱 커지는 악순환이 형성된다.

복잡성의 제한적 이익, 배분된 원가, 이로 인한 악순환이 많은 기업들에게 과도한 복잡성을 갖게 하며, 복잡한 기업일수록 더욱 쉽게 복잡성을 증가시키는 의사결정을 하게 만드는 근본 원인이 된다.

대부분의 기업들은 3가지 차원의 복잡성에 걸쳐 있고, 중간 수준 이상의 복잡성을 갖고 있다. 이는 경쟁우위를 유지하는 기간이 짧아짐에 따라 더 많은 것을 더 짧은 시간 내에 고객에게 제공해야 하고, 더 많은 내·외부

주체들이 협력해야 하는 경영환경으로 변화했기 때문이다. 세계화와 시장 경쟁이 격화되는 상황에서 경쟁우위를 차지하기 위해 기업과 기업의 리더들은 내·외부에서 정신없이 쏟아지는 다양한 요구에 대응해야 하는 상황이 된 것이다.

대부분의 기업의 리더들이 우리가 설명한 것과 같은 복잡성의 문제에 대해 인지하고 있지만, 그들의 전략과 운영실무를 복잡성 시대에 맞는 성장전략으로 전환하지 못하고 있다. 시대가 바뀌었음에도 많은 기업들이 과거의 성장전략을 고집스럽게 추진하고 있으며, 그 성과는 기대에 미치지 못하고 있다. 어떻게 이런 상황이 지속될 수가 있을까? 그것은 기업의 리더들이 '성장의 사이렌(Sirens)'*에 도취되어 길을 잃기 때문이다.

성장의 사이렌

그리스 신화 속에 등장하는 사이렌은 아름다운 노래로 선원을 유혹하여 바다에 뛰어들게 하거나 배를 난파시키는 매혹적이지만 위험한 동물들이다.

> "사이렌은 푸른 초원에 앉아서 아름다운 목소리로 선원들을 유혹한다. 그 초원은 선원들의 해골이 쌓여 만들어졌다."
>
> -호머, 『오디세이』

Part Ⅱ에서 사이렌에 대해 상세하게 설명하겠지만, 우선 여기에서 간단

─────────────

* '성장의 사이렌'은 윌슨페루말의 서비스마크이다.

한 소개를 하고자 한다(그림 1.4 참조). 각각의 사이렌은 성장의 덫, 즉 특정한 행동을 유발하는 강한 유혹을 대표하며, 이에 상응하는 정신적 모델이 존재한다.

#	사이렌		사이렌의 노래
1		포트폴리오 확장	"많은 것은 적은 것보다 낫다." "고객이 원하면 무엇이든 제공한다." "고객이 어떤 제품을 좋아할지 모르니, 이것저것 다 해보자."
2		더 푸른 초원	"지금의 시장에서도 성공했으니, 다른 시장에서도 성공할 것이다." "이것은 우리 사업에서 자연스럽게 선택할 수 있는 인접성장의 경로이다." "다른 시장은 경쟁이 덜 심하다."
3		대박	"하나만 성공하면 우리 사업이 성공할 수 있다." "모든 것을 걸어라. 이번에는 성공할 수밖에 없다." "우리가 차별화된 제품만 만들 수 있으면."
4		성벽	"우리는 현재의 위치를 좋아하고, 그동안 잘해왔다." "마진 감소는 단기적 현상일 뿐이다." "고객은 품질을 중시하므로, 경쟁사의 저가품을 무시할 것이다."

그림 1.4: 성장의 사이렌

사이렌 #1: 포트폴리오 확장 The Expanding Portfolio

의료용품 기업은 SKU(최소 상품 운용 단위)가 10만 개를 넘어 제품 포트폴리오를 유지하는 데 애를 먹고 있지만, 영업부서는 제품군 추가가 필요하다고 믿고 있다. 미국 중서부의 인기 레스토랑 체인의 메뉴는 지난 몇 년간 지속적으로 추가되었는데, 그 기간 고객 서비스는 저하되고 재료비는 증가했다. 이 기업들은 과도하게 확장된 제품 포트폴리오 때문에 애를 먹고 있지만, '고객은 다양성을 좋아하기 때문에 제품 포트폴리오가 다양할수록 더 유리하다'라는 제품 확장의 이유는 한편 매우 합리적이다. 기존 사업 내에서 이루어지는 포트폴리오 확장은 매출 확대를 위한 안전한 방법으로 보이기 때문에 기업의 리더에게는 거부하기 어려운 매력을 가진 매우 강력한 사이렌이다. 그러나 많은 기업들이 지난 수십 년간 경험했듯이 무절제한 포트폴리오 확장은 복잡성과 관련된 원가의 지속적 증가, 고객 서비스 수준 및 프로세스 효율 저하, 특히 집중력의 저하 등 예상하지 못한 부작용을 불러올 수 있다.

사이렌 #2: 더 푸른 초원 The Greener Pasture

『위대한 기업은 다 어디로 갔을까*How the Mighty Fall*』를 집필하기 위한 연구를 시작할 때, 저자인 짐 콜린스(Jim Collins)는 기업 몰락의 가장 중요한 원인이 '현실 안주'일 것이라는 가설을 세웠다. 그러나 데이터를 수집하고 분식하는 과성에서 '과도한 확장이 위대한 기업 몰락의 원인'이라고 주장하게 되었다. 그가 예를 든 에임스(Ames) 백화점은 1970년대에는 월마트(Walmart)의 경쟁사였으며, 다수의 공격적 M&A와 신사업을 추진했다. 그러나 과거 중소도시 및 교외지역에서 성공한 모델에서 벗어난 확장 투자를 추진하여 결과적으로 2002년에 파산 신청을 했다. 같은 기간에 경쟁사였던 월마트는 오히려 중소도시, 교외 대형 할인매장의 확장에 집중하면서 성장을 거듭했다.[3] 더 푸른 초원(Greener Pasture)이 매혹적인 이유는 다른 사업이 쉬워 보이는 경향 또는 기존의 핵심 사업에서 성공했기 때문에 다른 분야에서도 성공할 수 있다는 근거 없는 자신감 때문이다. 그러나 이 책의 후반부에 상세하게 기술하겠지만, 기업이 핵심 사업이 아닌 새로운 고객, 시장, 지역에서 성공하기 위해서는 먼저 현재의 역량 수준, 경쟁의 기반과 발생 가능한 운영의 복잡성 증가를 냉정하게 평가해야 한다. 더 푸른 초원을 찾아 헤매는 사이에 핵심 사업에서의 경쟁력을 침식당할 가능성은 얼마든지 있다.

사이렌 #3: 대박 The Smash Hit

⭐ "오늘로서 애플은 전화기의 개념을 혁신적으로 바꿀 것이다. 바로 이 폰이 우리가 특허를 받은 제품이다."[4] 아이폰은 세상에 나온 이후 엄청난 히트 제품이 되었으며, 전화기 산업에서 게임의 룰을 바꾸어 놓았고, 다양한 타 산업의 경쟁 질서도 무너뜨렸다. 그러나 이런 아이폰조차도 지금은 제품 출시 시기와 분기 매출 실적으로 경쟁 제품과 비교되고 평가되는 상황으로 변화하였다. 요컨대 아이폰과 같이 혁신적이고 위대한 제품조차 유효기간이 존재한다. '대박' 제품의 유혹은 도박의 유혹만큼 강력하다. 이렇게 대박을 좇다 보면 현재 가진 모든 자원을 탕진하고 결국 빈털터리가 될 수 있다. '이번 것만 성공하면, 모든 걱정거리가 사라질 것이다'라는 환상에 서서히 사로잡히는 것이다. 그러나 200개의 특허가 등록된 히트 제품을 내놓아도 금방 유사 복제품이 나와 일반 상품(Commodity)이 되는 냉혹한 현실 세계에 살고 있다는 것을 우리 모두 알고 있다.[5] 그러므로 반복적이고 지속적으로 혁신할 수 있는 역량이 중요하며, 대박만 좇는 행위는 반복적인 혁신과 차별화를 만들어내는 창조적인 훈련을 방해할 뿐이다.

사이렌 #4: 성벽 The Castle Walls

리타 건서 맥그래스(Rita Gunther McGrath)는 그녀의 저서 『경쟁우위의 종말 *The End of Competitive Advantage*』에서 "경쟁우위가 지속

될 것이라는 가정이 기업을 망하게 할 수 있는 안주(安住)에 대한 잘못된 편견을 갖게 한다"고 주장했다. 우리는 많은 경쟁우위가 지속되더라도 결코 기업이 안전할 수 없다는 것을 경험적으로 알고 있다. 이처럼 '성벽'의 사이렌은 매우 흔하지만 치명적인 결과를 가져올 수 있다: 성벽은 성장을 유지 또는 다시 발전시킨다는 희망을 갖고 인지된 경쟁우위 또는 과거의 경쟁우위를 지키는 데 자원을 사용하는 것을 말한다. 우리는 특정 시점에 기업의 제품이 변화하는 시장의 요구에 잘 맞아 성공했을 경우, 이것을 영속적인 경쟁우위 확보로 믿기 쉽고, 기업은 보존편향을 가진 보수적인 기관(機關)이 된다. 이에 대한 해결책은 변화하는 시장에 보조를 맞추고 앞서 나가기 위해 차갑고, 냉정한 눈을 가지고 사업을 재편(再編)하는 것이다.

사이렌의 유혹을 물리치는 방법

기원전 8세기 호머의 서사시 오디세이에서, 오디세우스는 부하들이 사이렌의 노래를 듣지 못하게 밀랍으로 귀를 막고 그를 돛대에 묶고 항해가 끝날 때까지 풀어주지 말도록 명령한다. 결과적으로 그의 규율이 그와 부하들을 구한다.

조직의 리더들도 이와 비슷한 선택의 상황에 직면해 있다. 사이렌의 노래에 현혹될 것인지, 즉 실망스러운 결과를 자주 가져오는 성장전략을 추구할 것인지, 아니면 오디세우스와 같이 현재의 변화된 환경에 맞는 새로운 규율을 수용할 것인지의 상황에 직면하고 있다. 전자를 추구할 경우 좌초될 가능성이 크고, 후자는 목적지로 안전하게 항해할 가능성이 크다.

'왜, 그리고 어떻게 기업들이 성장의 사이렌에 의해 길을 잃는가? 하는 것은 우리로 하여금 이 책을 저술하게 만든 핵심 질문의 하나였다. 또한 우리는 기업들이 사이렌을 피할 수 있는 방법이 무엇인지 찾고 공유하여, 각기 원하는 성장의 야망을 달성하도록 돕고 싶었다. 이 답의 핵심은 복잡성 시대의 변화된 기업환경을 기업들이 충분히 고려하지 못하고, 과거의 성장 전략을 고집스럽게 추진한다는 점이다. 다시 말하면 해안선의 암초는 늘어나고 점점 더 '거친 바다'가 되면서 사이렌의 유혹이 더욱 강해졌다는 의미이다.

'거친 바다'는 사업환경의 특정한 변화를 지칭하는 표현이다. 세상은 어느 때보다 복잡한 연결 속에 있으며, 글로벌화되었고, 경쟁도 심화되었다. 동시에 오늘날의 고객들은 유례없는 수준의 다양한 선택을 요구하고 있어, 사업의 내용과 크기를 막론하고 모든 기업들은 새로운 형태의 긴장과 함께 어려움을 겪고 있다.

- 친밀한 고객관계와 글로벌 원가 경쟁력의 두 마리 토끼를 어떻게 잡을 것인가?
- 고래곡선과 최적의 필요한 규모를 어떻게 합리적으로 조정할 것인가?
- 복잡성의 증가를 피하면서 새로운 성장 원천을 어떻게 찾아낼 것인가?

우리는 Part I의 나머지 부분에서 복잡성 시대를 계속 탐구하고, Part II에서 사이렌에 대한 좀 더 깊이 있는 이해와 기업들이 사이렌의 노래에 맞서 확고한 성장전략을 어떻게 확보할 수 있는지를 설명하고자 한다. 만일 기업의 성장전략이 사이렌의 덫을 향해 가고 있다면, 붉은 깃발을 들어 즉시 위험신호를 보내야 한다. Part III과 IV에서는 현재와 같은 복잡성의 시대에 '수익적 성장(Profitable Growth)'을 찾고 촉진할 수 있는 조직의 역량에 대해 살펴볼 것이다. 조직의 역량에는 2가지가 있는데, 첫째는 새로운 성장 원천에 접근하기 위한 '사고방식(Mindsets)'이고, 둘째는 좋은 복잡성과 나쁜 복잡성을 구별하고 가치를 창출하여 수익적 성장으로 항해하는 데 필요한, 정신자세와 결합된 '핵심적인 기술(Critical Skill Sets)과 규율(Disciplines)'이다.

현재의 복잡한 사업환경에서 기업의 수익적 성장의 달성 여부는 탐험가의 사고방식과 항해사의 기술이라고 부르는 2가지 핵심 역량의 보유 정도(程度)에 따라 결정된다.

지금은 어느 때보다 기업의 혁신과 고객 중심이 요구되고 있으며, 동시에 생산성, 효율성 및 유연성이 필요한 시기이다. 조직의 중앙집권화 또는 분권화, 즉 산업적 효율성과 고객 접근성의 교환을 암시하는 단순한 선택의 문제를 고민할 여유가 없으며, 새로운 시대가 요구하는 것은 2가지 모두를 갖춘 기업이며, 이를 위해 조직구조, 전략 및 운영이 바뀌어야 한다.

복잡성 시대로의 방문을 환영한다!

Chapter 2

복잡성 시대 The Age of Complexity

"과학의 역사학자들은 패러다임이 바뀌면, 세상이 함께 바뀐다고 주장하고 싶은
유혹에 빠질 수 있다… 그것은 전문가 집단이 순식간에 외계로 이동하여 낯선 것
들과 만나며, 익숙한 사물도 전혀 다르게 보이는 것과 같다."

-토마스 쿤, 『과학혁명의 구조』

이 책의 제목에 있는 '복잡성 시대'는 지나치게 절제된 표현일지 모르겠
다. 2009년 『복잡성과의 전쟁』에서 우리는 시장에서 선택의 폭이 얼마나
폭발적으로 증가하였는지에 대해 다음과 같이 기술했다.

유통업체의 공급사인 소비재(CPG, Consumer Packaged Goods) 기업들은
시장의 변화에 보조를 맞추기 위해 신제품을 출시했다. 예를 들어 새롭
게 변화된 오레오 쿠키와 감자칩으로 꽉 채운 진열대, 수백 종류의 치약
을 출시했다. 유통업체 및 소비재 기업 그리고 원부자재 공급업체들은
모두 고객의 수요를 충족시키기 위해 재빨리 달려들었다. 하지만 합리
적인 수준의 조정은 이루어지지 않았다.[1]

…그리고 사업에 미친 예상하지 못한 영향에 대해 다음과 같이 기술했다.

> 지난 몇 년간 영국 내에서만 토마토 수프 캔을 진열대로 운반하기 위해 구축되었던 물류 체인의 변화를 상상해보라. 지금은 동일한 물류 체인에 평면 TV도 포함되었고… 영국 이외의 해외 시장도 지원해야 하며… 다양한 종류의 유통 채널에 맞추어 공급이 이루어져야 한다.
>
> 많은 기업들이 이와 유사한 변화를 경험했고, 지난 10년간 성장을 추구하는 과정에서 비대화되었으며, 엄청난 복잡성원가를 부담하게 되었다.

최근 수년 동안 상황은 더욱 복잡해졌다. 당시만 해도 모바일 플랫폼, 즉 새로운 채널은 태동기에 불과했으나, 지금은 소셜미디어를 통해 고객과 소통할 수 있는 채널이 다양화되었다. 규제 환경은 보다 엄격해지고, 부담스럽고, 혼란스럽게 변화했으며, 어떤 기준으로 보더라도 우리가 살고 있는 세계가 더욱 복잡해졌다는 점은 분명하다.

이러한 복잡성 증가 현상은 복잡성의 차원 간의 상관관계에서 발생하고 있고, 기업들이 당면하고 있는 많은 이슈들은 우리가 제시한 프로세스-조직 복잡성의 범주에 속하고 있다. 예를 들어, F-35 공동타격전투기(JSF, Joint Strike Fighter) 개발은 개발 추진의 개념이 매우 단순하고 명확했기 때문에 효과적인 원가절감 방안으로 생각되었다. 비록 약간의 기능 차이가 있는 3개의 버전으로 생산될 계획이긴 했지만, 공군, 해병대, 해군이 공동으로 사용하고 미국 이외의 우방국가도 사용할 수 있는 기종을 개발한다면, 대당 개발비를 낮출 수 있고 대량생산에 의한 규모의 경제 및 원가절감이 가능할 것이라 판단한 것이다.

그러나 미 공군의 위탁을 받은 랜드 연구소의 2013년 12월 보고서를 보면 공동 개발로 인한 원가절감 효과는 기대하기 어렵고, 놀랍게도 각각 3개의 개별 기종을 개발할 때보다 3군 공동타격전투기 개발에 더 많은 원가가 소요될 것이라는 분석을 했다.[2]

보고서에 따르면, 공동 개발사업의 원가상승 속도가 기대되는 절감액을 초과할 것으로 분석되었고, 생산원가가 R&D 원가의 4배라는 가정하에 가장 이상적인 방식은 두 기종만 통합하여 배수로 개발하는 것이며, 이때 대당 생산원가는 13%, 총구입원가는 20% 절감이 가능하다는 것이다. 그러나 '이론적인 절감 효과가 실무적으로 관찰되는 훨씬 높은 원가 증가로 잠식되는 현상'이 발생되어, 공급자나 구매자 모두에게 원가 부담이 증가하는 현상이 발생되는 것으로 분석되었다.[*]

조직 복잡성의 증가에 의한 영향을 예상하지 못함으로써 공군, 해병대, 해군 이외에도 미국 외 16개 국가의 의견을 통합 조율해야 하는 엄청난 업무 부담이 발생했으며, 상대적으로 명확한 한 가지의 복잡성(항공기 기종 수)을 줄이기 위한 시도가 다른 차원의 복잡성 증가를 불러일으킨 것이었다. 항공기 설계 자체가 복잡한 것뿐만 아니라, 우후죽순 격으로 증가하는 조직과 프로세스 복잡성으로 인해 전체 프로그램의 원가가 증가한 것이었다.[**]

---

[*] 디펜스뉴스(Defense News, 2016년 4월 18일)에 따르면 2070년까지 F-35를 60년간 생산 및 유지하기 위해 1조 1,240억 달러가 필요할 것이라고 예상한다.

[**] 항공기 개발 과정에서 조직 복잡성의 영향을 이해한 사람은 유명한 스컹크 웍스(Skunk Works, 기존 조직과 격리되고 독립적인 권한을 가진 소규모 팀이 신제품을 개발하도록 하는 방식)를 최초로 개발했던 록히드

복잡성원가의 기하급수적 증가

머리말에서 복잡성원가곡선에 대해 소개하였는데(그림 참조), 이를 통해 특정 활동의 결과로 시스템 전체의 원가가 어떻게 변화하는지 보여주고 있다. 복잡성원가는 기업이 더 많은 것을 가질 때 발생하며, 통상 예측되지도 않고 의도되지도 않으며 눈에 띄지 않게 숨겨져 있다.

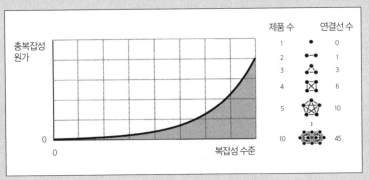

그림 2.1: 복잡성원가곡선

복잡성원가 기하급수적으로 증가하는 것은 복잡성의 차원 간의 상호작용에 의해 원가가 발생하기 때문이다. 기업에 새로운 복잡성이 추가되면, 구성 요소 간의 상호 연계도 증가하게 되고(그림의 우측 편 참조), 시스템의 복잡성이 증가할수록 부문 간의 연결과 상호작용이 더욱 중요해진다. 만일 시스템의 구성 요소가 2개라면 이 두 구성 요소를 잇는 연결선은 1개의 연결선이 존재하고, 구성 요소가 4개

마틴의 켈리 존슨이었다. 켈리 존슨이었다면 3군 공동타격전투기 개발 프로그램을 어떻게 운영했을까? 그가 주장한 14개 운영 원칙 중 하나는 "프로젝트에 관여하는 사람의 수를 획기적으로 줄여야 한다"는 것이었다. 3군 공동타격전투기 개발 프로그램은 켈리의 원칙과는 정반대로 운영되었으며, 복잡성의 파급효과와 규모를 위한 통합운영 범위의 결정이 얼마나 중요한지 잘 보여주는 사례가 되었다.

이면 연결선은 6개, 구성 요소가 10개이면 연결선은 45개가 된다. 만일 100개의 구성 요소가 있다면, 거의 5,000개의 연결선이 존재하게 된다. 이것이 복잡성원가의 증가 방식이며, 이를 통해 어떻게 복잡성원가가 통제불능 상태로 증가하는지 쉽게 알 수 있다.

복잡성과 성장

고객의 선택 옵션이 우후죽순 급증하는 환경에서, 기업은 2가지 도전에 직면하게 된다. 성장을 위한 단순화(Simplify to Grow)와 규모의 성장(Grow with Scale)이다. 복잡성 큐브를 통해 복잡성이 기업의 조직에 비부가가치 원가를 발생시키며, 성장에 미치는 복잡성의 악영향은 원가에 미치는 악영향에 결코 뒤지지 않는다는 것을 알게 되었다. 사실 복잡성은 여러 방법으로 기업의 성장을 가로막는다.

- **서비스 수준 저하** 제품과 프로세스 복잡성은 서비스 관련 이슈의 원인이 될 수 있다. 예를 들면 납기 준수율 저하, 품질 저하, 또는 고객 서비스 수준 저하가 발생할 수 있다.
- **개발 혁신속도 지연** 많은 수의 제품(혹은 내부 프로젝트 과제)은 개발 파이프라인에 동맥경화를 유발하고, 시장에 제품 출시 시기를 지연시킨다.
- **고객의 혼란** 선택할 수 있는 제품의 수가 지나치게 많아지면 고객은 구매결정을 하기 점점 어려워지고, 영업조직은 고객을 지원할 수 있

는 역량 확보가 더욱 어려워진다.

- **원가 증가로 재투자 마진 감소 및 가격 인상** 복잡성원가는 서서히 잠식해 오고 운전자본의 사용이 증가하여 사업의 부담으로 작용한다.

- **이익의 집중 및 리스크** 복잡성은 기업 내에서 다른 제품의 이익에 의존하는 제품, 즉 '교차보조금(cross-subsidizations)'이 자주 큰 규모로 발생하여 기업의 바람직한 가치 창출에 기여하는 제품을 파악하기 어렵게 한다.

원가의 바다에 떠 있는 이익의 섬

다양한 산업에 속한 유럽 기업들이 참여한 제품 수익성 연구를 진행한 결과, 전형적으로 제품의 20~30%가 전체 이익의 300%를 만들어낸다는 사실이 확인되었다. 물론 제품의 70~80%는 전체 이익의 200%에 해당하는 손실을 내고 있다는 의미이다(그림 2.2 참조).[3]

우리가 복잡성원가와 관련된 컨설팅을 수행하는 과정에서 이런 상황이 자주 확인되었으며, 특정 제품의 이익 집중 현상이 비정상적으로 보일 정도로 훨씬 심한 경우도 많았다.

이익 집중의 긍정적 측면은 '원가의 바다에 떠 있는 이익의 섬(islands of profit in a sea of cost)'이 어디에 있는지 알고 이곳에 자원을 집중한다면 기업 전체의 이익을 확대할 수 있다는 점이다. 그러나 만일 어디에 이익의 섬이 위치하는지 모른다면 이익을 지킬 수 없다는 점에서 이익 유지의 취약성을 드러낸다고도 볼 수 있다. 또한 이 경우에는 이익의 섬이라는 경쟁우위를 지렛대로 활용하는 성장전략을 수립하기도 불가능하다.

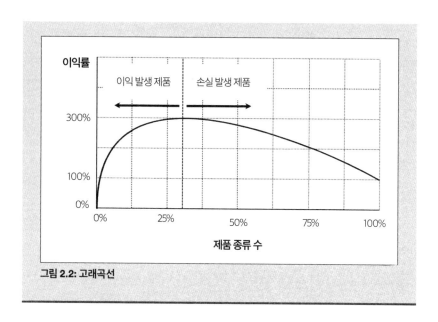

그림 2.2: 고래곡선

위의 그림이 시사하듯이 복잡성은 기업의 성장 역량에 직간접적인 영향을 미친다. 조용하지만 끈질기게 자원을 잠식하고, 원가 수준을 높여서 성장에 투자할 자금 축적을 가로막는다. 당연한 말이지만, 원가와 성장은 불가분의 관계이다. 이는 다시 말하면 복잡성과 성장이 불가분의 관계라는 것을 의미한다.

복잡성이 세상에 널리 알려지다

점점 더 많은 CEO들이 복잡성에 의해 발생하는 문제점에 대해 인식하기 시작했다. 2013년 포브스지가 선정한 400명의 미국 부자 중 42위로 선정된 빌 은행(미국 비상장 금융기업 중 가장 성공한 기업 중의 하나)의 회장인 앤디 빌(Andy Beal)은 "복잡성은 원가와 리스크를 증가시킨다. 이것은 효율성과 수익을 감식하는 안이다"[4]라고 말했다. 그리고 2013년 글로벌 피터 드러커 포럼(Global Peter Drucker Forum)의 중심 주제 또한 복잡성 관리였다.

- 1,500명의 기업인을 대상으로 실시한 최근의 설문조사에서 복잡성은 기업의 리더가 해결해야 할 가장 중요한 문제로 선정되었다.[5]
- 두 번째 실시된 설문조사에서 80%의 응답자는 향후 5년간 복잡성이 더욱 증가할 것이라고 예측했으나, 이에 대해 준비가 되어 있다고 답한 응답자는 거의 없었다.[6]
- 1,400명의 CEO를 대상으로 실시된 세 번째 설문조사에서 약 80%의 CEO들이 불필요한 복잡성을 줄이는 것을 개인적인 우선순위로 삼고 있다고 응답했다.[7]

학계에서도 복잡성 문제에 관심을 갖기 시작하여 2008년 메릴랜드 대학교의 로버트 스미스 경영대학(Robert H. Smith School of Business)이 기업 복잡성 연구센터를 설립했고, 2011년에는 서퍽 대학교의 소이어 경영대학(Sawyer Business School) 역시 기업 복잡성과 글로벌 리더십 연구센터를 설립했다.

우리는 학자가 아니다. 우리의 통찰력은 다양한 산업에 속하는 기업들의 교차기능(Cross-functional) 및 시스템 이슈를 해결하는 자문 및 컨설팅을 수행하는 과정에서 얻어진 실천적 경험이며, 이러한 경험을 통해 복잡성은 최신의 일시적 유행어가 아니라는 것이다. 왜냐하면 복잡성이 다른 경영 수단이거나 규율이 아니라, 그 자체로 근본적인 도전이기 때문이다. 즉, 경영자가 논쟁할 이슈가 아니라, 모든 다른 경영 과제들을 악화시키는 것이다. 그렇다면 어떻게 이런 상황이 생긴 것일까?

이 질문에 대한 답을 얻기 위해서는 역사적 맥락에서 이 문제를 바라보는 것이 도움이 될 것이다. 우리를 이 순간으로 이끈 눈에 보이지 않는 강력한 조류(潮流)들이 있다. 복잡성 시대를 성공적으로 항해하기 위해서는 현재의 조류와 앞으로 맞이할 조류를 아는 것이 도움이 될 것이다.

산업화 이전 시대

불과 약 200여 년 전의 산업화 이전 시대를 상상해보자. 이 시대에는 공장, 증기기관, 전기시설, 화학연료도 없었고 이들을 기반으로 얻을 수 있는 동력, 이동의 자유, 효율성 또한 없었다.

산업화 이전 시대의 삶과 일터의 모습을 상상해보자. 물론 우리는 대부분 증기기관은 고사하고 인터넷이 없는 삶을 상상하기 어렵지만, 이 시대는 거의 모든 사람들에게 힘들고 거친 육체노동이 요구되는 시대였다. 모리 클라인(Maury Klein)은 그의 저서 『파워 메이커 *The Power Makers*』에서 이 시대의 생활상을 다음과 같이 생생히 묘사하고 있다.

> 인간의 생존은 한정된 육체적 에너지로 자연과의 끊임없는 사투를 통해 끝없이 이어지는 과제를 해결하는 과정이었다. 초기 아메리카 개척 시기에 대부분의 사람들은 농장에서 살았는데, 이 농장들은 수년에 걸쳐 황무지를 개간해야만 만들어질 수 있었다. 농부는 맨 먼저 농장 내의 숲을 정리해야 했고, 나무를 베고 자르고, 남아 있는 뿌리를 캐내고, 집이나 헛간을 짓는 데 쓸 수 있도록 나무를 잘라서 목재를 만들었다.

그 이후에는 지렛대를 이용해 큰 돌과 바위를 캐내고 끌어내어 농장의 틈을 만들거나 농장 밖으로 버렸다…

농장 부지가 정리된 후에 비로소 농부는 진정한 농사일을 시작할 수 있었다. 그가 가진 도구는 호미, 쟁기, 낫 등이었는데, 이 도구들은 1800년 대 중반까지도 농장의 필수도구로 사용되었다. 말이나 소가 끄는 쟁기 로 농부는 며칠 동안 농장의 흙을 갈아엎었고, 한 계절 내내 씨를 뿌리고, 작물을 기르고, 수확하고, 곡물을 저장했다. 수확한 곡물은 방아로 찧거나 갈아서 가루로 만들어야 했다…

강도 높은 육체노동에 비해 식사는 소박했는데, 약간의 고기, 옥수수 빵, 집에서 직접 짠 사과 주스를 주로 먹었고, 만일 소를 기르고 있었다 면 우유도 먹었다. 이 모든 음식들은 매우 지루한 과정을 거쳐 얻어졌는 데, 고기를 얻기 위해 동물을 도축하고, 살을 바르고, 염장하는 일을 직 접 해야 했으며, 사과 주스를 만들기 위해 사과를 따고, 압착기에 넣고, 즙을 짜는 과정이 필요했고, 물을 얻기 위해서는 우물이나 개천에서 직 접 물을 길어 운반해야 했다. 가족들은 양모 또는 마로 짠 단순한 옷을 입었는데, 농장의 여성들은 가족들의 옷을 만들기 위한 방적, 직조, 재 단 등의 일을 도맡아야 했다. 긴 겨울 동안 실을 짜고 천을 만드는 기계 적인 작업이 끝없이 진행되었다.

방 하나로 구성된 집 내부의 생활은 난방과 요리에 필요한 열을 제공 하는 벽난로를 중심으로 이루어졌다… 벽난로의 땔감을 준비하는 것 은 가장 힘든 일 중의 하나였는데, 1년 동안 사용할 땔감을 구하기 위 해 농부는 대략 1에이커 규모의 숲의 나무를 베어야 했다. 농부는 나무 를 베고, 땔감으로 쓸 수 있도록 자르고, 집으로 나르고, 쌓아 놓는 일을 반복해야 했으며, 불쏘시개로 쓰일 나뭇가지나 송진도 모아야 했다. 어떤 연구에 의하면 농부는 1년의 1/3을 땔감을 준비하는 데 보내야 했다고 하며, 게다가 시간이 지날수록 집 주변의 나무가 줄어들어 농부는 더 멀리 땔감을 구하러 나가야 했다.[8]

산업화 이전 시대의 중요한 특징은 작업이 인간과 동물의 근력으로 이루어졌다는 것이며, 이 시대의 작업 효율성은 개별 작업 단위(사람 또는 동물)의 힘과 속도의 차이로 결정되므로, 작업 효율성 차이는 사람과 사람, 동물과 동물 간의 생물학적 능력의 근소한 차이를 벗어날 수 없었다.

작업이 근력에 의존한다는 것은 원가 측면에서는 일의 양에 원가 발생이 비례한다는 것을 의미한다. 예를 들면 10마리의 말은 1마리의 말이 할 수 있는 일의 10배를 할 수 있다. 그러므로 산업화 이전 시대는 변동원가의 시대였다(그림 2.3 참조). 이것은 규모의 경제를 얻을 수 없기 때문에 상대적으로 규모가 큰 기업이 작은 기업보다 원가 우위를 확보하기 어렵다는 것을 의미한다. 당시에도 예외적으로 규모의 경제가 존재했지만, 근본적으로 산업이 아닌 정치적 성격을 띠는 기업이었다.

이후 세계는 급격히 변화했다. 변화는 산업혁명으로 시작되었으며, 그 변화는 몇 만 년 전 '불의 발견'이 일으킨 변화에 비견될 만큼 매우 큰 변화였다.*

---

* 산업혁명의 정확한 기간에 대해 역사학자들 간에 이견이 있기는 하지만, 대체로 1760년부터 1830년까지가 산업혁명 시기로 인정되고 있다.

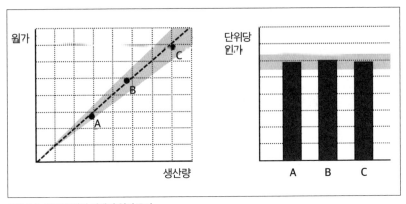

그림 2.3: 산업화 이전 시대의 원가곡선

산업화 이전 시대의 원가는 대부분 변동원가(비용)이므로 그림의 왼쪽 그림과 같이 생산량에 비례하여 증
가한다. 서로 다른 생산량을 가진 세 기업(A, B, C)의 원가를 그림에서 확인할 수 있다. 그림의 오른쪽 그림
은 동일한 기업의 단위당 원가를 나타내고 있는데, 세 기업의 생산량이 다름에도 불구하고 단위당 생산원
가는 근소한 차이만 있을 뿐 유사하다는 것을 보여준다.

산업화 시대

산업화는 인류의 삶의 모든 영역을 송두리째 바꿔 놓았다. "산업화는
생산현장에서 수세기간 지속되었던 고된 수작업 방식을 바꾸었을 뿐만 아
니라, 저가의 대량생산 상품을 기반으로 인간의 삶의 방식을 근본적으로
혁신하였다."[9]

상대적으로 짧은 기간이지만 증기, 전기 및 화석연료 등의 새로운 동력
원을 제공하였고, 새로운 가능성의 세상이 열리는 계기가 되었다. "18세기
이전까지 인간의 모든 활동은 근력의 한계와 아무리 뛰어나도 결국에는
근력을 필요로 하는 도구의 한계에 묶여 있었다."[10]

세상은 마침내 근력의 한계로부터 해방되었다. 증기, 전기 및 화석연료

등을 동력으로 하는 새로운 기계가 개발되었고, 대량생산이 가능하게 되었다. 공장에서는 대량생산, 부품들의 호환 사용, 컨베이어 벨트와 분업체계가 결합되어 규모의 경제를 창출할 수 있었다. 생산량이 증가한다는 것은 동일한 작업의 반복 횟수가 늘어나고, 작업자의 숙련도가 증가하여 생산성이 향상된다는 것을 의미한다. 생산성과 효율성의 증가를 통해 제품 가격을 인하할 수 있게 되고, 가격 인하는 수요 및 생산량의 증가를 유발시키며, 생산량의 증가는 공장 및 설비의 대형화를 가능하게 하고, 이를 통해 다시 생산 효율성이 증가한다. 이렇게 신동력원과 생산방식이 만들어내는 선순환 사이클은 급격히 유럽과 미국을 변화시켰다.

새뮤얼 인설(Samuel Insull)의 '자기 영속적 순환(Self-Perpetuating Cycle)'

1892년 7월 1일 토마스 에디슨의 오른팔이었던 새뮤얼 인설은 제너럴일렉트릭(GE)의 부사장을 사직하고, 시카고에 위치한 무명의 발전기업 사장직을 맡았다. 4년 전 시카고 에디슨 회사가 애덤스가(街)에 시카고 최초로 발전소를 돌리기 시작했는데, 발전용량은 3,200kW 수준으로 주변의 고급 주택가에 전기를 공급했다. 당시만 해도 전기는 일반인이 사용하기에는 비쌌고, 인설은 그만의 복안을 가지고 있었다. 인설은 회사를 옮기자마자 해리슨가에 발전용량 16,400kW의 초대형 발전소를 즉시 건설하기 시작하여 2년 만에 완공했다. 동시에 그는 시카고 중심지역의 모든 중소 발전업체들을 인수하기 시작했다.

인설은 가격을 올리기 위한 목적보다는 오히려 가격을 낮추기 위해 독점을 추진하였고, 발전용량을 대형화하여 효율적인 발전소를 운영함으로써, 인설의 해리슨가 발전소는 애덤스가의 발전소에 비해 1/3의 석탄으로 동일한 양의 전기를 생산할 수 있었다.

수요가 늘어남에 따라 인설은 발전소의 부하율을 획기적으로 높일 수 있었는데, 이를 통해 전기 생산량 대비 발선소 건설 이자 비용을 낮출 수 있었다. 당시 발전소 건설 이자 비용은 발전원가 중에 가장 큰 비중을 차지하고 있었다.

가격을 인하함으로써 새로운 고객을 확보할 수 있었고, 고객의 증가로 발전시설의 대형화와 부하율의 상승이 가능해지고, 이를 통해 다시 발전원가를 낮출 수 있게 되었다.

당시는 시장 독점화를 통해 기존 고객으로 하여금 높은 가격을 지불하도록 하는 것이 이윤 극대화의 정답으로 여겨지던 시대였는데, 인설은 더 많은 고객을 통해 '수요 확대와 가격 인하'라는 **자기 영속적인 순환**을 추구하는 전략을 구사했던 것이다. 인설에게 얼마만큼 고객을 확보할 생각인지 물었을 때 그는 "집에 25와트 전구 하나만 있어도 고객으로 만들겠다"고 답했다고 한다.[11]

여기서 주목할 점은 산업화 시대는 고정원가의 시대라는 것이다.* 대형 설비를 갖춘 공장 건설을 위해서는 대규모의 고정투자가 필요했고, 대량생산을 통해 고정원가를 분산(고정원가 레버리지 효과)시킬 수 있었다. 결과적으로 원가는 생산량에 비례하여 증가하지 않고, 생산량이 증가할수록 개

---

* 원가(Cost)에는 3가지 유형의 원가, 즉 변동원가, 고정원가 및 복잡성원가가 있다. 역사적으로 모든 시대에 3가지 유형의 원가가 항상 존재했지만 시대별로 각 원가의 상대적 중요성이 급격히 바뀌었고, 이는 기업의 성장 및 이익 경쟁력 확보 방식에도 큰 변화를 주었다. 산업화 시대에는 고정원가와 규모의 경제가 지배하는 시대이지만, 지금의 복잡성 시대는 복잡성원가와 경쟁할 만한 진정한 규모의 밀도의 경제가 지배하는 시대이다.

실무적으로 변동원가는 변동비, 고정원가는 고정비로 부르고 있으나, 통일성을 위해 Cost를 비용이 아닌 원가로 번역을 하였다. 또 다른 예로 간접비는 간접원가로, 직접비는 직접원가로 번역을 하였다. 다만, Cost를 원가로 번역하기보다 비용으로 하는 것이 실무적으로 훨씬 익숙한 용어인 경우에는 필요에 따라 Cost를 비용으로 번역하기도 하였다.

선된다(그림 2.4 참조).

이것은 놀랍고 근본적인 변화였다. 규모의 경제의 힘으로 대기업은 중소기업보다 우수한 원가 경쟁력을 확보하게 되었다. 이와 같이 규모가 클수록 훨씬 유리하므로, US 스틸, 스탠더드 오일, 웨스팅하우스, GE와 같은 기업들은 속도 있게 규모의 대형화 전략을 진행했던 것이다. 이것은 산업화 시대의 이야기이다.

산업화 시대는 물리적으로 세상을 바꾸었고, 우리의 사고방식에도 큰 영향을 미쳤다. 특히 이 시대가 낳은 미국의 경우, 규모의 경제 또는 클수록 좋다는 식의 생각이 미국인들의 머릿속에 자리잡고 있었다. 우리는 아직도 산업화 시대에 형성된 이런 관점을 유지한 채 현재의 세상을 계속 바라보고 있으며, 이미 각인된 생각을 바꾸기가 쉽지 않다. 세상은 바뀌었는

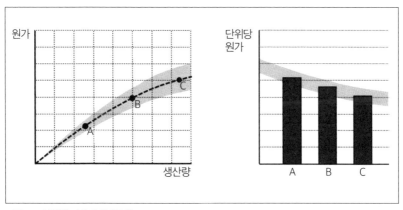

그림 2.4: 산업화 시대의 원가곡선
산업화 시대에는 규모의 경제가 작동하여 원가 증가의 폭이 생산량 증가 폭보다 작아진다. 왼쪽 그림은 생산량이 각기 다른 3개 기업(A, B, C)의 생산량과 원가를 보여준다. 그 결과 단위당 원가는 오른쪽 그림에서 보여주듯이 생산량이 증가할수록 감소하게 된다. 산업화 이전 시대에는 생산성이 개별 작업자의 능력 차이에 의해 결정된 반면, 산업화 시대에는 생산량 그 자체가 더 중요한 결정 요인이 된다. 산업화 시대에는 기업 규모가 커질수록 원가 경쟁력도 자연스럽게 증가하게 된다.

데, 우리의 생각은 세상의 변화에 보조를 맞추지 못하고 있는 것이다.

산업화 시대는 미국인의 세계관뿐만 아니라, 산업화가 진행된 서유럽 국가, 동아시아 등으로 확산되어 전세계적으로 영향력을 미쳤다. 특히 한국, 중국의 경우 믿을 수 없을 만큼 빠른 속도의 산업혁명을 경험했는데, 그 속도는 서구 국가의 100년을 수십 년으로 압축한 수준이다.

미국

산업혁명은 영국에서 시작되었지만, 특히 미국에서 뿌리를 내렸다. 증기기관은 영국인 제임스 와트(James Watt)가 발명했지만, 청바지는 미국인 엘리 휘트니(Eli Whitney)가 개발했다. 미국은 신생 국가로서 막대한 부존자원, 성실한 노동자, 도전 정신으로 가득 찬 깨끗한 신천지였다. 아마도 애덤 스미스가 분업체계와 자유시장을 옹호하는 국부론을 미국 독립전쟁 시기인 1776년에 발간한 것이 우연의 일치는 아닐 것이다.

산업혁명은 다른 어느 국가보다 미국을 확실하게 변화시켰다. 증기선과 철도는 미국 전역을 연결하였으며, 이를 통해 광대한 국토의 잠재력을 결합할 수 있었다. 산업화가 꽃피울 수 있는 최적의 토대가 된 것이다. 1831년에서 1832년에 걸쳐 미국을 방문한 프랑스의 정치학자 알렉시스 드 토크빌(Alexis de Tocqueville)은 그의 저서 『미국의 민주주의Democracy in America』에서 다음과 같이 기술했다. "미국을 방문하면 특이한 광경에 놀라게 된다. 미국은 활력과 소란으로 가득 차 있다… 혁신과 진보만이 중요하며… 미국 땅에 첫발을 내딛는 순간 소음 속에 둘러싸이게 된다. 고함 소리가 사방에서 들리고 동시에 수천 개의 목소리가 귀에 들어온다. 모든 것이 사람들을 휘저어 놓는다."

산업화 이후의 시대 — '복잡성 시대'

산업화 이전의 시대는 생산성 향상에 한계를 가진 변동원가가 지배하는 시대였고, 그 이후에 도래한 산업화 시대는 고정원가 레버리지의 중요성이 매우 커져 고정원가에 의해 지배되는 시대였다. 이상하게 들릴지 모르지만, 오히려 산업화 시대에는 문제가 단순했다. 산업화 이전 시대에는 작은 차이에 의해 성패가 결정되었으나, 산업화 시대 사업의 성패는 생산 규모에 의해 결정되어 일단 시장을 선점해서 생산 규모가 1위인 기업이 되기만 하면, 점점 규모를 확장하여 시장 주도적 위치를 유지할 수 있었다.

고정원가와 변동원가를 알면 산업화 시대를 이해할 수 있다. 대기업은 우월한 원가 경쟁력을 가지게 되고 이를 기반으로 가격 인하, 물량 확대의 선순환 사이클을 만들어낼 수 있었고, 익히 아는 초대형 기업이 이 과정을 통해 탄생하게 된다.

그러나 오늘날, 여러 산업에서 대기업이 우월한 원가 경쟁력 확보에 실패한 사례를 다수 발견할 수 있으며, 오히려 중소기업에 비해 원가 경쟁력이 떨어지는 경우도 흔히 발견된다. 변한 것은 세상이 놀랄 만큼 복잡해졌다는 것이다. 더 많은 제품, 더 많이 세분화된 시장, 더 많은 유통 채널, 더 많은 규제, 더 많은 기술, 더 복잡한 프로세스와 조직, 더 까다롭고 다양한 요구를 하는 고객이 등장했다. 이러한 복잡성으로 인해 기존 원가 개념인 변동원가와 고정원가에 제3의 원가로 분류되는 '복잡성원가'라는 신개념의 원가가 추가된 것이다.

가장 중요한 특징으로 복잡성원가는 복잡해질수록 기하급수적으로 증가한다. 즉, 복잡성이 2배로 증가하면 복잡성원가는 2배가 아니라 그 이상 증가한다. 크래프트 식품(Kraft Foods)의 글로벌 서비스 그룹 부사장인 리콜터(Lee Coulter)는 복잡성을 '3차 함수'로 부르고, "만일 10개의 IT 시스템을 운영한다면 관리가 가능하지만, 100개의 IT 시스템을 운영한다면 복잡성이 10배가 증가하는 것이 아니라 약 30배쯤 증가한다고 봐야 한다"고 얘기한다.

기존 원가 개념과는 근본적으로 다른 복잡성원가의 지수함수적 성격으로 인해 원가의 파악과 관리가 매우 어렵다(그림 2.5 참조). 전통적인 원가는 선형함수 형태로, 생산량에 비례하여 증가하므로 원가가 선형함수일 경우 단위당 원가는 선의 기울기(원가/생산량)로 계산할 수 있으며, 이로 인해 단위원가의 파악과 관리가 쉬워진다.

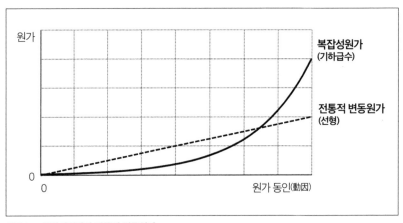

그림 2.5: 복잡성원가와 전통적 변동원가

복잡성원가는 복잡성 수준에 따라 정비례로 증가하지 않으며, 기하급수 또는 지수함수의 형태로 증가하므로 단위당 복잡성원가는 복잡성이 증가함에 따라 상승하게 된다. 반면 전통적인 변동원가는 생산량에 정비례하여 증가하며, 생산량 단위당 변동원가는 대략 일정한 수준을 유지한다.

그러나 복잡성원가의 변화 형태는 매우 다르다. 단위당 복잡성원가는 전체 복잡성의 수준에 의해 결정되기 때문에, 즉 원가곡선의 기울기가 곡선의 위치에 따라 변화하므로 산출하기가 매우 어렵다. 단위당 복잡성원가는 과거에 누적된 복잡성의 규모에 의해 결정되므로 내일의 단위당 복잡성원가는 오늘 얼마만큼의 복잡성이 추가될 것인지에 따라 바뀔 수 있다는 의미이다.

변동원가가 산업화 이전 시대를 지배하고, 고정원가가 산업화 시대를 지배했듯이 지금은 복잡성원가가 지배하는 시대이다(그림 2.6 참조). 변동원가 및 고정원가라는 상대적으로 단순한 원가 개념만을 이해하는 사고를 바꾸기는 매우 어려운 일이지만, 현실은 인정할 수밖에 없으며, 이러한 3가지 유형의 원가들로 인해 기업에 잠재적으로 치명적인 결과를 낳게 할 수 있다.

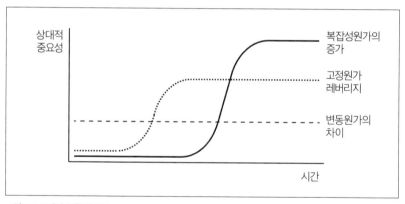

그림 2.6: 3가지 유형의 원가
기업의 원가는 변동원가, 고정원가, 복잡성원가로 구성된다. 이 3가지 원가는 항상 존재해왔으나, 다만 시대에 따라 각자의 상대적 중요성이 변화되었을 뿐이다. 산업화 이전 시대에는 고정원가 레버리지가 미미했고 복잡성원가도 매우 작아서 변동원가의 차이만 남았지만, 이 차이도 기업 간 원가구조의 차이를 발생시킬 만큼 크지 않았다. 산업화 시대에는 고정원가 레버리지와 규모의 경제에 의해 기업의 원가 경쟁력이 결정되는 시기였으며, 산업화 이후의 시대에는 복잡성의 급격한 증가로 인해 복잡성원가가 기업의 원가 경쟁력을 결정짓는 핵심 요소가 되는 상황이 된 것이다.

은행업: 더 이상 규모가 크다고 더 좋은 것은 아니다

미국의 100개 은행 지주기업을 대상으로 한 연구조사에서 우리는 은행의 규모와 생산성 및 수익성이 반드시 비례하진 않는다는 것을 발견했다. 은행의 효율성지 표(이자 이외의 기타 원가/이자수익+이자 이외의 기타 수익, 1달러의 수익을 얻기 위해 은행이 지불해 야 하는 원가)를 운영의 생산성의 척도로 볼 때, 은행의 규모(자산)와 효율성지표 간에 정(Positive)의 상관관계를 발견할 수 없었고, 오히려 그 반대의 결과도 나왔으며, 미국의 10대 은행 중 7개 은행은 평균치 이하의 효율성지표를 기록하였다.

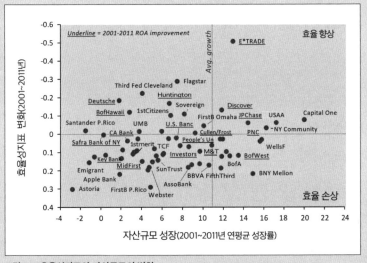

그림 2.7: 효율성지표와 자산규모의 변화
주) 100억 달러 이상의 자산규모를 가진 지주기업을 대상으로 차트 작성
(자료 출처: 연방예금보험공사, 국가정보센터, 미합중국연방준비시스템, 기업회계 결산 보고서, 윌슨페 루말 분석)

물론 다양한 거시적 및 미시적 경제 요인들이 결합되어 효율성지표가 결정되므 로, 상황이 다른 은행 간 비교 결과를 바탕으로 산업의 트렌드를 논하기는 쉽지 않지만, 은행별로 과거 10년간 자산규모와 효율성지표의 변화 추이를 분석해본

결과(그림 2.7 참조) 자산규모의 성장과 함께 효율성지표가 개선된 은행은 조사대상의 30% 이하에 불과했고(X축과 Y축 값이 0보다 큰 은행이 이에 해당한다), 수익성까지 고려한다면 그 비율은 11%로 떨어진다(그림상의 밑줄 친 기업이 이에 해당한다).

역사의 시대적 구분은 어느 특정 시대에만 나타나는 두드러진 특징에 의해 구분될 수 있다. 모든 시대에 3가지 유형의 원가가 항상 존재하였지만 시대별로 각 원가의 상대적 중요성이 급격히 바뀌었고, 이는 기업의 경쟁력 확보 방식에도 큰 변화를 주었다.

산업화 이전 시대, 산업화 시대 및 산업화 이후 시대는 매우 상이한 특징을 가지고 있고, 역사의 관점에서 바라보면 산업화 시대는 매우 예외적인 시대라고 볼 수 있으며, 상대적으로 기간도 짧고 특이한 성격을 가진 시대였다. 이 시대의 세상은 엄청난 변화를 겪었을 뿐만 아니라, 그 속에 살아가는 우리의 사고방식에도 지대한 영향을 미쳤다.

다른 시대에 비해 상대적으로 짧은 기간 동안 기술, 정치, 사회 및 자금력이 독특한 방식으로 결합하여 저비용과 소비 확대의 자기 영속적 순환이 시작되었다. 물론 지금도 DNA 서열 분석 및 데이터 스토리지 영역에서 이런 순환이 작동되고 있지만, 매우 예외적인 영역에 한정되어 있다.

역사상 처음으로 인류는 근력이라는 숨막히는 제약에서 해방되었다. 인류는 새로운 에너지의 힘을 향유하였으며, 사회적 변화로 산업에 투입할 수 있는 인적 자산의 규모가 대폭 증가하였고, 이어서 새로운 세상에 걸맞은 기계를 작동하도록 윤활유 역할을 하는 금융자산이 나타났으나, 이 시대에는 아직 복잡성이 그 모습을 확연히 드러내지 않았다. 인간의 역사라는 긴 시간 속에서 매우 예외적으로 짧은 기간 동안 규모의 경제는 중요한 문제로 인식되었지만, 복잡성은 그렇지 않았다. 그러나 세상은 지속적으로 변화하여 복잡성이 중요한 시기가 마침내 도래하였음에도, 우리의 사고방식은 짧은 역사 속의 이례적인 기간인 산업화 시대에 고착되어 있다.

복잡성은 원가구조뿐만 아니라 기업의 혁신 및 성장을 포함하는 경쟁방식에도 영향을 미치지만, 아직까지 많은 기업들은 현재의 세상에 맞지 않는 낡은 패러다임과 접근법을 계속해서 사용하고 있다. 이것은 마치 지형이 바뀌었음에도 불구하고, 구식 지도를 가지고 바다를 항해하는 것과 같으며, 이런 연유로 많은 기업들이 최선의 노력을 경주함에도 불구하고 암초에 부딪치는 비극이 발생하고 있다.

규모의 경제가 산업화 시대에 뚜렷한 영향을 미쳤듯이, 기하급수적으로 성장하는 복잡성은 현재의 기업들에게 상당한 영향을 미치기 때문에 많은 기업에서 매출 성장을 넘어서는 원가 증가가 발생하고 성장 잠재력이 저하되는 현상이 발생하는 것이다. 즉, 성장 추진에 투입되어야 할 기업의 자원을 복잡성이 빨아들이고 있는 것이다.

복잡성곡선 자체는 새롭게 나타난 것이 아니며, 50여 년 전에도 우리 곁에 있었다. 그 당시 기업들은 복잡성 곡선의 왼편에 위치해 있어 복잡성을 무시해도 괜찮은 수준이었으나, 현재 기업들의 위치는 곡선의 오른쪽으로 급격하게 이동해서 새로운 메커니즘이 작동되는 것이다. 산업화 시대는 규모의 경제가 지배하였지만, 복잡성 시대는 복잡성원가가 등장하였고, 줄다리기 상황에 놓인 기업들의 원가와 성장능력이 이전 시대와 질적으로 달라졌음을 이 2가지 곡선은 보여준다.

Chapter 3

규모의 재발견 Rediscovering Scale

"당신이 가진 에너지, 생각, 자본에 집중하라."

-앤드루 카네기

산업화 시대는 긴 역사의 시간에 비추어볼 때 짧은 한순간에 불과하지만 역사의 변곡점으로서, 혁명적 변화를 가져온 시대였으며 우리가 세상을 바라보는 사고방식이 형성되었다.

그 시대는 지금보다 모든 것이 단순했던 시대라는 낭만적인 느낌마저 든다. 카네기, 록펠러, J. P. 모건 등 산업화 시대의 거인들이 활동하던 시대였으며, 비전, 열망, 자본이 필요했지만, 이들을 적절히 결합하고 열정적으로 일하기만 하면 규모의 경제라는 선순환을 유발시켜 엄청난 규모로 기업을 성장시킬 수 있었다.

우리는 아직도 규모는 선(善)이고 게임의 법칙이 단순했던 산업화 시대에 살고 있다는 착각의 유혹을 느낀다. 산업화 시대에는 복잡성 수준이 미미했고 사업의 전체 판매량이나 매출로 표현되는 규모만 생각해도 충분했다. 수익성은 규모의 함수였고, 사실은 규모가 수익성을 결정했다. 규모의 경제가 설 자리가 있었고, 매출이 증가하면 이익도 자연히 증가했다. 그 시대의 사고방식은 다음의 수익성과 매출의 관계로 표현할 수 있다.

$$수익성 \propto 매출$$

규모는 클수록 좋다. 그러나 기업이 이런 생각에 빠지면 길을 잃게 되는데, 글로벌 경제 위기로 매출의 40%가 감소되었던(이익은 대부분이 감소되었음) 산업용 공구 제조업체를 예로 들어보자. 매출 급감의 파괴적 충격에 노출된 경영진은 상황의 절박함을 깨닫고, 매출만 되돌려 놓을 수 있으면 수익성을 회복하고 위기 상황에서 탈출할 수 있을 것이라고 생각했다.

그래서 경영진은 조금이라도 매출을 확대시킬 수 있는 것이라면 무엇이든 실행했다. 고육지책으로 제품 포트폴리오를 급속히 확대시켰고, 고객이 구매하기를 원하는 것이라면, 그것이 무엇이든 심지어 의복이나, 장난감까지도 제품 카테고리에 추가했다.

그러나 이러한 방식의 성장전략은 역효과를 낳았다. 제품 카테고리 담당자와 영업사원들은 계속적으로 추가되는 제품을 관리하는 데 애를 먹었으며, 물류 관리자는 소량의 추가 생산품을 공급하기 위해 허덕였고, 제품 가용성 및 정시 배송률은 저하되었다.

이로 인해 서비스 수준도 저하되고 고객 불만은 증가하여 수익성이 끝을 모르게 떨어졌다. 성장을 위한 정책으로 인해 기업은 복잡성의 늪에 빠져 제품을 생산하고 제공하는 역량에 손상을 입은 것이다. 고객들이 원했던 것은 '제품의 가용성'이었으나, 이 기업은 '제품의 다양성'에 집중했다. 산업화 시대의 사고방식인 '매출을 늘리기만 하면, 수익성은 저절로 따라

올 것'이라고 생각했던 것이다. 하지만 현실은 복잡성만 늘어났고, 이 기업은 규모를 매출로 혼동한 것이다.[*]

우리에게 매우 익숙한 이야기이며, 우리는 산업화 시대의 규칙에 따라 기업을 운영하고 있지만 규칙이 변했고, 세상 역시 혼잡해졌다. 유럽 국가들이 신천지의 광활한 대지에 깃발을 꽂기 위해 탐험했던 시대는 지나갔으며, 지금은 다른 누군가의 것을 뺏지 않으면 영토를 확장할 수 없는 시대인 것이다.

이와 유사하게 '소비의 자기 영속적 순환'이 놀랄 만한 새로운 사업 기회를 창출하고, 모든 기업들이 무한해 보이는 사업 기회를 잡기 위해 달려들었던 산업화 시대는 지나갔다. 놀라운 혁신과 이를 통한 부의 창출은 점점 빠른 속도로 진행될 것이지만, 그만큼 빠른 속도로 누군가는 시장의 위치와 부의 상실을 경험하게 될 것이다.

어떤 의미에서 지금의 세상은 산업화 이전 시대와 닮아 있는데, 규모의 경제효과가 감소하고 규모의 중요성이 줄어듦에 따라 성장의 선순환 사이클을 활용한 성장은 불가능해지고 타인의 땅을 한 번에 한 발씩 빼앗지 않고는 성장이 불가능하다.

---

* 다행스럽게도 이야기는 여기서 끝나지 않았다. 이 기업은 집중력을 회복하기 시작했다. 새로운 경영진이 임명되면서 일관된 제품 전략을 개발하고, 제품 최적화(합리화)를 추진하였다. 제품 라인과 프로세스의 복잡성을 걷어내어, 고객 서비스 레벨을 회복시킬 수 있었다.

더 봉건적인 세상으로 회귀

여러 면에서 세상은 역사적으로 주류(主流), 즉 근원적인 상태로 회귀하고 있다. 논란의 여지가 있지만 국민 중심 국가의 정점은 2차 세계대전과 그 이후의 냉전 시대라고 할 수 있는데, 이 시대는 정부가 원자폭탄을 만들고 인간을 달에 착륙시키기 위해 국가의 총자원을 동원했던 시기였다. 이와 같은 현상은 초강대국인 미국과 소련뿐만 아니라 전 세계 모든 국가에 동일하게 나타났고, 이 시기에는 자원(경제적 자원과 인적 자원을 포함)이 권력을 의미했고, 산업화 시대와 유사하게 자원을 모으고 집중하는 능력과 공장이 강대국의 성장에 원동력이 되었다.

강대국의 힘은 여전히 강하지만, 지금 강대국들은 작은 나라들, 심지어는 비국가 단체로부터 위협을 받고 있다. 산업화 이후 시대에는 기술이 보다 보편적으로 확산되고, 이로 인해 산업의 경쟁환경이 보다 평등해졌다. 우리는 2001년 9월 11일 세계 최강국인 미국이 19명의 광신도에 의해 혼란에 빠지는 광경을 보았고, 지금은 IS와 국제 마약 카르텔이 국가의 주권을 위협하고 있다. 이슬람 테러리스트에 의해 파리의 「샤를리 엡도Charlie Hebdo」 신문사가 공격을 받은 후 국제 해커 단체인 어나니머스(Anonymous)는 ISIS, 알카에다 및 타 테러 조직에 대한 전쟁을 선포하고 온라인에서의 테러리스트 활동을 찾아내고 방지할 것이라고 공언했다. 이는 테러 조직이라는 비국가 조직이 다른 비국가 조직에 가장 강력한 저항세력이 된 경우이다. 2006년 「포린 어페어Foreign Affairs」지의 존 래플리(John Rapley)는 '새로운 중세시대(The New Middle Ages)'라는 글을 게재했는데, 이 글에서 그는 "국가 규모의 자본주의의 도래는 국경 내 영토와 주민에 대해 강력한 통제권을 가진 국가를 탄생시켰고, 이로 인해 기존의 중세시대는 끝이 났으며, 지금은 자본주의가 국경을 넘어 세계적으로 작동함으로써 국가의 힘이 점점 약화되어 이제는 다수의 중첩된 통제권과 정체성이 존재하는 '새로운 중세 시대가 부상하고 있다"고 주장했다.[1]

우리는 또한 이런 현상을 전쟁에서도 볼 수 있다. 국가 안보 분석가인 랄프 피터스(Ralph Peters)는 다수의 책과 기고문에서 "이념의 시대(Age of Ideology)는 끝났고, 피와 신앙(Blood and Faith)의 시기로 돌아왔다"고 주장했다. 피터스는 이념의 시대는 프랑스 혁명이 일어났던 1789년부터 소련이 붕괴된 1991년까지의 약 200여 년으로 역사상 일시적인 짧은 기간에 불과했고, 이념은 "한 사람 또는 소수의 파벌이 더 나은 사회, 경제 및 정치 조직을 설계할 수 있다"고 믿는 추상적이고 허황된 개념이라고 정의했다. 그 예로서 마르크스주의, 국가사회주의, 파시즘 등을 들었으며, 19세기와 특히 20세기의 전쟁은 이와 같은 이념으로 인해 수행되었다고 주장했다.[2]

세상은 여러 면에서 급변하여 근원적인 상태로 회귀했으나, 우리의 사고는 이에 맞게 변화하지 못했다. 역사적으로 짧은 기간 동안 산업화, 국가주의, 이념의 시대를 한꺼번에 경험한 후 기업, 경제, 사회 및 정치 분야 전반에 걸쳐 세계가 규범적인 상태로 회귀하고 있지만, 이에 대해 우리는 전혀 준비되어 있지 않다.

21세기 경영에서 규모의 재해석

기업의 규모는 여전히 중요한 문제이다. 오늘날 핵심적인 경영의 도전 과제는 "복잡성이 증가하는 속도보다 빠르게 매출을 성장시켜야 한다"는 것이다. 그러나 이 도전 과제를 달성하기 위해서는 미세한 차이가 있는 규모의 의미와 무엇이 규모를 침식하고 있는지를 정확히 이해해야 한다. 기업의 복잡성을 관리하는 방법을 이해하지 못한다면, 규모의 경제효과는 그림의 떡에 불과한 것이다.

매출, 복잡성 및 수익성의 관계는 "매출 증가 속도보다 복잡성이 빠르게 증가하면 수익성은 악화되는 반면, 매출이 복잡성보다 빠르게 증가하면 수익성은 개선된다"는 경험법칙으로 요약될 수 있으며, 이 경험법칙은 좋은 복잡성과 나쁜 복잡성을 구분하는 데 유용하게 활용될 수 있다.

년산 세품 100만 개를 판매하는 2개의 기업이 있다고 가정해보자. 첫 번째 기업은 한 종류의 제품만 판매하는 반면, 두 번째 기업은 1,000종의 제품을 판매한다. 외견상 두 기업의 매출 규모는 비슷할지 모르지만, 진정한 규모의 측면에서 두 기업은 극단적인 차이를 보인다. 그러므로 제품의 다양성(종류)은 판매량만큼 중요한 요소가 되며, 앞에서 제시한 수익성과 매출의 관계는 다음과 같이 변화한다.

$$수익성 \propto \frac{매출}{복잡성}$$

이 관계가 의미하는 것은 매출과 복잡성이 수익성에 미치는 영향도가 동일하므로, 수익성 개선을 위해서는 매출에 집중하는 것만큼 복잡성도 고려해야 한다는 점이다. 매출로 규모를 측정하면 착오('틀린 규모')를 일으키게 되고, 성장의 역설은 복잡성 공식의 분모(복잡성)를 간과하고 분자(성장)를 키우는 데만 집중하면 수익성이 악화될 뿐만 아니라, 성장 잠재력이 저하된다는 점이다. 반면 매출과 함께 복잡성을 적절히 관리하면, 수익성이 개선될 뿐만 아니라 성장 잠재력이 대폭적으로 증가한다.

현재도 규모의 경제가 존재하기는 하지만 기업 전체 또는 사업부의 크기로 규모를 정의할 수 없는 경우가 있다. 오히려 수익성을 결정하는 진정한 규모는 기업 내의 하위 레벨에 존재하는데, 예를 들면 특정 제품의 매출, 특정 업무의 처리량, 특정 고객 및 공급사와의 거래량 등이 규모를 결정한다. '진정한 규모(실질 규모, Real Scale)'는 거시적 차원이 아닌 미시적 차원에 존재한다. 제품 및 서비스, 프로세스, 조직구조, 자원 할당, 업무 관행, 기술이 모두 진정한 규모에 영향을 미치며, 재고 회전과 같은 지표가 '진정한 규모'의 측정지표가 된다.

'밀도(Density)'라는 개념을 소개하고자 한다. 물리학에서의 밀도는 단위 부피당 중량($1m^3$당 그램)을 나타내듯이, 기업에서는 점포별 매출, 제품별 생산량 또는 매출, 지역별 매출이 밀도이다. 밀도는 규모(매출액 또는 수량)를 복삽성으로 나눈 것이다. 이제 '진정한 규모'는 기업 내부 또는 기업간에 존재하는 밀도의 양을 통해 나타나기 때문에, 규모의 경제를 밀도의 경제(economies of density)로 생각하는 것이 효과적이고, 밀도의 개념이 들어가면 우리의 수익성 공식은 다음과 같이 바뀌게 된다.

$$수익성 \propto 밀도 \approx \frac{매출}{복잡성}$$

기업을 돌무덤으로 가정해보자. 산업화 시대에는 큰 모래무덤이 작은 돌무덤보다 더 큰 규모의 경제효과를 누렸다. 그러나 지금은 작은 돌무덤이 큰 모래무덤보다 '진정한 규모'를 가지는 것인지를 생각할 필요가 있다.

돌무덤   모래무덤

그림 3.1: 어느 쪽이 더 나은 진정한 규모일까?
오늘날 많은 산업에서 거대 기업('큰 모래무덤')이 작은 기업('작은 돌무덤')에 비해 수익성이 좋지 않은 사례는 흔히 발견된다.

그러나 무덤의 크기를 키우고자 하는 데에는 여러 가지 합리적 이유가 있다. 첫 번째로 기업은 전진하지 않으면 퇴보한다는 점이다. 이런 면에서 성장은 기업의 생존을 위한 방어전략이 된다. 둘째로 성장은 무언가를 창조하고 구축하고자 하는 인간이 타고난 긍정적 욕구인 점에서 그 자체로 기업 구성원들에게 만족감을 준다. 셋째는 버크셔 해서웨이(Berkshire Hathaway)의 1992년 연차보고서에 "바람직한 투자 대상 기업은 장기간 대규모의 자본을 투자하여 고수익을 창출한 기업이다"라고 기술되어 있듯이 분명히 동일한 고수익을 창출한다고 하더라도 중소기업보다는 대기업이 투자 대상으로 선호되며, 이러한 측면에서 성장은 기업의 가치를 더욱 증가시키는 방법이다.

산업화 시대에는 성장을 추진하는 네 번째 이유가 존재했는데, 성장이 이익을 증가시키는 방법이기 때문이었다. 성장을 통해 이익이 개선될 수 있다는 점은 앞의 3가지 이유(성장을 통한 기업 생존 전략, 구성원 만족도 증가, 기업 가치 증가)를 더욱 강화하는 논리가 되었다.

하지만 복잡성 시대에는 성장이 수익성을 보장하지 못하고, 불행히도 성장과 수익성이 서로 반대로 움직이는 경우가 더 일반화되었는데, 이로 인해 성장에도 불구하고 기업의 생존이 더욱 불안해지고 구성원의 만족도가 저하되고 기업 가치도 하락하는 일이 발생하고 있다. 지금의 핵심 질문은 '어떻게 수익성을 유지하면서 성장을 할 것인가?'인데, 이는 '수익적 성장(Profitable Growth)'만이 기업의 지속 가능성을 개선할 수 있기 때문이다.[3] 이 질문은 다르게 해석하면, "어느 곳에 어떤 방법으로 '진정한 규모'를 구축할 것인지, 즉 어느 것에 어떤 방법으로 '밀도'를 강화할 것인지에 대한 질문"이라고 볼 수 있다.

오늘날은 성장이 수익성을 견인하기보다는 수익성이 성장을 견인하는 시대이다.

밀도의 경제

월마트는 연간 매출이 약 5,000억 달러에 이르는 세계 최대 유통기업으로서, 매출액 기준으로 몇몇 초대형 글로벌 에너지 기업 외에는 이를 초과하는 기업이 없다.

월마트의 성공 요인을 요약해보면, 대체적으로 경쟁사를 압도하는 사업 규모, 재무능력, 구매 물량을 기반으로 한 공급사 협상력 등을 꼽을 것이다. 또한 소수의 사람들은 선진화된 IT 시스템과 경영능력을 거론할 것이다. 그러나 월마트의 경쟁우위는 월마트 성공의 원인이기보다는 오히려 그 결과물에 가깝다. 우리는 월마트를 산업화 시대의 사고로 판단하는데, 규모가 경쟁력의 원천이며 일종의 선순환이 작동한다고 인식하기 때문이다. 그러나 월마트는 경쟁사에 비해 규모가 작았을 때에도 이미 높은 수익성을 올린 성공한 기업이었다. 월마트는 케이마트(Kmart)의 10분의 1 규모에 불과했을 때에도, 공급사 협상력도 열세에 있을 수밖에 없었지만 더 높은 수익성을 기록하였으며, 1980년대 중반 월마트의 매장수가 860개 정도일 때는, 지금의 11,000개 매장과는 비교도 안 되는 숫자였지만 가장 높은 수익률을 기록한 시기였다.

월마트의 성공을 가져온 것은 규모가 아니고, 집중화 전략인 '밀도의 경제'였다. 컬럼비아 대학교 경영대학원의 브루스 그린월드(Bruce Greenwald) 교수와 투자 전문가인 저드 칸(Judd Kahn)은 그들의 저서 『경쟁우위 전략Competition Demystified』에서 월마트가 집중화 전략과 '지역적 밀도의 경제'로 어떻게 성공할 수 있었는지 자세히 기술하고 있다.[4] "중요하다고 생각하는 지역에서는 큰 규모로 영업해라(Big Where It Counts)", "위대한 기업에서 좋은 기업으로(From Great to Good)" 등의 분석 내용을 이 책에서 다루기에는 지면에 제약이 있으므로 간단하게만 요약해보면 다음과 같다.

> 1987년 1월 31일에 종료하는 회계기간을 포함하는 지난 3개년 동안 월마트의 영업이익률은 평균 7.4%를 기록했는데, 동 기간 케이마트의 영업이익률은 4.8%였다. 이 차이는 순전히 간접비(Overhead Costs)의 차이에 의해 발생했는데, 매출총이익률은 케이마트가 월마트보다 컸지만… 케이마트의 매출액당 판매 및 일반관리비 비율은 월마트에 비해 훨씬 높았다.
>
> 어떻게 월마트가 상대적으로 적은 간접비로 운영할 수 있었을까? 그 답은 '지역적 시장 집중화 전략'에서 찾을 수 있다. 1985년 월마트 매장의 80%는 아칸소(Arkansas)주와 인근 몇 개 주에 집중되어 있었고, 전체 규모 면에서는 케이마트에 비해 작았지만, 월마트가 집중한 지역 내에서는 압도적인 규모의 우위를 점할 수 있었다. 케이마트 역시 미국 중서부 지역에서 집중화 전략을 시행했지만, 집중화 지역에서 벌어들인 수익이 집중화되지 않은 다른 지역에서 희석되는 현상이 발생한 반면, 월마트는 지역 집중화 전략을 최대한 활용하여 우월한 수익성을 유지할 수 있었다….
>
> 이 3가지 기능에서의 우월한 효율성은 '지역적 규모의 경제' 효과 때문에 창출될 수 있었다.[*]

---

[*] 월마트의 집중화 전략의 원가절감 효과는 인바운드 물류, 광고, 경영관리의 3가지 영역에서 발생했다. 그린월드와 칸의 설명에 의하면 (1) 특정 지역 내 매장의 밀집도가 높아지고 매장과 물류센터 간 거리가 단축됨에 따라 트럭의 이동거리가 짧아지고 양방향 물류가 가능했다(납품기업으로

그 당시 케이마트의 매출은 월마트의 3배에 달했고, 매출은 국내 매출과 해외 매출을 포함하고 있었지만, 물리적인 상품의 이동, 매장에서 구매하는 고객에 대한 광고, 또는 매장 관리를 위해 고용한 매니저들의 시너지와는 무관한 숫자에 불과했다.

월마트가 1980년대 중반에 미국 내에서 공격적으로 매장을 확산함에 따라 매출이익률 및 자본이익률이 점차 저하되었다. 1990년대 중반에 월마트는 미국 전역에 매장을 운영했는데, 지역별 매장 집중도는 전성기에 비해 현저히 저하되었고 자본이익률은 최저 수준인 15%까지 떨어졌다. 이 시기에 월마트는 문제를 해결하기 위해 밀도를 높였고, 그 결과 수익률이 회복되기 시작했으나, 해외 사업은 이런 패턴을 따라가지 못했다. 월마트의 해외 점포는 각국에 분산되어 운영되고 있었고, 어렵지 않게 예상할 수 있듯이 해외 사업의 매출 및 자본이익률은 미국 내 매출 및 자본이익률의 1/2에서 1/3 수준에 그치고 있었다.

시간적 차원의 규모

우리가 현재 직면하고 있는 핵심적인 전략적 이슈는 역사상 지금만큼 풍부하고 다양한 정보를 활용할 수 있는 시기가 없었음에도 불구하고, 미

부터 물류센터로, 물류센터에서 매장으로 양방향 운송). (2) 유통업의 광고는 지역 단위로 분리되어 시행된다. 때문에 동일 지역 내에서 3배가량의 매출을 올리는 월마트의 경우 매출액 대비 광고비 비율이 경쟁사의 1/3 수준이 된다. (3) 매장 밀집도가 높아짐에 따라 관리자의 매장 간 이동 시간이 줄어들고 매장 내에서 업무를 수행하는 시간을 늘릴 수 있었다. 경쟁사인 케이마트와 타깃(Taget)의 경우 관리자는 월마트에 비해 3~4배나 넓은 지역을 관리해야 했다.

래를 예측하기는 더욱 어려워졌다는 것이다. 규모 확장을 위한 투자는 일 반석으로 회수에 상당한 기간이 필요하기 때문에, 이러한 미래 예측 불가 능은 규모의 확장을 어렵게 한다.

스탠리 맥크리스털(Stanley McChrystal) 장군은 그의 저서 『팀 오브 팀 스Team of Teams』에서 이런 이슈에 대해 다음과 같이 명확히 설명하고 있다.

> 우리의 추적, 측정 및 통신 능력이 향상되어, '시계처럼 움직이는 세상' 을 관리하는 우리의 능력을 높여줄 것으로 기대하지만 실상은 정반대 이다. 이러한 변화는, 예를 들면 우리가 예측하지 못한 복잡성인 근본적 인 기후변화를 가져왔으며, 테일러리즘(Taylorism)을 바탕으로 효율성을 추구하는 기업에게 오히려 고통을 안겨준다.

테일러리즘(Taylorism)이란 1880년대 프레더릭 테일러(Frederick Taylor)에 의해 고안된 과학적 관리의 개념으로 업무 흐름 분석과 생산 현장의 노동 생산성 향상에 초점이 맞춰져 있다. 테일러리즘은 기업환경의 안정성을 전 제하고 있으며, 안정적 수요 충족을 위해 안정적 생산 라인에서 발생하는 낭비 시간의 제거를 추구한다. 그러므로 기술을 생산 라인의 기계를 완성 시키는 요소로 보고 있지만, 이제 세상은 더 이상 테일러리즘으로 움직이 지 않으므로, 오늘날의 규모는 '적응력(Adaptability)'이 요구된다.

$$수익성 \approx (밀도 \times 적응력)$$

적응력이란 기업이 빠르게 규모를 키우기 위해 '네트워크 오케스트레이 션(Network Orchestration)' 같은 다양한 전략을 활용할 필요가 있다는 것을 의미한다. 네트워크 오케스트레이션이란 기업 스스로 모든 가치 창출 활동을 직접 수행하는 대신, 공급사 네트워크를 활용하고 조율하여 가치를 창출하는 운영 모델을 말한다. 산업화 시대에는 공장이 규모의 상징이었다면, 오늘날은 네트워크 오케스트레이션이 기업 규모의 상징과 같다. 어떤 종류의 경쟁우위라도 매우 빠르게 약화될 수 있다는 점을 감안할 때, 지정학적, 인구 구조적, 경제적 변화와 결합하여 기업이 규모를 확장할 때, 투자의 예상 평균 수명과 가변성을 반드시 고려해야 한다.

'네트워크 오케스트레이터'는 저렴하고 유연하며 가치 있는 방식으로 조직을 확장하기 위해 다수의 협력사(네트워크)와 파트너십을 형성하여 가치를 창출한다. 네트워크를 활용함으로써 기업은 각 하위 네트워크 또는 개별 행위자가 기회를 식별하고, 원가 효율적인 방식으로 구조를 만들며, 가능하면 규모의 경제를 활용할 수 있도록 한다. 이로써 오케스트레이터는 가치 사슬(Value Chain)에서 더 낮은 원가에 접근할 수 있고, 내 능력의 공백은 이제 다른 기업(또는 사람)의 문제가 된다. 과거의 조직은 소유한 자산에 의해 평가되었지만, 이제는 대단히 커진 시장 유연성을 갖춘 네트워크를 통해 영역을 확장할 수 있게 되었다. 거대 글로벌 유통사인 리앤펑(Li & Fung)은 순수한 형태의 네트워크 오케스트레이터라고 정의할 수 있다. 이 기업은 공장을 소유하고 있지 않으며, 단 한 명의 생산직 직원도 고용하고 있지 않다. 리앤펑은 1906년 중국 광둥성 지역에서 무역 중개업으로 시작하여 이후 100여 년간 사업을 수출업으로 확대하였고, 이후에는 글로벌 다국적기업으로 변신하였으며, 현재는 네트워크 오케스트레이터가 되었다. 현재 리앤펑은 40여 개국 15,000개 이상의 공급사와 파트너십을 맺고 연간 180억 달러 이상의 의류, 소비재 및 완구를 공급하고 있다.

승자와 패자

기업들이 규모를 확대하는 데 어려움을 겪고 있다는 것은 데이터를 통해서 확인할 수 있다. 우리의 분석에 의하면 S&P 500대 기업의 약 50%는 수익 성장에도 불구하고 규모는 성장하지 않았다(그림 3.2 참조). 놀라운 것은 이런 현상이 특정 산업에 국한된 것이 아니라는 점이다. 데이터를 좀 더 상세히 보면(그림 3.3 참조) 대부분의 산업에서 규모 확장에 성공한 기업과 실패한 기업이 존재한다는 것을 알 수 있다. 어떤 기업은 규모의 경제효과를 창출하는 데 성공한 반면, 같은 산업 내 다른 기업은 실패했다. 이런 현상은 일반적으로 규모의 경제효과가 산업 전반에 동일하게 작용할 것이라고 여겨지는 소프트웨어 개발 산업이나, 산업 전반적으로 그 효과가 미미할 것이라고 여겨지는 외식 프랜차이즈 산업 등에서도 공통적으로 나타

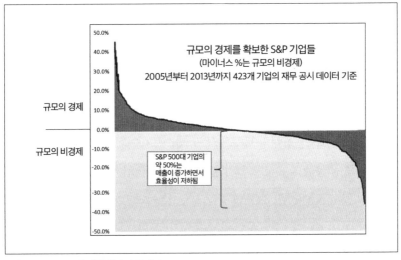

그림 3.2: S&P 500대 기업 중 승자와 패자
주) 이 그림에서 우리는 규모를 동일 기간(2005~2013년 사이) 동안 매출의 연평균 성장률과 영업이익 성장률 간의 차이로 정의했다. 이 의미는 이익성장률이 매출성장률을 초과하는 기업이 가장 높이 위치한다는 것이다. (출처: 기업 재무 보고서, 윌슨페루말 분석)

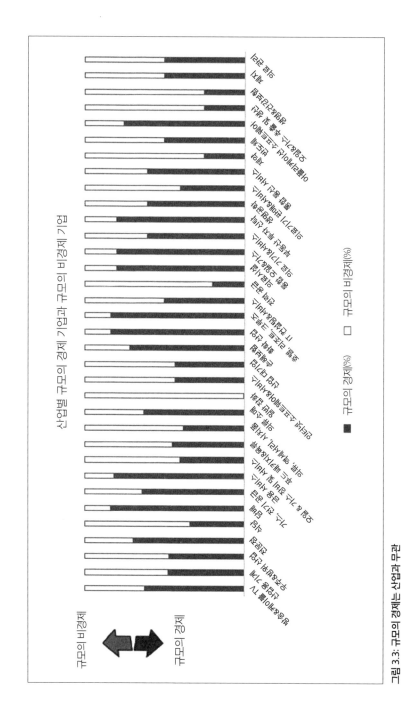

산업별 규모의 경제 기업과 규모의 비경제 기업

규모의 비경제

규모의 경제

■ 규모의 경제(%)   □ 규모의 비경제(%)

그림 3.3: 규모의 경제는 산업과 무관
(출처: 기업 재무 보고서, 윌슨페루먼 분석)

나고 있다.

외식 신입을 생각해보도록 하자 눈에 띄는 몇 개 브랜드들의 위치를 비교해본다면(전체 423개), 이들 기업의 위치에 상당한 차이가 있음을 알 수 있다.

- 28위: 치폴레(Chipotle)
- 118위: 맥도날드(McDonald's)
- 289위: 얌브랜드(Yum! Brands)
- 359위: 다든 레스토랑(Darden Restaurans)

어떤 기업은 상대적으로 신생 기업이지만, 어떤 기업은 오랜 역사를 가지고 있다. 어떤 기업은 다수의 브랜드를 갖고 있는 반면, 어떤 기업은 단일 브랜드를 갖고 있다. 바로 이 점이 중요하다. 이런 차이점 중 복잡성 요인이 '진정한 규모'를 달성할 능력을 촉진시켜 결과적으로 기업의 수익성을 향상시킨 것이다. 그림 3.4에서 볼 수 있듯이, 복잡성 동인(動因)과 이들 기업의 순위는 강한 상관관계를 나타낸다.

기업의 순위가 어떻게 결정되었는지를 이해하기 위해서는 복잡성 요인들이 어떻게 덧셈(Additive)보다 곱셈(Multiplicative)의 방식으로 작용하는지를 고려해야 한다. 더 많은 제품을 더 많은 브랜드와 더 많은 방식으로 공급하기 위해서는, 조율과 통제를 위한 업무의 양, 관련 원가 및 프로세스 이슈가 기하급수적으로 증가한다.

예를 들어 맥도날드는 2007년부터 2013년 사이에 메뉴를 70% 추가하여 메뉴가 145개에 이르렀다. 그 결과 서비스 속도가 저하되어, 어떤 프랜차이즈 점주는 자신의 매장을 '악몽 같은 운영의 매장'이라고까지 부르기

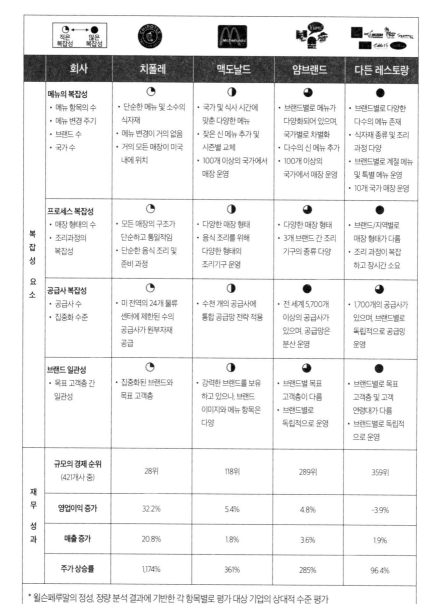

회사	치폴레	맥도날드	얌브랜드	다든 레스토랑
메뉴의 복잡성 • 메뉴 항목의 수 • 메뉴 변경 주기 • 브랜드 수 • 국가 수	• 단순한 메뉴 및 소수의 식자재 • 메뉴 변경이 거의 없음 • 거의 모든 매장이 미국 내에 위치	• 국가 및 식사 시간에 맞춘 다양한 메뉴 • 잦은 신 메뉴 추가 및 시즌별 교체 • 100개 이상의 국가에서 매장 운영	• 브랜드별로 메뉴가 다양화되어 있으며, 국가별로 차별화 • 다수의 신 메뉴 추가 • 100개 이상의 국가에서 매장 운영	• 브랜드별로 다양한 다수의 메뉴 존재 • 식자재 종류 및 조리 과정 다양 • 브랜드별로 계절 메뉴 및 특별 메뉴 운영 • 10개 국가 매장 운영
프로세스 복잡성 • 매장 형태의 수 • 조리과정의 복잡성	• 모든 매장의 구조가 단순하고 통일적임 • 단순한 음식 조리 및 준비 과정	• 다양한 매장 형태 • 음식 조리를 위해 다양한 형태의 조리기구 운영	• 다양한 매장 형태 • 3개 브랜드 간 조리 기구의 종류 다양	• 브랜드/지역별로 매장 형태가 다름 • 조리 과정이 복잡하고 장시간 소요
공급사 복잡성 • 공급사 수 • 집중화 수준	• 미 전역의 24개 물류 센터에 제한된 수의 공급사가 원부자재 공급	• 수천 개의 공급사에 통합 공급망 전략 적용	• 전 세계 5,700개 이상의 공급사가 있으며, 공급망은 분산 운영	• 1,700개의 공급사가 있으며, 브랜드별로 독립적으로 공급망 운영
브랜드 일관성 • 목표 고객층 간 일관성	• 집중화된 브랜드와 목표 고객층	• 강력한 브랜드를 보유하고 있으나, 브랜드 이미지와 메뉴 항목은 다양	• 브랜드별 목표 고객층이 다름 • 브랜드별로 독립적으로 운영	• 브랜드별로 목표 고객층 및 고객 연령대가 다름 • 브랜드별로 독립적으로 운영
규모의 경제 순위 (421개사 중)	28위	118위	289위	359위
영업이익 증가	32.2%	5.4%	4.8%	-3.9%
매출 증가	20.8%	1.8%	3.6%	1.9%
주가 상승률	1,174%	361%	285%	96.4%

(좌측 첫번째 열 상단: 적은 복잡성 ↔ 많은 복잡성)
(좌측 세로 구분: 복잡성 요소 / 재무 성과)

* 윌슨페루말의 정성, 정량 분석 결과에 기반한 각 항목별로 평가 대상 기업의 상대적 수준 평가
** 2005-2015년 평균 수치(단, 치폴레는 2006-2016년)

그림 3.4: 패스트푸드 외식 산업의 규모

(출처: 윌슨페루말 분석)

도 하였다.[5] 같은 기간 드라이브스루(Drive-through) 소요 시간은 13% 지체되있는데, 이는 타코벨(Taco Bell) 및 웬디스(Wendy's) 보다 각각 20%, 30% 긴 시간이었다.

샌디에이고 지역에서 활동하고 있는 외식 프랜차이즈 컨설턴트이며, 한때 맥도날드의 점포 운영자였던 리처드 애덤스(Richard Adams)는 "문제가 심각해 도저히 운영을 할 수 없는 상태가 되었고, 이 모든 문제는 메뉴의 복잡성 때문에 발생되었는데, 이제 맥도날드에서는 고객이 원하는 만큼 빨리 음식을 만들 수가 없다"[6]고 말했다.

네이션 레스토랑 뉴스(Nation's Restaurant News)와 컨설턴트인 WD 파트너스의 공동 연구결과에 따르면, 메뉴의 다양성은 패스트푸드에서 주요 우선순위가 아닐 수 있으며, 실제로 품질, 청결, 가격 및 서비스 등보다 우선순위에서 낮다고 한다. 이 같은 사실은 치폴레 멕시칸 그릴(Chipotle Mexican Grill Inc.) 사례를 통해 확인할 수 있는데, 이 기업은 매우 제한적인 메뉴를 유지하면서 2015년에 9.6%의 성장을 기록했다.[7]

뉴욕에 위치한 텔시 자문 그룹(Telsey Advisory Group)의 피터 살레(Peter Saleh)는 "치폴레의 성공적 운영의 원인 중 일부는 단순함(Simplicity)에 있으며, 만일 4개의 메뉴를 더 추가했다면, 모든 프로세스가 엉망이 되었을 것이다"라고 말했다.[8]

성장보다 더 중요한 복잡성 이슈

우리가 연구조사를 통해 알게 된 또 다른 놀라운 사실은 상대적으로 규모가 작다는 것이 성장의 문제는 아니란 점이다. 우리는 가장 빠르게 규모의 경제가 나빠진 기업들이 사실은 가장 높은 성장률을 기록했다는 사실을 발견했는데, S&P 데이터에서 가장 큰 규모의 비경제를 보였던 하위 20%의 기업들이 가장 높은 누적 성장률을 나타냈다. 이들 기업에 무슨 일이 벌어진 걸까? 모든 기업마다 상황은 각기 조금씩 다르지만, 이런 현상이 나타나는 이유는 기업들이 성장을 추구하는 과정에서 복잡성이 축적되어 우선적으로 성장전략 추진의 경제적 기반이 약해졌기 때문이라고 생각한다.

이 책 후반부에 기술한 내용의 틀 안에서 해석해보자면, 이런 기업들은 수익성을 약화시키고 결국엔 성장 잠재력을 훼손시키는 사이렌의 노래에 제물이 된 것이다.

미국의 물리학자인 토마스 쿤(Thomas Kuhn)은 과학에 대한 방대한 저술을 남겼는데, 그는 과학이 연속적인 방식으로 발전하지 않는다고 생각했다. 그보다는 혁명적 변화의 시기 또는 패러다임 전환(Paradigm Shifts) 속에서 발전, 즉 변화된 패러다임 안에서 과학 지식이 축적되는 정상과학의 시기가 반복되면서 발전한다고 주장했다.

우리는 모두 인생을 단순화하기 위해 정신적 모델 및 경험법칙을 사용한다. 그러나 쿤에 따르면 이것이 덫이 될 수 있으며, 이러한 모델들은 정상과학의 시기에는 유효할 수 있으나, 패러다임 전환의 시기에는 이 모델들이 우리를 잘못된 길로 인도하게 되므로 지속적으로 업데이트할 필요가 있다.

불행하게도 많은 기업들은 복잡성 시대에 성장전략을 수립할 때 여전히 낡은 정신적 모델을 사용하고 있고, 그 결과 이들은 성장의 사이렌이 부르는 노래에 사로잡히게 된다. 다음 Part II에서 우리는 어떻게 사이렌의 노래에 현혹되는 것을 피하고 성장 경로를 선정할지 그 방법을 살펴볼 것이다.

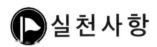

기업의 복잡성 진단하기

기회:

복잡성은 원가 경쟁력과 성장 잠재력을 결정하는 가장 중요한 요인이다. 많은 기업에는 부가가치가 없는 복잡성(나쁜 복잡성) 때문에 성장률이 감소하는 현상이 발생하고 있으므로, 복잡성을 진단하고 해결하는 것은 기업의 매출 확대와 이익 향상에 매우 중요하다.

핵심 토론 주제:

- 기업 내에 과도한 복잡성이 존재하는가? 이로 인해 성장 역량이 제한되는가?
- 복잡성 증가보다 빠른 속도로 매출이 증가하고 있는가? 또는 그 반대의 경우인가?
- 복잡성과 관련하여 가장 문제가 심각한 부분은 어디인가? 제품 복잡성, 프로세스 복잡성, 조직 복잡성 중 어디가 가장 문제인가?
- 복잡성이 어떻게 고객 서비스 및 시장 변화 대응에 영향을 미치고 있는가?
- 복잡성 제거를 추진하는 데 가장 큰 장애 요인은 무엇인가?
- 복잡성이 감소한다면, 성장 잠재력이 어떤 영향을 줄 수 있는가?

검토 대상 영역:

- 기업 내에서 복잡성을 증가시키는 원인을 찾아내고, 프로세스, 조직, 경영 성과에 미치는 영향을 확인하라.

- 복잡성원가를 포함하여 제품 및 서비스의 진정한 수익성을 정량적으로 재계산하라.

- 고객의 핵심 구매결정 요인을 이해하고, 요인별로 경쟁사와의 비교수준을 파악하라.

- 기업의 '진정한 규모(매출/복잡성)'를 경쟁사와 비교 평가하라.

Part II

성장 경로의 선정

Charting a Course for Growth

Chapter 4

성장의 사이렌 The Sirens of Growth

"사이렌에 다가가는 모든 남자들은 어떤 사람일지라도 마법에 걸리게 된다…
사이렌 근처를 무심코 항해하다 노래 소리를 듣게 되면, 집에서 기다리는
아내와 아이를 망각하게 되고… 사이렌은 푸른 초원에 앉아서 아름다운 목소리로
유혹한다. 그런데 그 초원은 선원들의 해골이 쌓여 만들어진 언덕이다."

-호메로스, 『오디세이』[1]

그리스 신화에 나오는 사이렌(Siren), 아름다운 노래로 선원들을 유혹하여 배를 좌초하게 하고 선원들을 죽음에 이르게 하는 매혹적이지만 위험한 동물이다. 기업경영에 있어서도 이와 비슷한 상황이 벌어지고 있으며, 어떤 성장전략이 갑자기 나타나서 기업의 리더들을 현혹시켜 잘못된 길로 가도록 이끌지만, 이런 전략은 처음에는 매우 매혹적으로 보이나 치명적인 결과를 초래한다.

당신은 이 장을 읽으면서 사이렌이 성장전략의 중심에 어느 정도 자리잡고 있는지, 얼마만큼 잘못된 길로 당신을 인도하는지를 생각해보길 권하며, Chapter 5에서는 사이렌의 유혹을 물리치고 대항하는 방법에 대해 살펴보고자 한다.

사이렌 #1: 포트폴리오 확장

고객은 다양성을 선호하기 때문에 제품 포트폴리오가 다양할수록 좋다. 바로 이것이 포트폴리오 확장 사이렌의 이면에 있는 사고방식이다. 고객들이 다양한 선택권을 갖고 싶어 하는 세상에서 기업들은 보다 다양한 옵션(다양한 사이즈, 컬러, 서비스 패키지 등)을 제공하기 위해 노력한다. 예를 들면 제품 라인의 확대는 비교적 예측 가능한 매출 확대의 기회를 제공하는데, 이것은 고객들이 이전 버전의 제품에 익숙해져 있기 때문이다.

대체적으로 제품 포트폴리오 확장은 기업운영의 상식처럼 여겨지고 있다. 유통업체는 경쟁사와 차별화를 위해 소비재 기업에게 그들만을 위한 별도의 포장, 사이즈, 브랜드를 요구한다. 소비재 기업은 매출 확대를 위해 기존 제품의 변형(다른 맛 또는 향, 다른 포장이나 소재 등) 제품을 추가한다.

나름대로 합리적 논리가 존재하므로, 제품 추가는 매우 거부하기 어려운 강한 사이렌이다. 고객의 수요를 세분화하면 할수록, 다양한 고객의 기호를 보다 잘 충족시킬 수 있고 이를 통해 매출 확대가 가능하다는 것이다.

합리적으로 들리지만, 과연 사실일까? 연구결과에 의하면 대부분의 경우 맞지 않는다. 정확히 말하면 '복잡성 임계점(Complexity Threshold)'이라 불리는 특정한 수준까지는 제품 다양화를 통해 매출이 증가하지만 임계점을 넘어서면 제품 다양화로 인해 오히려 영업 성과가 악화된다. 예를 들면 '지나치게 많은 좋은 것(Too much of a Good Thing)'이라는 주제와 관련된 연구에서 연구원들은 제품 다양성과 매출의 상관관계를 분석하기 위해 주요 청량음료 제조기업의 108개 매장의 3년치 데이터를 분석했다. 연구원들은 제품 다양성과 매출 사이의 양의 상관관계와 음의 상관관계를 발견했는데, 그들은 "제품 다양성은 처음에는 선택의 다양성을 선호하는 고객에게 관심을 끌어 매출 증가를 일으키지만, 다양성이 증가할수록 매출 증가의 속도는 저하된다"[2]는 결론에 이르렀다.

다양성이 최적의 지점에 도달하게 되면, 재고 보충 및 운영에 차질이 발생하고 제품 간 자기잠식(Cannibalization)이 발생하여 부정적 효과가 긍정적 효과를 압도하게 된다. "결론적으로 최적 수준을 초과하는 제품 포트폴리오 확장은 매출 실적을 악화시킨다."

50년 전에는 대부분의 기업이 훨씬 적은 수의 제품 포트폴리오를 가지고 있었고, 복잡성 임계점에 훨씬 못 미치는 수준에서 운영되었으므로, 당시에는 포트폴리오확장의 긍정적 효과가 부정적 효과를 압도하는 것이 당연했다. 그러나 불행히도 지금은 대부분의 기업이 이 임계점을 넘어서는 지점에 있다(그림 4.1 참조).

또한 조직에 미치는 영향을 추가적으로 고려해야 한다. 수백 개의 고객 세그먼트(Segment)와 20만 종의 제품을 책임지고 있는 영업담당 부사장이 있다고 가정해보자. 과연 그가 제품에 대한 해박한 지식을 가지는 것이 가능할까? 불가능하다. 고객 입장에서 편리하고 쉬운 구매가 가능할까? 매우 가능성이 낮다. 우수한 영업사원이라면 판매 가능성이 높은 제품을 추려서 고객에게 소개할 것이다. 그러나 영업사원들이 이런 식으로 행동하게 되면, 즉 제품 포트폴리오의 일부분만을 추려서 영업활동을 하게 되면, 제품 포트폴리오 확장의 원가는 부담하지만 그 효과는 발생하지 않는다. 이런 현상을 '뷔페 효과(Buffet Effect)'라고 부르는데, 수백 개의 요리가 차려진 뷔페 레스토랑이라고 하더라도 결국은 몇 가지 음식만 먹게 되는

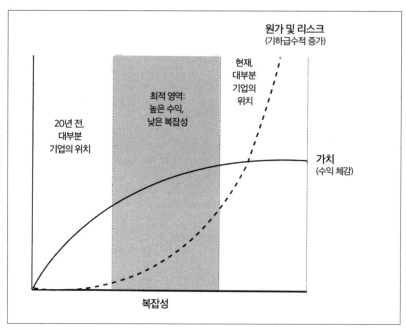

그림 4.1: 복잡성 임계점

것과 유사하다. 이런 상황에서는 실질적 제품 포트폴리오의 의사결정 권한이 영업사원에게 있으므로, 명확한 고객 또는 제품 차원의 전략 없이 무원칙적으로 제품 포트폴리오가 확대되는 결과가 발생한다.

우리가 컨설팅을 수행했던 산업재 제조기업에도 유사한 상황이 벌어졌다. 한 종류의 특정 기계장치를 공급하는 기업으로 고객의 다양한 요구사항을 충족시키기 위해 제품 포트폴리오 확장을 통해 신규 경쟁자의 시장 진입을 막을 수 있었는데, 그 이유는 신규 경쟁자는 이 기업이 보유한 다양한 제품 포트폴리오를 제공하기 매우 어려웠기 때문이다. 그러나 매출이 급감한 반면 원가는 증가하는 갑작스러운 위기가 찾아왔다. 무엇이 변화했을까? 고객들이 원하는 다양한 제품을 제공하는 전략은 더 이상 유지되기 어려운 상황으로 변화되었고, 고객들은 이제 훨씬 다양한 선택, 다양한 가격을 비교할 수 있는 구매행위의 변화가 생기게 되었다. '이 기업이 다른 기업보다 무엇을 특히 잘할 수 있는가?' 이 부분에 기꺼이 가격을 지불할 것이다.

제품 포트폴리오 확장이 포기하기 매우 어려운 습관인 이유는 그 나름의 합리성을 갖고 있기 때문이다. 무엇보다 과거에는 제품 포트폴리오 확장이 통했다. 원스톱 쇼핑! 고객이 필요로 하는 것은 모두 제공한다. 포트폴리오 확장을 추진했던 기업들은 일정 수준의 매출 증대를 달성할 수 있었고, 이는 영업목표 달성과 성과급 확보에 기여했으며, 조직 내 성취감을 불어넣어 주었다. 그러나 '기존 제품 매출의 자기잠식(Cannibalization) 효과와 추가적인 복잡성원가의 증가'는 잘 드러나지 않았다. 눈에 보이고 측정할 수 있는 방향의 편향성 때문에 계속적으로 제품 포트폴리오를 확장하지만, 기존 제품의 자기잠식 효과와 복잡성원가 증가 현상이 지속되는 불합리한 어리석은 전략을 추진해서는 안 된다.

유명한 주방용품 제조기업인 러버메이드(Rubbermaid)는 무분별한 제품 포트폴리오 확장 전략으로 곤경에 처했고, 결국 1998년 말에 뉴웰(Newell)에 인수되었다. 러버메이드의 추락을 「포춘Fortune」지는 "순종이 하루아침에 잡종으로 변했다"고 표현했다.[3] 사실 급속한 포트폴리오 확장은 러버메이드의 전략이었다. 당시 러버메이드의 CEO인 볼프강 슈미트(Wolfgang Schmitt)는 "우리의 목표는 경쟁사가 모방할 수 없도록 제품 포트폴리오를 확장하여 경쟁사를 우리 제품으로 묻어버리는 것이다"라고 말했다.[4] 불행하게도 경쟁사만 제품 포트폴리오에 파묻힌 것이 아니었고, 제품 SKU(최소 상품 운용 단위)가 5,000개 이상으로 불어나자 러버메이드의 고객 서비스도 악화되었다. 유통업자는 당시를 회상하며 "러버메이드는 악명 높은 공급사였다. 납품 기한을 지키지 않았고, 결품도 많았으며, 제품 가격은 지나치게 높았다"고 말했다.[5] 추가 성장을 위한 제품 확장으로 경영성과가 악화되는 상황에서도 러버메이드는 해외 시장 진출을 추진했고, 이때 원자재 가격이 급격히 상승하는 악재가 찾아왔으며, 그 결과 거의 80여 년간 훌륭한 명성을 누리던 기업이 몰락하게 되었다.

러버메이드의 사례에서 알게 된 것처럼, 포트폴리오 확장 사이렌은 기업을 거의 망하게 할 수 있다. 물론 이처럼 완전한 재앙에 처하는 경우는 드물지만, 여전히 사이렌의 영향은 성장을 저해하고, 그 결과 중요한 서비스 수준이 복잡성에 의해 손상되고, 고객을 혼란스럽게 하며, 한정된 성장 자원을 집중되지 않은 포트폴리오에 낭비하게 된다.

제품 포트폴리오 확장이 기업에 손해를 끼치는 지점은 어디일까? 포트폴리오 확장이 눈에 보이지 않게 기대이익과 성장 목표에 얼마만큼의 부정적 효과를 만들어낼까? 오늘날 경쟁이 점점 치열해지는 시장에서 제품과 서비스 포트폴리오의 지속적인 확장 전략이 차별화와 시장 주도권 확보라는 목표에 도움이 될까?

'포트폴리오 확장' 사이렌에 취약한 이유

취약성을 증가시키는 사고방식:

- *넘치는 것이 부족한 것보다 낫다.*
- *고객이 원하면 무엇이든 제공한다.*
- *고객이 어떤 제품을 좋아할지 모르니, 이것저것 다 해보자.*

취약성을 증가시키는 상황:

- 공헌이익에 대한 집착, 즉 포트폴리오 확장이 판매비와 일반관리비의 증가에 영향을 미치지 않을 것이라는 잘못된 가정*
- 이익보다는 매출로 영업의 성과를 측정하고 보상
- 부족한 전략적 집중 및 고객 세분화
- 사일로 조직구조

사이렌 #2: 더 푸른 초원

아침에 「월스트리트저널」을 보면서 잠시나마 다른 산업, 즉 현재 몸담고 있는 산업보다 이익률도 좋고, 성장도 급격하고, 경쟁도 심하지 않은 곳에서 사업을 했다면 얼마나 좋았을까 하고 생각해본 사람이 많지 않을까? 또는 반대로 사업 성과가 좋아서 무엇이든 잘될 것 같은 자신감이 있을 때, 인접 시장 진출이라는 유혹에 참고 견딜 수 있는 사람이 얼마나 될까? 우리는 '이 사업에서 잘하면, 다른 사업에서도 성공할 수 있다'고 생각한다.

2가지 경우 모두 우리를 핵심 시장 밖으로 진출하도록 유혹한다. 추가적인 성장 및 매출 달성을 위해 기존 역량을 활용하여 새로운 시장을 개척하거나, 신제품 세그먼트에 진출하거나, 또는 인접 사업영역으로 확대하는 것보다 좋은 다른 방법이 있을까? 기존 시장에서의 경쟁은 심화되는 반면

---

* 우리는 전술적 결정이 공헌이익을 중심으로 이루어져야 하고, 전략적 결정은 영업이익을 중심으로 이루어져야 한다고 생각한다. 제품 포트폴리오에 대한 결정은 본질적으로 전략적 결정에 속한다.

새로운 시장은 경쟁자 수가 적기 때문에 새로운 시장에서 주도적 위치를 차지하기 쉬운 블루오션의 기회처럼 보여, 기존 시장 밖으로 진출하는 것은 바람직한 영토 확장으로 인식된다. 기존 시장에서 우리가 주도적 위치를 차지했는데, 해외 시장도 손쉽게 차지할 수 있지 않을까?

그러나 한 영역에서의 성공이 다른 영역에서의 성공을 보장하지는 않는다. 미국의 메이저 스포츠 경기에서 두 종목에서 올스타가 된 선수는 역사상 단 한 명밖에 없었다.[6] 그렇지만 이런 통계 숫자로는 기업의 시장 확대 추진을 멈추게 할 수 없으며, 시장이 정체되어 있는 경우 밖으로 눈을 돌리는 것이 당연히 필요하다. 기존 시장에서 치열한 경쟁에 시달리다 보니, 기업은 새로운 시장이 훨씬 우호적일 것이라는 착각에 빠지기 쉽다.

그러므로 두 번째 사이렌은 '더 푸른 초원', 즉 기존 핵심 시장 및 세그먼트로부터 이탈하여 쉬워 보이는 새로운 시장으로 진출하라는 유혹이다. 그러나 이러한 유혹은 결과적으로 규모의 경제를 희석시키고 복잡성을 증가시킨다. 기업들이 많은 에너지를 소모하며 기존 시장 밖으로 진출을 시도했으나, 결국 후퇴했던 사례는 수도 없이 찾아볼 수 있다. 미국 기업인 베스트바이(Best Buy)는 영국 진출을 시도했으나, 결국 철수했고, 반대로 영국의 테스코(Tesco)는 미국 진출을 시도했으나, 실패하고 철수했다.

주목할 만한 또 하나의 사례로 바나나 생산기업인 치키타가 있는데, 이 기업은 새로운 시장 진출을 추진하는 과정에서 엄청난 수준의 복잡성 증가를 경험했다. 사실 약 10여 년간 치키타는 새로운 시장 진출 시도와 성과 악화, 그리고 뒤 이은 시장 철수를 반복해왔다.

CEO 페르난도 아귀레(Fernando Aguirre)는 말린 과일 칩, 유럽 시장의 과일 스무디 등 신사업 진출을 공격적으로 추진했다. 이런 과정에서 치키타는 소비재(CPG) 시장을 들여다보게 되었고, 일반적인 상품주기보다 덜 민감한 시장, 즉 '더 푸른 초원'을 발견했다. 2004년에 시작된 사업 다각화를 위해 대규모의 R&D, 인프라, 소비자 마케팅 투자가 이루어짐에 따라 기업의 핵심 사업 투자가 줄어들고 경쟁력이 약화되었으며, 새로운 시장에 집중한 나머지 주문자 상표 부착 샐러드와 같은 핵심 사업영역의 사업기회를 놓치게 되었다.[7] 요약하면, 바나나의 상품주기의 변화에 대한 방어 수단을 갖고 싶다는 욕망에 사로잡혀 시작한 다각화 전략 때문에 복잡성은 증가되고 재무 성과는 악화되었다. 매출은 2009년 34억 달러에서 2012년 30억 달러로 감소했고, 이익은 2억 1,900만 달러에서 7,000만 달러로 감소했다(그림 4.2 참조).

2012년 치키타의 이사회는 '장기간에 걸친 이익 감소'로 CEO를 해임했고, 질레트(Gillete)와 다이버시(Diversey)에서 근무했던 에드 로너건(Ed

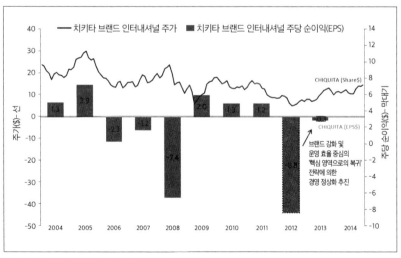

그림 4.2: 치키타 주가 및 주당 순이익 추이(2004-2014년)

(출처: 데이터 스트림(톰슨 로이터))

Lonergan)을 신임 CEO로 영입했다.[8] 신임 CEO는 수익성 회복을 위해 핵심 사업 분야인 바나나와 샐러드에 집중했으며, 포도와 파인애플 등 비핵심 사업을 매각했다.[9] 그 결과 원가구조가 개선되었는데, 특히 판매비와 일반관리비, 마케팅비, 물류비 등의 비용 개선 효과가 두드러졌다.

치키타의 사례는 왜 많은 기업들이 '더 푸른 초원' 사이렌에 쉽게 현혹되는지를 잘 보여준다. 경영진은 잠재적 새로운 시장 확대 기회를 과대평가하고, 새로운 시장 진입에 따른 경쟁자들의 대응을 과소평가하고, 신사업 추진에 따른 복잡성 증가 및 이로 인해 발생하는 기존 사업의 영향을 간과하는 경향이 있다. 그러나 가장 근본적인 원인은 새로운 시장에서 성공하기 위해 필요한 역량, 조직구조, 인적·물적 자산에 대한 이해가 부족하고 정보가 충분하지 못하다는 점이다. 물론 기존 시장 핵심 사업의 성공 요인을 잘 알지 못하는 것일 수도 있다.

Chapter 1에서 소개한 에임스 백화점은 1970년대에는 월마트와 경쟁관계의 기업이었다. 월마트는 도시가 아닌 지방에 계속적으로 집중하여 성공한 반면, 에임스는 무분별한 인수합병 및 신사업을 추진하는 과정에서 지방에 집중했던 성공의 공식에서 이탈하여 부도를 맞았다.[10]

한편 에임스가 확장 전략을 지나칠 정도로 열심히 추진했던 1970년대와 지금은 시대가 다르고, 그때와 비교할 때 확장 추진이 꽤 쉬워졌다고 주장하는 사람이 있을 수 있다. 저렴한 자본 조달 비용 덕분에 기업 인수합병이 쉬워진 것은 사실이고, 글로벌화는 국가 간 차이를 희석시켜 국내 시장에서 통한 상품이 해외 시장에서도 통할 가능성이 높아졌으며, 산업 간 융합 트렌드로 인해 산업 간 경계도 매우 흐려져서 핵심 사업 밖으로의 확장 전략의 성공 가능성이 커져 상당한 매력이 있기 때문이다.

'더 푸른 초원' 사이렌에 취약한 이유

취약성을 증가시키는 사고방식:

- 홈에서 성공했으니, 다른 시장에서도 성공할 수 있다.
- 새로운 시장은 우리에게 자연스러운 인접 확장 시장이다.
- 새로운 시장의 경쟁 강도는 현재의 시장보다 약할 것이다.

취약성을 증가시키는 상황:

- 매출 성장에 대한 지나친 집중
- 시장 다변화를 위한 M&A 추진
- 불명확한 전략, 즉 사업영역과 사업방식에 대한 모호한 정의
- 글로벌 확장에 대한 야망

낙관주의 편견

'더 푸른 초원' 사이렌이 강력한 힘을 갖는 이유는 인간의 인지구조에 내재된 편견 때문이다. 그중에서도 중요한 영향을 미치는 것은 신경생리학자이며 작가인 탈리 샤로트(Tali Sharot)가 '**낙관주의 편견**'이라고 부른 것이다.

그녀의 말에 따르면 우리는 스스로를 이성적 존재로 생각하지만, "신경생리학과 사회과학의 연구 결과를 종합해보면 우리는 현실적이기보다는 낙관적이며, 성공의 가능성과 실패 가능성을 과대평가한다"고 한다. 우리는 대중으로서는 점점 비관적으로 성장하지만, 개인적으로는 미래에 대해 낙관주의를 유지한다. 하지만 그녀는 이러한 낙관주의가 없었다면 인간은 아마도 먼 옛날 동굴 속을 뛰쳐나올 용기를 내지 못했을 것이며, 아직까지 동굴 속에 살면서 빛과 열을 동경했을 것이라고 주장한다.[11]

그래서 낙관주의는 나름대로 목표지향적이다. 사업의 경우, 낙관주의는 리스크를 감수하고 용감한 사업 전략을 추진할 힘을 수시만, 긍정적 결과를 과대평가하는 경향을 갖게 함으로써 잘못된 가정(假定)을 하게 된다. 우리는 새로운 시장의 경쟁자가 경쟁을 포기하거나, 우리의 시장 진입에 대해 매우 느리게 대응할 것으로 생각하고, '현재의 프로세스와 시스템은 새로운 시장의 경쟁에 충분하고, 새로운 시장이 기존 시장보다 더욱 풍요롭고 수익성이 있을 것'이라고 가정한다.

사이렌 #3: 대박

"이 제품은 실패할 수가 없다. 우리는 고객이 기대하는 제품을 만들었기 때문이다."
- 블랙베리 CEO 토르스텐 하인즈, 블랙베리 10 모바일 운영시스템 발표장에서[12]

"우리는 신제품이 시장에 나오면 일주일마다 가격이 1%씩 떨어지는 시장에서 사업을 하고 있다." **- 삼성전자 CEO 권오현 박사**[13]

대박, 블록버스터, 한방! 신약을 개발하거나, 영화를 제작할 때 모든 기업이 바라는 마법의 단어들이다. 누구나 시장에 내놓자마자 고객들이 열광하는 제품을 원하지만, 로또 당첨을 목표로 사업 전략을 수립하는 것은 분명 위험하다.

어떤 기업들은 이와 같은 전략을 수립하기도 하는데, 이들에게 더 안 좋은 경우는 대박이 터지지 않으면 안 되는 상황에 스스로 내몰리게 되는 것이다. 제약기업 머크(Merck)의 신약인 진통제 바이옥스(Vioxx)의 심장마비 위험이 시장에 알려지면서 리콜한 사건에 대해 짐 콜린스는 다음과 같이 말했다. "내가 말하고자 하는 것은 머크의 경영진이 환자의 목숨을 앗아가면서 이윤을 추구하는 악당이라는 이야기가 아니다. 오히려 그들은 법적으로는 문제가 없는 수익성 좋은 제품을 자발적으로 리콜한 영웅들이다. 또한 머크가 블록버스터급 신약 개발을 추진했던 것이 실수라고 이야기하는 것도 아니다… 내가 말하고자 하는 것은 머크가 지나치게 공격적인 성장 목표를 설정했기 때문에 바이옥스가 블록버스터 제품이 되지 않으면 안 되는 상황을 스스로 만들었다는 점이다."[14]

문제는 명확하다. 지속 가능한 차별화가 점점 어려워지는 경영환경에서 대부분의 기업은 최선을 다해도 경쟁자에 비해 기껏해야 한 뼘 정도 경쟁우위를 점할 수 있는 치열한 '경마장(horse race)'과 같은 환경에서 경영하고 있다. 기업이 대박을 통해 성공하고자 하는 전략을 추구하고, 대박의 확률을 높일 수 있는 활동에 집중한다면, 이 기업은 핵심 활동, 즉 경쟁 속에서 지속적으로 차별화 요소를 찾아내는 중요한 기존의 프로세스와 자산들을 간과할 수 있다.

시장의 판도를 뒤엎을 수 있는 대박을 추구하는 기업은 대어만을 쫓다 보니 기존 제품의 급속한 상품화에 노출되고, 고객과 멀어져 탁상공론이 만연하게 된다. 반면에 다른 경쟁사들은 상품화를 인정하고, 그런 속도를 개선하는 데 집중한다. 이런 기업은 한 번만 성공하면 된다는 희망에 주사위를 던지는 식으로 무분별하고 집중력이 떨어져 포트폴리오 확장 사이렌을 방불케 한다.

의류 유통기업, 특히 시장에 신제품을 매우 빠른 속도로 공급하는 패스트 패션(Fast Fashion)으로 분류되는 기업들은 대박을 쫓는 허망함을 오래

전부터 인식했고, 시장 대응의 속도, 고객의 선호를 파악하는 역량, 그리고 이것을 반복적으로 수행할 수 있는 능력을 중요하게 생각하고 있다. 전통적으로 의류 유통업자들은 두 시즌 전부터 제품 생산을 시작했으나, 지금은 고객의 반응을 신속하게 파악해 즉각적으로 대응하는 데 포커스가 맞춰 있다. 글로벌 유통기업인 인디텍스(Inditex)는 자라(Zara)를 포함한 다수의 브랜드를 가지고 있는데, 매년 12,000개 이상의 디자인을 개발하고 이 중 80%는 매장에서 취합된 데이터에 대응하여 생산되며, 계절별로 생산되는 디자인은 없고, 오히려 일 년 열두 달 내내 디자인을 생산하고 있다.[15]

제품수명주기의 단축이 가속화되는 현상은 비단 의류 산업에서만 일어나지 않는다. 상품화 속도는 강화된 소비자의 힘, 온라인 상거래의 성장, 신기술로 무장한 새로운 형태의 경쟁자의 진입, 글로벌화로 인한 세계의 평준화 등 다양한 거시경제적 요인에 의해 거의 전 산업에서 일어나고 있다. 과거에는 하나의 대박 제품으로 상당한 기간 동안 기업의 미래가 보장되던 시절도 있었다. 1978년 소니는 워크맨을 처음 출시했는데, 워크맨의 인기는 90년대에 CD가 나오기 전까지 20년 이상 지속되었다.[16] 삼성전자의 권오현 대표이사는 제품 가격이 매주 1%씩 하락한다는 전제하에 경영을 하고 있다고 표현했듯이, 지금은 20년간 지속적으로 팔리는 제품이 거의 없다.

더욱 많은 기업들이 패스트 패션으로부터 교훈을 얻어 '경마장' 같은 시장을 배워야 한다고 주장할 수는 있으나, 지금처럼 제품수명주기가 단축되는 환경에서 요구되는 전문성, 사고방식, 조직구조를 진정으로 인정하는 사람은 거의 없다. 대박의 유혹은 여전히 강력하지만, 대박 제품이 만들어낼 수 있는 지속 가능한 경쟁우위는 축소되었고, 차별화된 운영방식의 전환이 필요하다.

'대박' 사이렌에 취약한 이유

취약성을 증가시키는 사고방식:

- *하나만 잘되면 사업이 성공할 수 있다. 사업의 운을 믿자.*
- *모든 것을 걸자. 분명 성공할 것이다.*
- *차별화된 제품을 만들기만 하면 저절로 매출과 이익이 따라온다.*

취약성을 증가시키는 상황:

- 대박 제품으로 창업한 전통적인 사업방식
- 고객 중심이 아닌 조직의 내부 지향적 문화
- 부족한 전략적 투명성
- 외부의 압력으로 모 아니면 도라는 식의 사고방식

가면을 쓴 대박의 모습

신제품 출시 이외에도 기업이 대박으로 느끼는 모습에는 여러 가지가 있다. 새로운 것이 성공하면 성장할 수 있다는 말이 나오는 순간을 조심하라. 해외 생산! 새로운 기술 플랫폼! 새로운 전략과 도전은 최종적으로 기존의 운영 모델을 어떻게 개선할 수 있는지와 고객에게 실질적으로 눈에 보이는 어떤 이익을 줄 수 있는지 면밀히 따져보고 평가해야 한다.

사이렌 #4: 성벽

중세 시대는 선생이 혁신을 이끌었던 시대였다. 적이 침투할 수 없도록 성(城)을 강화하는 기술이 개발될 때마다 성을 부수거나 포위, 공격하기 위한 새로운 기술이 개발되었다. 13, 14세기경에는 돌로 지어진 성이 유럽 전역을 뒤덮었는데, 도개교(跳開橋)와 해자, 흉벽, 탑, 높고 두꺼운 성벽 등을 가진 형태였다. 그야말로 '성의 시대(Age of Castles)'라 부를 만했다.[17] 그러나 15세기 초반에는 군사 전략의 개념이 바뀌어, 이전 시대보다 낮은 성벽을 건설하는 방향으로 바뀌었다.

이런 현상을 이해하기 위해서는 왜 성벽을 처음부터 높게 건설했는지를 이해할 필요가 있다. 성을 파괴하기 위한 무기로 투석기가 출현했고, 성 밑에 터널을 뚫는 기술이 13, 14세기에 나타나면서 높고 두꺼운 성벽이 건설되기 시작했으나, 다른 혁신적인 발명품인 대포가 나타나면서 아무리 성벽을 높고 두껍게 쌓아도 방어가 어렵게 되었다. 니콜로 마키아벨리(Niccolo Machiavelli)는 그의 저서에서 "성벽이 두꺼워도 포병이 며칠 안에 부술 수 없는 성은 없다"고 기술했으며,[18] 더욱이 성벽이 높으면 오히려 공격에 취약한 측면이 있었는데, 포병 입장에서 목표물을 맞추기 쉬워졌기 때문이다. 흔히 성을 공격하는 측에서는 성벽의 하단부를 공격하여 스스로 무너지도록 하는 전술을 썼으며, 높은 성벽일수록 상층부가 얇기 때문에 상층부에 대포를 설치할 수 없었고, 높은 지대에 설치된 대포는 낮은 지대에 설치된 대포보다 파괴력 면에서 뒤떨어질 수밖에 없었다. 그러므로 높은 성벽은 대포라는 신기술에 대한 방어 측면에서도 효과적이지 않고, 대포를 공격적으로 활용하는 데 있어서도 장애물로 작용하였다.

유사한 현상이 현대의 기업들에게도 나타나고 있다. 리타 건서 맥그래스는 『경쟁우위의 종말』에서 다음과 같이 주장한다. "한때 성공한 기업으로 알려졌으나, 이후 파산했거나 더 이상 경쟁력이 없어진 기업들의 수는 셀 수 없이 많다. 이들 기업의 쇠퇴는 지속 가능한 경쟁우위라는 개념에 기반하여 조직된 기업이 만들어낸 예견된 결과이다. 근본적인 문제는 현대의 경영환경이 기업들로 하여금 단기적인 기회의 파도를 타고 유연하게 항해할 것을 요구하는 데 반해, 지속 가능한 경쟁우위로부터 가능한 최대의 가치를 창출하려는 뿌리 깊게 토착화된 조직구조와 시스템이 오히려 기업에게 방해 요소로 작용하고 있다는 것이다."

창조적 파괴(Creative Destruction)의 메커니즘은 오래전부터 잘 알려져 있지만, 복잡성 시대의 문제점은 그 속도가 급속도로 빨라진다는 점이다. 최근의 연구결과에 의하면, 기업의 생명주기가 30년 전에 비해 2배 이상 짧아졌다고 하고,[19] 이러한 추세는 전 산업에 걸쳐 나타나고 있으며, 기업의 규모나 기술력과 무관하게 나타나고 있다. 과거에는 기업들이 경쟁우위의 원천을 의도적으로 파괴하고 재구축하는 과정을 포함하여, 재창조의 과정을 느릿느릿 진행했다면, 지금은 단거리 질주처럼 빠르게 진행해야 하는 시대이며, 재창조는 가장 좋은 여건에서도 힘들고 불편한 과정이다. 미래의 사업 전망이 축소되어 스스로 내년 예산을 줄이겠다는 사업부 책임자가 어디 있겠는가?

그래서 성벽 사이렌은 인간의 행동에 강하게 뿌리내리고 있다. 맥그래스는 "인간은 균형과 안정에 대한 본능적 선호를 가지고 있기 때문에, 현재 시장의 다양한 변화와 미래 시장의 예측이 자신에게 부정적인 영향을 미칠 수 있다는 사실을 무시하고 과거의 방식을 유지한다"고 말한다. 사실 이미 벌어진 과거의 일에서 이런 사례를 찾는 것은 쉬운 일이다. 그렇다면,

이런 의문이 남는다. 우리 중에 누가 붕괴의 위험에 놓인 산업에서 사업을 하고 있을까? 그리고 낙관주의 편향과 균형적 선호라는 정상적인 인간의 행동 본능이 우리를 무방비 상태로 두지 않을 것이라고 어떻게 확신하는가? 이것은 경영 컨설팅의 영역에 속한다. 클레이턴 크리스텐슨(Clayton Christensen)과 공동 저자들이 저술한 「하버드 비즈니스 리뷰」의 기고문 〈붕괴 직전의 컨설팅 산업*Consulting on the Edge of Disruption*〉에서 "컨설팅 산업의 붕괴를 믿지 않는 컨설턴트들은 그들 브랜드와 명성의 공고함을 설명하며, 컨설팅이 상품화될 수 없다고 주장한다. 우리는 이런 종류의 주장을 수도 없이 들어보았기 때문에 별로 놀랍지 않다. 그동안 다양한 산업의 붕괴에 대해 연구하면서 얻은 공통적인 결론이 있다면, 모든 산업은 결국 붕괴에 직면할 것이다"라고 기술하고 있다.[20]

모니터 그룹(The Monitor Group)의 몰락

2012년 11월 컨설팅 기업인 모니터 그룹은 법정관리를 신청했고, 이후에 매각되었다. 저명한 경영전략가인 마이클 포터(Michael Porter)가 공동 설립자인 모니터 그룹이 역사에서 사라지는 순간이었다. 무엇이 모니터 그룹의 몰락을 초래했을까? 물론 많은 요인들이 있겠지만, 내부 직원들은 복잡하고 비효율적인 경영구조, 부족한 집중력, 소규모 컨설팅 기업의 한계, 경제 불황을 주요 요인으로 지목한다. 그러나 보다 근본적인 문제를 지적하는 사람들도 있는데, 그것은 고객들이 모니터 그룹이 제공하는 서비스를 더 이상 구매하지 않게 되었다는 것이다.

모니터는 마이클 포터에 의해 정립된 경영관인 "기업은 진입의 장벽과 경쟁의 장벽 때문에 초과 이윤을 확보할 수 있다"는 이론에 기반한 경영자문 서비스를 사업화하기 위해 설립된 기업이다. '지속 가능한 경쟁우위'라는 개념은 기업이 경쟁자에 대한 진입 장벽을 구축할 수 있다면 경쟁우위의 유지가 가능하다는 것인데, 과거에도 그랬고 현재에도 경영 컨설턴트나 기업의 경영자에게 매력적인 개념이다. 컨설턴트는 일종의 이론적인 개념을 현실 세계에 접목하기 위한 해결책을 제시했고, 고객들은 진입 장벽의 구축을 유지하기 위해 고액의 컨설팅 용역비를 기꺼이 지불했다.

그러나 이것이 '성벽' 사이렌의 다른 모습에 불과하지 않을까? 스티브 데닝(Steve Denning)은 「포브스」에 기고한 칼럼에서 "사업의 전략적 포지셔닝을 통해 진입 장벽을 이용하여 오랫동안 평균 이상의 이윤을 창출할 수 있을 때에도, 기업은 왜 더 나은 제품과 서비스를 개발, 생산하여 고객에게 더 많은 가치를 제공하기 위해 부지런히 노력해야 하는가?"라고 묻고 있다.[21]

'성벽' 사이렌에 취약한 이유

취약성을 증가시키는 사고방식:

- *우리는 현재의 위치를 좋아하고, 현재의 위치에 만족한다.*
- *수익의 하락은 단기적 현상이다.*
- *고객은 경쟁사의 질 낮은 저가품보다 우리의 고품질을 원한다.*

취약성을 증가시키는 상황:

- 시장의 진입 장벽 유지에 전략을 집중
- 부족한 실험 정신 및 고객 중심
- 수익 잠식에 대한 관대함

새로운 정신적 모델의 필요성

이 책에서 소개한 사이렌들은 기업의 성장 추진 과정에서 만나게 되는 전형적인 위험 요인이다. 우리는 복잡성 세상에 넘쳐나는 데이터 속에서 전략을 실행하기 위해 우리의 정신적 모델과 경험법칙에 의존하게 된다. 그러나 이들은 구시대적이고, 경영환경이 훨씬 단순했던 시대에 형성된 것이다. 대표적으로 '모든 매출은 좋은 매출이고, 많으면 많을수록 좋다'는 사고방식인데 이러한 낡은 원칙을 새롭게 업데이트해야 하며, 우리에게는 점점 더 복잡해지는 세상에 걸맞은 새로운 사고방식과 다른 기준이 필요하다. 이것이 없으면 사이렌의 희생자가 될 수밖에 없다.

Chapter 5

사이렌의 유혹을 물리치는 방법 Resisting the Siren Song

"풀어달라고 사정하더라도, 당신은 나를 더욱 강하게 묶어야 한다."
-호메로스, 『오디세이』[1]

사이렌 노래에 대한 오디세이의 대응 방법은 단순했지만 효과적이었다. 그는 사이렌이 유혹할 것이라는 것을 예측하고 이에 대비했다. 그는 모든 선원에게 밀랍으로 귀를 막아서 노래 소리를 듣지 못하도록 했다. 동시에 그를 돛대에 밧줄로 묶어 놓고 어떤 일이 있더라도, 심지어 그 자신이 명령하더라도, 노래 소리가 들리지 않는 곳까지 가기 전에는 풀어주지 말도록 명령했다. 그의 전략은 성공적이었다.

사이렌의 유혹에 저항하는 데에도 유사한 방법이 필요하다. 우선 인지해야 한다. 즉, Chapter 4에서 설명한 사이렌을 인식하는 것이 핵심적인 첫 단계이고, 난파당하지 않고 항해하기 위해서는 올바른 사고방식과 규율이 필요하다. 이에 대해서는 Part Ⅲ과 Ⅳ에서 각각 자세히 설명하도록 하겠다.

먼저 이 부분에 들어가기 전에 이러한 사고방식과 역량이 성장과 수익 싱글 동시에 달성하는 성장전략에 어떻게 도움이 되는지를 살펴보고자 한다. 좋은 성공은 어떤 모습일까? 어떻게 기업들은 복잡성 시대에서 성장에 적응했을까?

다시 말해 사이렌의 유혹을 뿌리치고 안전하게 항해한다는 것은 어떤 모습일까?

'포트폴리오 확장' 사이렌의 유혹을 물리치는 방법: 스마트 다양성

기업에서 당연하게 받아들이고 있는 기본 가정은 복잡성이 자연스러운 성장의 부산물로서 성장을 위해 어쩔 수 없이 감수해야 하는 부분이라는 것이다. 복잡성은 오랜 기간에 걸쳐 침투하기 때문에 이러한 가정은 매우 위험하다. 이러한 접근방식은 제품을 무분별하게 출시하고 나중에 정리하면 된다는 생각에 면죄부를 주게 되지만, 나중에 정리하는 일은 대체로 일어나지 않는다.

그렇다면 대안이 무엇인가? 고객은 다양한 옵션을 요구하지만, 기업 입장에서 무한적인 선택권을 고객에게 제공할 수도 없는 상황에서 유일한 돌파구는 '스마트 다양성(Smart Variety)'이다. '스마트 다양성'이란 고객이 필요로 하는 다양성과 이와 연관된 복잡성(또는 원가)에 대한 명확한 이해를 바탕으로 한 능동적 포트폴리오 관리라고 정의할 수 있다. 본질적으로 고객의 제품과 서비스의 다양성을 결정하기 위해서는 다음 항목에 대해 명확한 파악이 필요하다.

- 고객이 인지한 가치(합당한 범위의 폭과 깊이)
- 진정한 원가(배분된 원가뿐만 아니라, 다양성의 정도에 따라 복잡성원가가 어떻게 다르게 발생되는지에 대한 이해)
- 복잡성 임계점(이 수준 이상으로 복잡성이 증가할 경우 기업의 가치가 감소하게 되며, 기업의 규모와 역량에 따라 임계점 수준은 상이함)

이 항목들을 이해하는 것은 결코 쉽지 않으며, 상당한 노력을 필요로 한다. 예를 들어 고객이 인지한 가치를 파악하기 위해서는 시장, 경쟁자, 고객 선호도 및 고객 세그먼트 구조 등을 알아야 한다. 어떤 문제를 전체적으로 파악하려고 할 때 한 가지 측면에서만 100% 이해하는 것보다는 다면적 측면에서 각각 80%를 이해하는 것이 더 나은 결과를 얻을 수 있으며, 문제의 해결 방향을 정할 때에는 더욱 그렇다. 기업이 포트폴리오를 관리함에 있어 다음의 기준을 준수한다면 '스마트 다양성'을 충족할 수 있다.

- **전략** 포트폴리오는 구체적으로 기업의 전반적 가치제안과 전략적 집중영역에 부합해야 함.
- **고객 범위** 핵심 고객을 만족시키기 위해 필요한 포트폴리오의 폭과 깊이를 제공해야 함.
- **운영 및 프로세스** 포트폴리오의 범위와 다양한 유형의 제품이 어떻게 운영 및 프로세스에 영향을 주는지를 이해해야 하며, 포트폴리오를 평가할 때 어울리지 않은 운영 이슈를 초래한 제품을 고려해야 함.
- **수익성** 복잡성원가를 고려하더라도 기업의 제품과 서비스는 수익을 창출해야 함.

- **손익분기점** 포트폴리오 확장의 경우, 새로운 고정원가 투자(예: 재고 보관을 위한 창고 증설 등)가 요구되는 수준이 어디인지 이해하고 이를 의사결정에 고려해야 함.
- **기대이익** 포트폴리오의 재구성을 추진하는 경우, 달성하고자 하는 기대이익을 명확히 설정해야 하며, 고정원가 감축, 운전자본 개선, 고객 서비스 수준 향상 등이 그 예가 될 수 있음. 기대이익을 명확하게 정하는 것이 방향을 정확히 잡고, 최종 목표 달성을 위한 일관된 업무 추진을 가능하게 함.

최소한 위에서 설명한 다양한 기준에 따라 기업의 포트폴리오 관리를 평가하면 스마트 다양성의 충족 여부를 판단할 수 있다. 예를 들면 어떤 글로벌 코팅 기업은 제품 라인이 과도하게 확대되어 있음을 인지하고, 시장 내에서 유사한 위치에 있는 경쟁사와 비교 연구결과, 경쟁사 대비 2배 정도의 제품 다양성을 갖추었음에도 불구하고 매출은 절반 수준으로 나타났다. 즉, 경쟁사는 4배 규모의 우위로 운영되고 있었던 것이다. (진정한 규모는 복잡성으로 나눈 매출임을 상기하자.)

이러한 숫자는 조직을 깨우치게 하는 효과를 낼 수는 있다. 그러나 변화의 필요성이 이렇게 명확한 경우라 하더라도, '스마트 다양성'을 실제로 달성하기 매우 어려운 이유는 기업 전체의 통합적 관점에서 지속적으로 추진되어야 하기 때문이다. 즉, 기업의 각 기능 부문에 걸쳐 통합을 요구하는 전사적인 과제의 추진에 큰 어려움을 겪을 수 있어 도전할 엄두도 내지 못할 수 있다.

이러한 난관을 고려할 때, '스마트 다양성' 확보를 위한 역량 구축은 다음의 세 단계에 걸쳐 추진하는 것이 필요하다.

> 1단계: 포트폴리오 최적화를 통한 나쁜 복잡성에서 좋은 복잡성으로
> 이동
> 2단계: 성장 과정에서 '스마트 다양성'을 유지
> 3단계: 전략의 일부로서 '스마트 다양성' 설계 및 구체화

이 핵심적인 세 단계를 마스터하자. 그러면 당신은 '스마트 다양성'을 향한 긴 여정에 들어선 것이라고 볼 수 있다. 이제부터 세 단계를 상세하게 살펴보도록 한다.

1단계: 포트폴리오 최적화를 통한 '스마트 다양성' 확보

포트폴리오 최적화는 기업을 변화시키는 강력한 수단이며, 상당한 수준의 이익 개선, 서비스 수준 향상, 성장 잠재력 제고를 가져올 수 있다. 지금까지 기업을 성장시켰던 핵심 제품을 중심으로 최적화하는 것은 성장에 박차를 가하기 위한 첫걸음이 될 수 있다. 그러나 현실은 꼬리 자르기 활동으로 진행되므로, 조직의 자원과 능력을 소모하고, 고객을 혼란스럽게 만들어서 결국 뚜렷한 효과 없이 끝나는 활동으로 전락해버린다.

포트폴리오 최적화에 대해서는 Chapter 13에서 보다 상세하게 다룰 것이다. 그러나 포트폴리오 확산에 대응하는 이 전략을 고려할 때, 경영자가 명심할 원칙은 '포트폴리오 최적화(합리화)는 장기간 기업의 복잡성이 누적된 이후 포트폴리오의 규모를 합리적으로 적정하게 조정하는 것'이며, 만일 이 경우에 해당된다면 5%, 10%, 15% 정도의 제품 포트폴리오 최적화로는 큰 효과를 기대하기 어렵고, 이보다 훨씬 과감한 합리화가 필요하다.

동시에 명심해야 할 점은 기업의 모든 부문에서 제품의 유지 또는 축소에 서로 다른 편견이 있을 수 있다는 것이다. 그러므로 올바른 목표 설정이 없다면, 특정 제품을 왜 축소해야 하는지를 합리적으로 설명하는 데 많은 노력을 기울여야 하는 상황에 맞닿게 되므로, '이 제품을 왜 유지해야 하는지'에 대한 해답을 얻는 것이 보다 생산적인 접근 방법이다. 목표 설정의 아이디어는 매우 단순하다. 즉, 시장과 고객, 사업에 대한 이해를 바탕으로 도전 과제를 생각해보는 것이다: 가령, 현재 판매하는 제품의 50%만 가지고 고객의 니즈를 충족시킬 수는 없을까? 우리는 이런 식으로 제품을 판매하고 있는 경쟁자들을 어렵지 않게 찾을 수 있을 것이다.

2단계: 성장 과정에서 '스마트 다양성' 유지

복잡성은 정원에 잡초가 생기듯이 은밀하게 확대되는데, '스마트 다양성'을 유지하는 것은 정원을 건강하게 유지하기 위한 가지치기 또는 잡초 뽑기와 유사하다고 할 수 있다.

다수의 기업들이 시장환경에 적합한 제품을 제공하기 위해 포트폴리오의 재조정 등 포트폴리오 검토를 매년 진행하고 있다. 이 검토를 통해 상품화된 제품 카테고리의 조합을 단순화하고, 기대에 못 미치는 신제품을 정리한다. 이 단계를 수행하지 않으면, 순식간에 제품의 복잡성이 늘어나게 되고 1단계에서 설명한 상당한 제품 합리화 노력이 필요한 상황에 직면할 수밖에 없다.

'스마트 다양성'을 유지하기 위해서는 다음의 2가지 요소가 중요하다. 첫 번째는 복잡성 임계점을 파악해야 하는데, 임계점이란 복잡성 증가의 부정적 효과가 긍정적 효과를 넘어서는 지점이다. 미국의 3대 아이스크림 메이커인 블루벨(Blue Bell)은 항상 판매되는 아이스크림의 종류가 25~30종을 넘지 않도록 관리하고 있다. 이 숫자를 넘어서게 되면 제조와 유통 프로세스의 속도가 저하되고, 블루벨이 가지고 있는 경쟁우위가 희석된다고 믿기 때문이다. CEO 폴 크루즈(Paul Kruse)는 "매장의 공간 제약으로 판매해야 할 제품의 수가 결정된다. 우리는 판매가 우수한 제품은 매장에 계속 유지하고, 몇 개의 제품은 3~6개월 정도 주기로 교체하고 있다"고 말했다.[2]

이러한 기준은 신제품 하나를 출시하기 위해서 기존 제품 하나를 반드시 단종하는 '원 인 원 아웃(one-in-one-out, 제품수총량제)' 같은 단순한 의사결정을 가능하게 한다.

두 번째 요소는 단순하지만 효과적인 주기적 포트폴리오 검토이다. 이 검토의 목표는 1단계처럼 대규모로 제품 포트폴리오를 재구성하는 과정은 아니지만, 현재의 포트폴리오가 정확하게 전략 방향에 맞는지에 대한 포트폴리오의 건전성을 체크하는 것이다. 다음의 그림 5.1은 전형적인 연간 포트폴리오 검토 프로세스의 예를 보여준다.

이러한 검토 프로세스가 실질적으로 운영되는지가 매우 중요하다. 포트폴리오 관리 프로세스는 다양한 영역에서 수집되는 정보를 활용하는 상세 분석 프로세스가 될 수도 있다. 그러나 이런 상세 분석 없이 화이트보드 앞에서 몇 번의 회의만 하는 프로세스라고 하더라도 이 과정을 통해 많은 통찰력을 확보할 수 있다. 또한 분석의 내용이 충분치 않다면, 특정 제품을 특정 지역에서만 먼저 단종해보고 그 효과를 지켜본 후에 최종 단종 여부를 결정하자는 식의 조건부 결정이 이루어질 수도 있다. 중요한 것은 포트폴리오를 평가하고, 시장이 어떻게 변화하는지 살펴보고, 제품개발 노력을 변화하는 시장 트렌드에 맞출 수 있는 기반을 구축해야

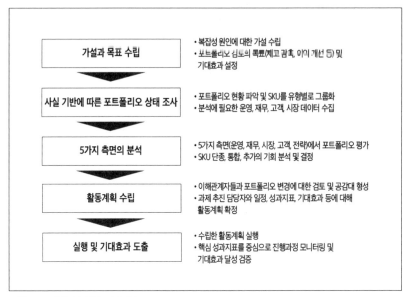

그림 5.1: 포트폴리오 검토 프로세스

한다는 것이다.

3단계: '스마트 다양성'의 설계 및 내재화

"지옥으로 가는 길도 선의(善意)로 포장되어 있다." 제품 포트폴리오가
어떻게 비대화되고 통제 불능 상태가 되는지를 적절하게 표현하는 글귀이
다. 개별 고객의 요청 또는 새로운 시장 기회의 포착이라는 선의에 대응하
기 위해 복잡성이 계속 증가하게 되면 고객과 기업은 지옥 같은 높은 원가
와 낮은 고객 서비스 수준에 허덕이게 된다.

규모의 경제(그리고 원가 경쟁력)와 고객 대응(그리고 변화하는 고객의 요구)
사이의 상충관계를 인식하고, 제품 포트폴리오를 설계하는 것이 매우
중요하지만, 이 둘 사이의 선택에서 잘못된 결정이 내려지는 경우가 허

다하다.

지역화 전략을 통해 고객의 다양한 기호를 충족시키면서 사업의 규모를 효과적으로 확장할 수 있다. 맥도날드는 120개 국가에 35,000개의 매장을 운영하고 있는데, 전 매장에서 공통적으로 제공하는 빅맥과 에그맥머핀의 핵심 메뉴와 지역별로 고객의 취향에 맞추어 개발된 지역 메뉴를 제공하고 있다. 태국에는 사무라이 돼지 버거(Samurai Pork Burger), 하와이에는 스팸앤에그(Spam and Eggs), 네덜란드에는 맥크로켓(McKroket) 등의 지역 메뉴가 있다. 맥도날드는 각 지역에서 변화하는 고객 기호에 맞추어 지속적으로 메뉴를 바꿀 수 있었으나, 통제 가능한 지역화 전략의 준수, 즉 특정한 범위 내에서만 지역별 차별화를 허용하여 표준 메뉴가 가져오는 강점의 상당 부분을 유지할 수 있었다. 만일 맥도날드의 각 매장이 각자 원하는 메뉴를 무제한 선택할 수 있었다면 무슨 일이 일어났을지 상상해보라!

맥도날드는 '규모의 지역화(localization with scale)' 전략을 통해 원가 경쟁력과 고객 대응력의 향상을 동시에 추진하고 있다. 이를 위해서는 적합한 운영 모델이 필요한데, 이후에 설명하겠지만 많은 운영 모델들이 지난 15~20년 동안 거의 변화 없이 유지되고 있기 때문에, 맥도날드는 지역화와 일관된 고객 경험에 맞춘 메뉴 개발에 진땀을 흘리고 있다. 물론 누구는 맥도날드에서 가장 눈에 띄는 것이 세계 각지에서 동일한 메뉴를 주문할 수 있다는 사실보다는 빅맥의 크기가 작아진 것이라고 생각할지도 모르겠다.

'더 푸른 초원' 사이렌의 유혹을 물리치는 방법:
이길 수 있는 새로운 시장

기업들은 핵심 사업영역 밖에 있는 새로운 시장에서 더 많은 확장의 기회를 찾지만, 인접 시장으로의 확장이 실패로 끝나는 경우가 허다하다. 그렇다면 '더 푸른 초원' 사이렌을 피하고, 기존 사업의 경쟁력을 깎아 먹지 않으면서 새로운 시장 진출 기회를 찾는 방법은 무엇일까?

우선적으로 기업들이 새로운 시장 진출을 어떻게 추진하는지, 그리고 복잡성 시대에 이런 방법이 어떻게 역효과를 발생시킬 수 있는지 살펴보자.

- **제품 라인 확장** 우리는 고객들이 쿠키 제품을 좋아한다는 것을 알고 있기 때문에, 새로운 맛을 출시하게 되면 추가적인 매출 확보가 가능하다고 생각한다. 제품과 서비스 라인 확장은 인접 시장으로 확장하는 일반적 형태로서 제품 카테고리에 대한 고객의 관심을 환기시키고, 경쟁자들의 진입을 저지하는 효과가 있다. 그러나 제품 라인 확장은 서비스 이슈(예: 소매점의 재고 부족), 예상치 못한 복잡성원가 증가, 기존 제품의 자기잠식 효과와 과다한 선택 옵션 제공으로 고객 불편 증가를 발생시킬 수 있다.
- **새로운 고객 세그먼트** 육포 제품의 현재 고객층은 젊은 남성이지만, 건강 간식이라는 제품의 특성을 부각시키고 마케팅에 변화를 준다면 젊은 여성층에도 어필할 수 있다. 기존 제품으로 추가적인 고객 세그먼트를 확보하는 것은 복잡성을 억제하는 좋은 방식일 수 있지만, 새로운 고객 또는 고객의 요구를 목표로 하는 경우에는 새로운 시장으

로의 기존 브랜드 확장 가능 여부를 진지하게 생각해보아야 한다. 여성을 위한 건강 간식이라는 이미지가 기존의 남성 위주의 야외 활동용 간식이라는 브랜드 포지션과 부합하는가? 또는 다른 브랜드가 필요한 것은 아닌가? 기존의 브랜드가 차지한 위치와 지나치게 동떨어진 영역으로 브랜드를 확장할 경우 브랜드의 정체성이 모호해지고 약화될 수 있다.

- **새로운 채널** 지난 10여 년간 폭발적으로 활동이 증가한 영역이다. 디지털 채널은 이제 대부분의 사업에서 핵심이다. 월마트닷컴(Walmart.com)은 첫 온라인 벤처로, 2000년에 설립되었다. 하지만 당시에는 옴니채널 전략에 대한 논의는 거의 없었으며, 현재 디지털화가 기본 요건이 되었음에도 불구하고, 채널 확대의 과정에서 운영상 많은 문제가 발생했다. 최근의 설문조사에 따르면 80% 이상의 유통기업이 옴니채널에 대한 대비가 되어 있지 않은 것으로 응답했다.[3] 온라인 반품절차를 운영하고 있다고 응답한 기업은 극소수에 불과하며, 50% 이상은 매장 내 재고를 확인할 수 있는 시스템을 갖추고 있지 못하다고 답했다. 채널 확장이 더 이상 선택사항이 아니라 필수적 조건이 되었음에도, 채널 확장으로 인해 발생하는 전략적 문제가 많은 기업에 아직 해결되지 않은 상태로 남아 있는 것은 바람직하지 못한 채널 확장을 의미한다. 예를 들면 설문에 참여한 기업의 75%는 이커머스(e-commerce) 확대의 영향으로 기존의 오프라인 매장 매출이 감소했다고 응답했는데, 온라인과 오프라인 채널을 어떻게 조화롭게 운영해야 할지에 대한 문제가 해결되지 않았다는 것이다.
- **지리적 확장** 해외 진출은 기업의 제품과 서비스의 유통 범위를 확대

하는 좋은 방법이 될 수 있다. 그러나 컴퍼스 그룹(Compass Group)은 무질제한 확장이 사업이 규모와 집중도를 희석시키고, 글로벌화 과정에서 국가별 차이점이 공통점보다 대체로 훨씬 크다는 점을 경험했다.

지리적 확장을 통한 매출 확대

연 매출 176억 파운드의 다국적 케이터링(Catering) 서비스 및 시설관리 사업을 하는 컴퍼스 그룹의 전략 담당 임원인 제이슨 리크(Jason Leek)는 "매출 증가에 지나치게 집중하다 보면, 모든 판단과 결정을 지나치게 긍정적으로 하게 된다"고 말했다.[4]

컴퍼스 그룹은 50여 개 국가에 진출하여 사무실, 공장, 병원, 학교 등에 연간 40억 이상의 식사를 제공하고 있다. 1998년에 컴퍼스 그룹은 영국 내에서만 영업을 했지만, 2006년에는 100개 이상의 국가에 진출했다. 동티모르, 코스타리카, 스와질란드 등까지 진출했는데, 이들 국가에서 경쟁력 확보에 필요한 규모, 시장 주도권, 원가 우위를 확보하기에는 현실적인 어려움이 있었다. 결국 2004년과 2005년에 급격한 이익 감소로, 사업의 집중력 회복을 위해 50여 개국에서 철수하게 되었다. 그 결과 다음과 같이 매출, 영업이익 및 현금흐름 모두에서 긍정적인 개선을 이룰 수 있었다.

- 영업이익은 2006년 4.5%에서 2013년 7.2%로 개선
- 동 기간에 현금흐름은 거의 400% 이상 개선
- 인상적인 성과는 매출이 2006년 110억 파운드(100여 개 국가의 매출 합계)에서 2013년 176억 파운드(50여 개 국가의 매출 합계)로 증가

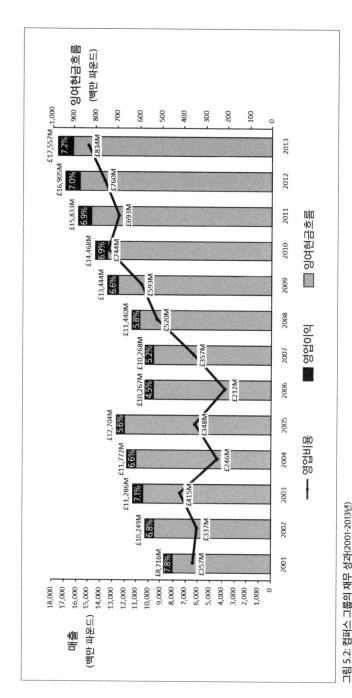

그림 5.2: 컴퍼스 그룹의 재무 성과(2001-2013년)

주) 2005년과 2006년 사이에 발생한 매출 감소는 2006년 4월 18.2억 파운드 규모의 도로 휴게소 및 여행 케이터링 사업의 매각에서 발생했다. 이 거래에서 43개의 도로 휴게소가 호주의 맥쿼리 은행에 6억 파운드에 매각되었고, 여행 케이터링 사업은 사모펀드인 EQT 파트너스에 12억 파운드에 매각되었다.

(출처: 캐피털 IQ, 컴퍼스 그룹 연간 재무 리포트, 2006-2013년)

- **새로운 카테고리 및 사업 진출** 치키타가 과일 칩과 과일 스무디 등 신사업으로 확장을 추진할 때, 기존의 브랜드를 활용했지만 신사업 진출에 필요한 과도한 투자 자금을 확보하기 위해 기존 사업(바나나 생산과 유통)의 투자를 줄여야 했다. 핵심 사업으로부터 더 멀리 떨어진 사업에 진출할수록 사업 확장의 리스크와 과다 투자의 위험이 커지며, 기존 핵심 사업에 대한 투자 여력은 줄어들게 된다.

위의 확장 모델의 다른 변형 모델들이 많이 존재하지만, 이 모든 확장 기회들의 신중한 분석적 진단이 필요하다. 사실 많은 기업들이 저지르는 실수는 이런 기회들을 분석할 때 하향식 접근(확장의 잠재적 기회를 전체적 관점에서 충분히 평가하고, 개별 사업 기회의 적합도를 판단) 대신 상향식 접근(개별 사업 기회를 분석하여 확장 기회를 발굴)을 한다는 것이다.

상향식 접근법과 하향식 접근법 간에는 서로 상충관계가 있다. 개별 옵션들의 리스트를 정리하고 각각 평가하는 방식(상향식 접근)이 분명 수월한 점은 있으나 그 옵션이 타당한 옵션인지는 별개의 문제이다. 우리 모두가 가진 낙관적 편향을 감안할 때, 인접 시장의 진출로 인해 점진적으로 증가하게 될 복잡성 문제를 과소평가하지 않으려면 어떻게 해야 할까? 몇 가지 핵심 고려사항을 다음과 같이 정리했으며, Chapter 14에서 각 항목에 대해 상세하게 설명하겠다.

- 확장을 통해 핵심 사업이 강화될 것인가, 또는 약화될 것인가?
- 인접영역으로의 확장으로 진정한 규모의 달성이 가능한가, 또는 복잡성이 발생하는가?
- 새로운 사업을 수행할 역량과 운영 모델을 보유하고 있는가?

- 노력할 만한 가치가 있는가? 사업 확장으로 발생할 복잡성원가의 증가를 고려했는가?

'대박' 사이렌의 유혹을 물리치는 방법: 반복 가능한 차별화

할리우드만큼 대박을 좋아하는 곳도 없다. 그러나 대박을 좇아 대규모 자본이 투입되는 블록버스터 영화를 제작한다고 성공이 보장되는 것은 아니다. 일루미네이션 엔터테인먼트(Illumination Entertainment)의 CEO이며 영화 제작자인 크리스 멜레단드리(Chris Meledandri)는 값비싼 수업료를 지불하고 이 교훈을 배웠다. 직장 생활 초기에 크리스는 맷 데이먼(Matt Damon) 주연의 타이탄 A. E.(Titan A. E.)라는 SF 애니메이션 영화의 배급을 담당했고, 20세기폭스사는 이 영화에서 1억 달러의 손실을 입었다.[5] 그는 이때를 회상하면서 극도로 고통스러운 경험이었다고 표현했는데, 이 경험이 영화 제작에 대한 그의 생각과 접근법을 완전히 바꿔 놓았다.[6]

그는 "나는 엄청난 재정적 손실을 감당하고 싶지 않았고, 나 자신이 그런 재앙적 상황에 들어가는 것이 정말 죽기보다 싫었다"고 회상했다.

스튜디오 베테랑들의 전언에 따르면, 그는 "할리우드의 다른 영화에 비해 상대적으로 예산이 적당히 드는 시나리오를 선정하고, 이 예산 범위 내에서 영화를 제작하기 위해 철저히 관리한 것으로 유명하다"[7]고 한다.

그는 "수십 년간의 경험을 통해서 우리는 아주 많은 것들을 배울 수 있었고, 대학원 한 학기 수업으로 편성해도 우리가 영화제작에서 어떻게 원가를 절감할 수 있었는지 설명하려면 시간이 모자랄 것이다"라고 말했다.

그는 애니메이션 영화를 제작할 때 어른이 함께 즐길 수 있으며, 어린이가 좋아하는 유머가 담기도록 하여 대상 관객층을 최대한 확대했고, 그 결과 적당한 예산으로 여러 편의 히트 작품을 만들 수 있었다. 아이스 에이지(Ice Age) 시리즈는 전 세계적으로 28억 달러의 매출을 올렸고, 슈퍼배드 2(Despicable Me 2)는 10억 달러 이상의 수익을 올리면서 유니버설의 100년 역사상 가장 수익성이 좋은 영화가 되었다.

원가절감에 집중하고, 제작비에 관해 매우 신중했기 때문에 그가 제작하는 어떤 영화도 블록버스터일 필요는 없었다. 다시 말하면 그는 블록버스터 영화가 만들어지는 것이 얼마나 어려운지 알고 있었기 때문에 기존 영화와 차별화되고, 고객 관점에서 가치가 있을 만한 적당한 예산의 영화를 만드는 데 집중했다. 대박은 어디까지나 일종의 보너스와 같았다.

따라서 성공 확률을 높이는 한 가지 방법은 매번 베팅할 금액(원가)을 줄이는 것이고, 오늘날처럼 복잡성 증가로 인해 성공을 장담하는 것이 점점 어려워지는 시대에는 그 중요성이 더욱 커지고 있다. 최소 원가로 베팅에 참여하는 방안으로 Chapter 10에서 상세히 설명할 '실험'이 중요하다. 많은 기업에 있어서 '실험'은 단순히 새로운 프로세스나 분석방법론을 내재화하는 것 이상을 의미하며, 사고방식의 일대 전환을 의미한다.

인튜이트(Intuit)의 공동 설립자이며 회장인 스콧 쿡(Scott Cook)은 '실험'을 적극적으로 그의 기업에 수용했다. 그는 "조직의 책임자라면 의사결정을 내리고 싶어 하는 것이 당연하다. 지금 우리는 부하 직원들이 가장 신속하면서도 적은 원가로 실험하도록 유도하고, 그 효율성을 지속적으로 향상시키는 것이 우리 회사의 리더들이 해야 할 일이라고 가르치고 있다. 가능한 많이 실험하도록 의사결정하라는 것이다"라고 말했다.

아마존을 성장시키기 위해 실험을 적극 도입한 제프 베조스(Jeff Bezos)

에게 있어서 실험은 대박이라는 독을 해독하는 해독제와 같았다. 그는 "실험하지 않는 기업, 실패를 용인하지 않는 기업은 승률 낮은 도박에 계속 돈을 걸 수밖에 없고 결국에는 문을 닫게 된다"고 말했다.[8]

기업의 운영 모델이 목표에 부합하는가?

기업들이 부분적으로 대박을 좇는 이유는 그것이 전통적으로 경쟁하는 방식이기 때문이다. 이런 기업은 프로세스, 조직구조, IT 시스템, 인센티브 제도 그리고 심지어는 사고방식까지도 대박을 만드는 데 초점이 맞춰져 있고, 전략이 변경되어도 기업의 경영방식과 속도가 바뀌지 않으면 변화에 어려움을 겪게 된다.

소비자 가전의 공룡 기업인 삼성은 일시적인 경쟁우위와 경영의 속도에 기반한 시스템과 문화를 구축했다. 삼성의 이건희 회장은 "지금 기회를 놓쳐서 발생하는 손실이 통상적인 영업활동에서 발생하는 손실보다 훨씬 크다… 우리가 무엇을 하겠다고 결정했다면 기회를 붙잡기 위해 모든 것을 걸어야 하며, 그게 안 된다면 기회비용이라도 최소화해야 한다. 경쟁자보다 빠르게 창조적인 제품을 시장에 내놓지 못하면 우리는 생존할 수 없다. 지금은 타이밍이 중요하고 속도가 필수적인 시대이다"라고 말했다.[9]

『삼성 웨이*The Samsung Way*』의 저자는 "삼성에 있어서 속도는 그 자체로 전략이다"라고 기술했다. 삼성은 의사결정 및 실행의 속도 향상을 위해 조직 운영방식을 바꾸었다. 예를 들면 삼성에서는 일상적인 단기 의사결정은 현장에서 즉시 결정하도록 하고 있으며, 반복적이고 일상적인 사항은

현장 관리자가 즉석에서 결정한다.[10]

또한 삼성은 신속한 심행 지원을 위한 조직을 운영하고 있다. 예를 들면 연결된 가치 사슬 내의 활동을 클러스터로 묶어 지식을 공유하고 문제 해결의 속도를 향상시키고 있다. 삼성전자의 이원식 전무는 "우리가 1메가 디램(DRAM) 칩을 개발할 때, 설계 책임자는 매일 아침 생산지원 부서에 어떤 설계 변경이 필요한지 물어봤고, 당일로 필요한 설계 변경을 시행하고 3~4일 내로 마스크 세트 개선을 완료했다. 반면에 경쟁자들은 이런 개선 작업에 1주일 이상의 시간이 소요되었다"고 말했다. 이 밖에도 삼성은 병행개발(다수의 내부 연구 팀이 동일 제품을 동시에 개발)과 도약개발(1세대, 2세대, 3세대 기술을 동시에 개발) 등의 방법을 적용하고 있다.

'성벽' 사이렌의 유혹을 물리치는 방법: 재창조와 재구성

수많은 역사적 교훈에도 불구하고 많은 기업들은 시대의 흐름에 따라 성공의 기회가 다르게 이동되었음에도, 전통적인 경쟁우위의 원천을 지키기 위해 할 수 있는 것은 뭐든지 한다. 이들 기업들은 '성벽' 사이렌에 현혹되어 성벽은 높으면 높을수록 좋다고 생각한다.

'성벽' 사이렌의 유혹으로부터 벗어나는 대안은 재창조 역량을 구축하는 것인데, 재창조는 시장의 변화에 맞추어 지속적으로 사업을 재구성(구조변경)하는 것을 말한다. Chapter 11에서 우리는 이와 관련한 기업문화, 프로세스, 인센티브 제도 등을 다룰 것이다. 그러나 명심해야 할 것은 많은 기업들이 시대의 변화에 맞춘 혁신의 필요성을 인지하고 있지만, 대부분의 기업이 이러한 활동에 필요한 여력을 찾는 데 애를 먹고 있다는 점이다.

'해체', 즉 더 좋은 사업 기회를 추진하기 위해 묶여 있는 인적·재무적 자원을 자유롭게 푸는 활동의 필요성을 인식하고 있다고 하더라도, 대부분의 기업들은 복잡성에 발목이 잡혀 있다. 복잡성은 물이 스며들 듯 서서히 기업에 침투하지만, 제거할 때는 큰 덩어리로 제거해야 하고 전사적으로 추진해야 한다. 예를 들면 많은 기업들이 원가구조는 건드리지 않고 매출만 건드리기 때문에 제품 포트폴리오 최적화의 수용을 주저하고 있다. 이러한 최적화가 복잡성 제거를 통해 최대의 효과를 내기 위해서는 우리가 '동시 활동(Concurrent Actions)'이라 부르는 '제품 포트폴리오 조정'과 기업의 '운영 모델의 합리적 조정'이 동시에 추진되어야 하며, 이는 재창조와 재구성을 위해 요구되는 일의 근원이 된다. 즉, 기존의 제품 포트폴리오, 프로세스, 자산, 조직구조의 복잡한 연결고리를 집요하게 끊어내야만 신성장 기회를 찾고 추진할 자원을 확보할 수 있다.

우리는 제품 포트폴리오 최적화 컨설팅을 다국적기업 및 대기업에 제공해왔고, 이 과정에서 발생하는 걸림돌과 장애 요인들을 직접적으로 목격했다. 사업의 재창조를 방해하는 제도적으로 고착화된 대표적인 편견은 다음과 같다.

- **'가치주(Value Stock)'가 '성장주(Growth Stock)'를 배척한다** 오랫동안 기존 사업의 매출의 대부분을 차지한 경우, 신사업의 투자에 마찰이 발생할 가능성이 크다. 하지만 기업은 우리가 부르는 '**이중 현실**(Dual Realities)', 즉 기존 사업으로부터 현금흐름을 지속적으로 창출해야

하는 현실과, 기존 사업을 완전히 대체할 수 있는 신사업에도 투자를 해야 할 현실을 동시에 유지할 필요가 있다. 이를 위해서는 신사업의 모호함에 대한 인내심도 필요하지만, 중요한 것은 성장 옵션, 즉 기업이 가치 창출과 성장 추구라는 2가지 목표를 동시에 달성하고 있음을 확신해야 한다. 성장의 기회가 가치 창출의 기회에 의해 배척되지 않아야 하며, 각각의 기회에 맞는 성장지표와 투자 개요에 대한 철저한 검토가 필요하다.[11]

- **측정 가능한 것이 측정 불가능한 것을 이긴다** 기업의 변화를 방해하는 또 다른 편견은 측정 가능한 것에 대한 과도한 집착이다. 이러한 편견을 보여주는 오래된 이야기가 있다. 경찰관이 가로등 밑에서 잃어버린 시계를 찾고 있는 취객을 도우면서, 취객에게 시계를 잃어버린 장소가 가로등 밑이 맞는지 물었다고 한다. 취객은 "아니요. 아마 공원에서 잃어버린 것 같긴 한데, 가로등 밑이 더 밝아 여기가 좋다"고 대답했다고 한다. 이 이야기는 기업이 처음에 어떻게 복잡해지는지를 설명한다. 기업에 복잡성이 발생할 때, 복잡성으로 인한 이익(예로 매출 증가)은 분명하지만, 새로운 프로세스에 의해 발생하는 원가는 조직 전체에 배분된다. 과거에는 복잡성원가를 측정하기 매우 어려웠고, 마치 존재하지 않는 것으로 취급했다.[12]

- **꼬리가 몸통을 흔든다** 기능 조직 또는 사업부의 힘이 지나치게 강할 경우, 새로운 시장과 신사업에 재초점을 맞추는 일이 난관에 봉착할 수 있다. 강한 기능 조직의 리더는 사실상 신사업 추진에 비협조적인 태도를 견지하다가 결국 경영자와 대립하는 일이 생길 수 있고, 우리는 자문과 컨설팅을 수행하는 과정에서 이러한 상황을 자주 목격했

다. 사업부 리더는 자신의 사업을 성장시키는 것이 목표이다. 그래서 CEO 레벨과 사업부 리더 레벨에서 일어나는 대립으로 인해 투자액 배분이 자칫 축소된 시장에 과잉투자로 연결될 수 있다.

위의 편견을 극복하기 위해서는 분석적 통찰력, 조직 역량 및 과감한 리더십이 결합되어야 한다. 분석을 할 때 현재 어디에서 돈을 벌고 있는지, 어디에서 상품화가 일어나고 있는지(경고 신호), 어디에서 복잡성이 매출보다 빠른 속도로 증가하는지 등, 사업을 정확하게 파악하는 것이 중요하다(Chapter 12 참고). 그리고 시장의 하락과 시장 이동의 변화의 초기 징후를 포착할 수 있는 조기경보 시스템을 갖춰야 한다(Chapter 11 참고). 또한 중요한 것은 기업의 운영 모델이 사업 목표와 부합하는지를 고려해야 한다(Chapter 15 참고). 만일 확신이 없어 불안하면, 순서를 뒤집어서 기업의 복잡성을 평가해볼 것을 권고한다. 복잡성이 클수록 사업의 재구성에 잠재적 반발이 크다고 볼 수 있기 때문이다.

끝으로, 위 내용들이 해결책의 80%이고, 나머지 20%는 대담한 리더십이다(Chapter 7 참고). 사실 많은 경우에 있어서 80%만 가지고 조직의 편견을 해결할 수 있는 수준의 방안을 찾기는 매우 어렵거나, 최소한 매우 큰 비용이 소모된다. 대담한 리더십이 없으면, 조직의 편견이 다시 힘을 발휘해서 가치 중심의 사고방식이 성장 기회를 배척하고, 측정 가능한 것이 측정 불가능한 것을 누르는 등으로 인해 기업은 변화에 성공하지 못하고 표류하게 된다.

당신은 이제 성장의 사이렌을 알게 되었고(그림 5.3 참조), 당신의 성장전략에 1~2개의 사이렌이 존재하거나 잠복하고 있다는 것도 알았을 것이다.

이런 사이렌에 희생되지 않고 새로운 시장을 찾기 위해, 예를 든 기업의 사례를 통해 이렇게 전략적 대응을 하는지도 살펴보았다. 지금까지의 내용이 고무적인 자극이 되길 바라며, 복잡성 시대에서도 수익적 성장은 찾을 수 있다.

#	사이렌		사이렌의 노래(유혹)	전략
1		포트폴리오 확장	"넘치는 것이 부족한 것보다 낫다." "고객이 원하면 무엇이든 제공한다." "고객이 어떤 제품을 좋아할지 모르니, 이것저것 다 해보자."	스마트 다양성
2		더 푸른 초원	"홈에서 성공했으니, 다른 시장에서도 성공할 수 있다." "새로운 시장은 우리에게는 자연스러운 인접 확장 시장이다." "새로운 시장의 경쟁 강도는 현재의 시장보다 약할 것이다."	이길 수 있는 새로운 시장
3		대박	"하나만 잘되면 사업이 성공할 수 있다. 사업의 운을 믿자." "모든 것을 걸자. 분명 성공할 것이다." "차별화된 제품을 만들기만 하면 저절로 매출과 이익이 따라온다."	반복적 차별화
4		성벽	"우리는 현재의 위치를 좋아하고, 현재의 위치에 만족한다." "수익의 하락은 단기적 현상이다." "고객은 경쟁사의 질 낮은 저가품보다 우리의 고품질을 원한다."	재창조 및 재구성

그림 5.3: Chapter 4와 5 요약

기업의 경영자들과 토론을 하면 공통된 질문 하나가 여전히 남는다. 무엇이 사이렌의 유혹을 물리치고 수익적 성장에 성공하는 기업과 실패하는 기업을 결정짓는가? 이 질문에 대한 답이며, 동시에 책의 뒷부분의 초점이 되는 주제는 리더와 조직의 사고방식과 역량이다. 현재의 기업환경은 2가지 요소, 즉 '필요한 사고방식과 주요한 결정적인 역량'을 가진 기업만이 살아남을 수 있고, 이들은 독립적이지만 상호 보완적이다. 비전, 열망, 대담한 행동과 관련된 사고방식을 '탐험가의 정신자세'에 포함하였고, 지식, 기능, 기술, 실력, 규율과 관련된 역량을 '항해사의 기술'에 포함하였다. 첫 번째 요소가 배의 엔진이나 돛에 해당한다면, 두 번째 요소는 배의 키에 해당한다. 따라서 이 둘 또는 하나만 부족하더라도 사이렌에 희생될 확률이 커진다. 이 핵심적인 사고방식과 역량을 다음 장에서 소개하도록 하겠다.

Chapter 6

탐험가와 항해사 Explorers and Navigators

"두려움과 불편함은 전략 수립에 필수적이다."

-로저 마틴

    예외가 있겠지만, 대부분의 경영자는 탐험가라는 제목에 대해 편안함을 느끼지 못할 것이다.[*]

    첫 번째 이유는 탐험이라는 단어가 현재의 상황과는 동떨어진 19세기 이전의 낭만적 개념과 전설적 인물을 떠올리게 하기 때문이다. 둘째는 이 전설적 인물들이 대부분 뛰어난 업적을 달성하기는 하였으나, 현대의 기준에서 모범적 시민으로 보기에는 어려운 인물들이었다는 점이다. 예를 들면, '리빙스턴 박사(Dr. Livingstone)'로 유명세를 얻었던 헨리 모튼 스탠리(Henry Morton Stanley)는 한때 레오폴드 2세 국왕의 비인간적인 콩고 정복 사업에 앞장섰으며,[1] 이후 조지프 콘래드(Joseph Conrad)의 『어둠의 심연 *Heart of Darkness*』[2]의 모티브가 된 인물이다. 『어둠의 심연』은 폴란드 입헌

---

[*] 제프 베조스, 리처드 브랜슨, 엘론 머스크가 떠오른다: 이들은 공통적으로 우주 산업을 추진하고 있다 (각각의 사업은 블루 오리진, 버진 갈락틱, 스페이스엑스임).

왕국 출신의 영국인 작가 조지프 콘래드의 소설로 1899년에 출판되었다. 영국의 템스강에서 출항을 기다리던 기선의 말로우(Marlow)라는 선원이 동료들에게 자신이 콩고강을 거슬러 올라가 커츠라는 인물을 만났던 이야기를 들려주는 형식으로 되어 있다. 소설은 원시적 자연의 한가운데에 놓인 광기 어린 서구적 개척자의 모습과 유럽이 길들이려는 정글 속의 원시적 토착민들의 모습이 서로 별반 다르지 않음을 보여줌으로써, 제국주의와 백인우월주의의 야만성을 드러냈다. 스페인 정복자들이 황금 도시를 찾는 것부터 세 번의 항해를 통해 인류 역사상 최대 면적의 미지의 땅을 발견한 탐험가인 제임스 쿡(James Cook)[3]으로 대표되는 미지의 지식에 대한 갈망까지 참으로 이들 탐험가들의 탐험 동기는 다양했다.

현재와 비교해보면 이 시대는 분명 큰 차이가 있지만, 당대의 리더만큼 복잡성 시대에 필요한 리더십을 갖춘 인물들을 현재에 찾기는 어렵다: 불완전한 정보에도 불구하고 앞장서는 것을 주저하지 않는 자세, 과감한 용기, 흔들리지 않는 집중력, 그리고 적응력은 그들이 갖춘 리더십의 특징이다.

우리는 탐험가라는 단어가 내포한 불가피한 위험을 감수한다는 의미를 좋아한다. 불확실한 상황에서 모험을 걸지 않고는 신대륙을 발견할 수 없다. 그런데 대기업들은 수익적 성장을 위해서는 일정 수준의 리스크를 감수해야 한다는 너무나 당연한 사실을 시간이 지남에 따라 잊게 되는데, 탐험가라는 단어에는 이를 다시 환기시키는 힘이 있다. 성장은 단순한 프로세스가 아니며, 성공의 보장도 없으므로 암초에 걸리지 않기 위해서는 탐험가의 용기와 야망, 그리고 뛰어난 항해술이 필요하다.

Chapter 4에서 성장의 사이렌을 통해 항해술 부족이 어떤 심각한 결과를 낳는지 살펴보았다. 러버메이드의 사례를 다시 살펴보면, 이 기업의 전략은 매우 단순하고 명확했다. CEO 슈미트는 "우리의 목표는 경쟁자들이 복제할 수 없는 신제품을 압도적으로 출시하여 그들을 묻어버리는 것이다"라고 말했다.[4] 그러나 그는 아쉽게도 제품의 다양성이 고객 서비스 수준과 원가구조에 미치는 영향에 대해서는 이해하지 못했다.

지구의 경도를 측정할 수 있는 실용적 방법이 발견되기 전에는 뛰어난 선박 조종술과 정교한 지도를 갖고 있더라도 탐험의 성공이 운에 의해 결정되었다. 결국 신뢰할 만한 항해수단의 부족으로 인해 많은 배가 침몰하고 인명이 희생되었다. 1714년에 영국 정부는 해상에서 경도를 측정할 수 있는 실용적인 방법을 개발하는 사람에게 상금을 지급하겠다고 발표했는데, 이것은 1707년 실리 섬 앞바다에서 본국으로 귀환하던 해군 함정 4척이 침몰하는 사건이 계기가 되었다. 해군 제독 클라우드슬리 쇼벨 경 (Admiral Sir Cloudesley Shovell)이 지휘관을 맡았던 이 함정들은 안개 속에서 항로를 잃고 자신들이 프랑스의 북동쪽 해변을 항해하는 것으로 착각했다. 그러나 사실은 영국 남서쪽에 위치한 실리섬 근처를 항해하고 있었고, 암초에 부딪쳐 침몰하여 2,000여 명의 사상자를 냈다. 당시 영국 정부는 경도 측정의 비밀을 풀어 해상을 통제할 수 있는 국가가 전 세계 경제를 지배할 수 있다고 믿었다.[5]

경도를 측정하기 위해 존 해리슨(John Harrison)의 기계식 시계를 이용한 방법이 널리 확산되기 전까지 선원들은 '추측 항법(Dead Reckoning)'을 활용했다. 선장은 통나무를 바다에 던져 놓고 이를 기준점으로 배가 얼마나 빨리 통나무로부터 멀어져 가는지를 관찰하여 경도를 추정했다.[6] 그러나 이 방법은 기준점을 놓치기 일쑤였고, 목적지를 빗나가거나 바다에서 길을 잃는 일도 자주 발생했다. 신선한 과일과 채소를 먹지 못하고 바다에서 장시간을 보내면 비타민 C 부족으로 발생하는 치명적인 질병인 괴혈병에 걸릴 수밖에 없었다. 더욱이 위도에만 의존한 항해를 해야 했기 때문에 대부분의 배들이 기존의 항로로만 항해하거나, 해안선을 따라 항해를 했다. 그 결과 선박들은 해적의 손쉬운 목표물이 되었다.

해상 약탈, 괴혈병, 난파와 같은 위험은 감사하게도 현재의 CEO에게는 더 이상 걱정거리가 되지 않지만, 이 위험들은 경도 측정법이 발견되기 이전인 16~17세기까지 해운업이 부담해야 하는 당연한 원가로 여겨졌다. 경도 측정법의 발견이 해운업에 큰 변화를 가져왔듯이, 경쟁할 만한 진정한 규모와 수익적 성장을 동시에 달성할 수 있는 새로운 역량의 확보가 현대 기업운영에 필수적이다.

탐험가의 사고방식

괴혈병은 오래전에 사라졌지만, 현재의 기업 경영자들은 괴혈병에 뒤지지 않는 여러 도전에 직면하고 있다. 유니레버(Unilever)의 CEO 폴 폴먼(Paul Polman)은 가디언지와의 인터뷰에서 "요즘은 사업하기 매우 어려운 시대이다. 환율은 20%씩 오르내리기를 반복하고, 시장은 매우 빠르게 변화하기 때문에 우리는 가변적이고, 불확실하고, 복잡하고, 모호한(VUCA-Volatile, Uncertain, Complex, and Ambiguous) 세상을 상대하는 데 능숙한 인재가 필요하다"고 말했다.[7]

VUCA에 대한 케이시 장군의 의견

VUCA. 이 용어는 기업경영에서 많이 회자되고 있지만, 많은 전략 용어가 그렇듯이 군사분야에서 처음 사용되었다. 이 용어는 1990년대 초반에 소비에트 연방 해체 후의 세계 상황을 이해하기 위한 분석 근거로 미 육군 군사학교에서 처음 사용한 것이다.

이라크 다국적군의 사령관으로 근무했던 퇴역 장성인 조지 W. 케이시 주니어 (George W. Casey Jr.) 장군은 「포춘」지의 기고문을 통해 이 주제에 대한 그의 생각을 명료하게 정리했다. 그는 "군사와 사업 현장에서 VUCA가 점점 강화되고 있다. 나는 보스니아(1996년), 코소보(2000년), 이라크(2004-2007년)에서 VUCA를 경험했다"고 말하고 있으며, 그는 이라크를 그의 경험 중 가장 복잡한 환경으로 꼽았다. "작전실에는 현장에서 올라오는 보고 내용이 지도 위에 표시되어 있었다. 예를 들어 사드르가 살해되었다, 아니다, 부상을 당했다. 오폭으로 모스크가 파괴되었다, 아니다, 그것은 모스크 옆의 호텔이다. 이라크 특수부대가 도착했다, 아니다, 특수부대가 이동 중이다."

기업에 적용해보면, 그는 리더가 명확한 목표를 가지고 가장 효과가 큰 영역에 에너지를 집중시켜야 한다고 말하며, "리더도 제한된 지적·감정적 에너지를 가진 사람이다. VUCA 세계에서 성공하기 위해서는 조직에 가장 큰 효과를 미칠 수 있는 영역에 한정된 에너지를 집중시켜야 한다"고 전했다. 더불어 그는 '공격적 마음가짐'을 유지해야 한다고 강조했다. 그는 "나는 승리를 위해 도발적이고 기회주의적으로 움직였고, 이러한 태도를 통해 상황의 모호함과 복잡성에 주눅들지 않고 상황을 주도할 수 있었다"고 밝히고 있다.

시장의 상당한 불확실성을 고려하지 않더라도, 경영자들은 일상적인 환성에서도 다수의 새로운 도전에 직면해 있다.

1. **과도하게 요구되는 시간과 집중력** 복잡성이 증가함에 따라, 비록 자기 관리가 철저한 리더나 조직일지라도 효과적으로 현안을 파악하고 당면한 과제들을 다루기 위해 필요한 충분한 시간과 관리 방법을 찾는 데 애를 먹고 있다. 매일 여러 과제를 처리하기 위한 수차례의 '정신적 전환(mental change-over)'으로 인해 생산성은 저하된다.

2. **가용 데이터는 폭발적으로 증가하는 데 반해, 80% 이하의 정보에 기반한 의사결정의 필요성 증가** 데이터 생성의 속도가 증가함에 따라, 예를 들면 월마트는 판매 데이터가 시간당 몇 페타바이트(10^{15}바이트)[8]씩 생성될 것으로 추정하며,[9] 이를 생산적으로 활용해야 할 책임도 증가한다. 이를 위해서는 새로운 전략과 역량의 확보가 필요하고 이는 대부분의 기업에게 새로운 도전이 되고 있다. 또한 데이터의 폭증으로 모든 의사결정이 상세한 데이터 분석을 통해 이루어질 수 있다는 잘못된 상상을 할 수 있다. 다수의 전략적 의사결정의 경우 데이터는 성공 확률을 높일 수 있지만, 어떤 경우에는 단순히 의사결정을 미루기 위한 구실에 불과한 경우도 많다. 데이터의 양이 증가함에도, 빠른 의사결정을 위해 80% 이하의 정보를 가지고 의사결정을 해야 할 일이 증가한다는 것은 큰 모순이 아닐 수 없다.

3. **결정적인 사항과 단지 중요한 사항의 구분이 점점 어려움** 경쟁자가 새로운 제품 카테고리를 출시하고, 오퍼레이션 이슈가 발생하고, 전략부서의 동료는 해외 시장 진출을 제안하는 등, 매주 이런저런 이슈에 대한

상세 분석 보고서가 당신의 책상 위에 쌓여간다. 이런 상황에서 어디에 집중할 것인가? 기업의 리더가 정보, 아이디어, 요청사항의 홍수 속에 매몰되는 것은 어렵지 않게 주변에서 찾아볼 수 있으며, 2개월 전부터 일정이 가득 차는 상황은 자주 벌어진다. 이런 상황에서 경영자가 중심을 잃지 않고, 무엇이 사업에 결정적인 사항인지 파악하고 대응하기란 매우 어렵다.[10]

위의 항목들이 지난 10여 년간 기업 리더들의 업무를 매우 복잡하게 만든 장애 요인이었다. 그 결과 일부 기업들은 창업 초기에 성장을 이끌어냈던 핵심 요소들, 즉 고객의 니즈에 대한 집중, 흥미진진한 비전과 제품, 기꺼이 상황에 적응하고 배우고자 하는 자세 등을 망각하는 상황에 이르게 된다. 이러한 장애 요인에 대한 해결책은 고객 서비스에 대한 집중을 회복하고 차별화 포인트를 찾아낼 수 있는 리더의 올바른 판단력이다. 우리는 많은 고객에게 자문과 컨설팅을 제공하면서 복잡성의 격랑에 휩쓸리는 기업과 복잡성을 끊어내고 성장 기회를 찾아내는 기업을 구분 짓는 5개의 핵심 리더십 요소를 발견했다. 아래의 5개 문장은 탐험가의 사고방식으로 핵심 리더십 요소이다. 읽어보면서, 당신의 조직에 얼마나 적용될 수 있는지를 평가해보길 바란다.

탐험가의 사고방식

1. 우리의 전략은 대담하며, 우리의 독특한 믿음을 반영한다.
2. 우리는 몇 개의 분야에만 냉철하게 집중한다.
3. 우리가 하는 모든 일에 속도가 최우선시된다.

4. 우리는 성공 확률을 높이기 위해 자주 실험을 시도한다.

5. 우리는 유연하게 사업 기회, 제품, 시장에 진입하거나 이탈하며, 이에 맞춰서 자원을 배치한다.

당신은 5개의 탐험가의 사고방식을 어떻게 생각하는가? 이를 직장의 동료와 공유하면 강한 공감이 있는가, 아니면 열띤 토론이 계속 일어나는 가? 이를 가지고 당신의 기업을 평가하는 데 정밀함보다는 솔직함이 중요하다. 우리의 어떤 고객은 그의 기업이 '현실에 기반한 조직'이라고 말했지만, 희망일 뿐이다. 당신의 기업의 현재 모습이 아주 많이 다르더라도 낙담할 필요는 없다. 이 책의 Part Ⅲ에서 그 차이를 줄일 수 있는 아이디어와 자원을 얻게 될 것이다.

고성장 기업문화의 결정 요인

'탐험가의 사고방식'의 구성 요소는 우리가 자문과 컨설팅을 제공하며 기업이 복잡성 시대에 경쟁할 수 있도록 지원하는 과정에서 수집되고 정제된 경험이다. 우리와 비슷한 결론을 주장하는 스탠퍼드 경영대학원의 찰스 오라일리(Charles O'Reilly) 교수가 있다. 2014년 8월 조직행동 저널(Journal of Organizational Behavior)에서 오라일리 교수와 그의 동료들은 기업 성장에 미치는 문화의 영향에 대한 연구결과를 발표했다. 그들은 적응력(Adaptability)을 강조하는 기업문화가 매출 성장에 기여한다는 것을 발견했다. 오라일리 교수와 동료들에 의하면 적응력이란 다음의 행동 패턴을 권장하는 문화이다.

- 위험 감수
- 기꺼이 실험하고자 하는 태도

- 혁신
- 개인적 도전
- 신속한 의사결정 및 실행
- 독특한 기회를 알아보는 능력

또한 그런 기업문화에는 경시(輕視), 즉 축소화하려는 특징도 중요하다. 오라일리는 "조심스러움, 예측 가능성, 갈등 회피, 목표 숫자를 대체적으로 적게 강조하는 분위기가 있다"고 말하고 아마존을 그 예로 들었다. 아마존은 검소함, 분산된 의사결정, 핵심 사업 외부에서 위험을 감수하는 특징을 지닌 **'장기적 관점의 융통성이 있는 성장문화'**를 갖고 있다.

그는 이어서 다음과 같이 덧붙였다. "만일 당신이 성공한 대부분의 대기업에 만연한 문화를 자세히 들여다보면, 성숙기 사업의 성공에 필요한 문화와는 정반대인 것을 알 수 있을 것이다… 이러한 환경에서 관리자와 시스템은 장기적인 사업 성공을 위해 필요한 실험에는 도움이 되지 않으며, 단기적인 성공에 집착한 행동에 보상을 한다. 그 결과 HP와 같은 기업들이 새로운 시장을 잃게 되는 것이다."

항해사의 기술

두 번째로, 우리가 항해사의 기술이라고 부른 것인데, 이것은 새로운 복잡성 시대를 항해하기 위해 필요한 새로운 역량이라고 정의할 수 있다. 새로운 시장의 사업 환경에 맞추기 위한 적응력에 요구되는 시장 진출 역량이 있어야 한다. 어떤 경우에는 당신의 기업이 어디에서 돈을 벌고 있는지 파악하기 위해 '제곱근 원가계산(Square-Root Costing)' 같은 새로운 능력이 필요하다. 아래의 다섯 문항은 항해사의 기술을 구성하는 핵심 기술들이다. 다음을 읽어보고 당신의 조직이 얼마나 근접한지를 평가해보길 바란다.

항해사의 기술

1. 우리는 돈을 실제로 어디에서 벌고 있는지 알고 있다.
2. 우리는 제품 포트폴리오 관리에 신중하다.
3. 우리는 원칙에 따라 새로운 시장과 고객에 접근한다.
4. 우리의 운영 모델은 목표에 적합하다.
5. 우리는 효율적이고 일관되게 실행한다.

당신의 기업은 어느 정도 수준인가? 어떤 항목에서 가장 큰 차이가 있는가? Part IV에서는 각 항목별 강화 방안을 설명할 것이다.

이 역량들의 중요성을 이해하기 위해서, 강한 탐험가의 사고방식을 가지고 있지만 항해사의 기술이 부족한 기업을 살펴볼 필요가 있다. 2011년 론 존슨(Ron Johnson)이 제이시페니(JC Penny)의 CEO로 부임했을 때, 어려운 백화점을 살릴 수 있을 것이라는 기대를 모았다. 존슨은 화려한 경력을 가지고 있었고, 유통업계의 귀재로 알려진 인물이었다. 1990년대에 그는 타깃을 현대화된 소매점으로 변신시켰고,[11] 이후 스티브 잡스와 협력하여 애플 스토어를 만들었는데, '지니어스 바(Genius Bar)'와 같은 명확한 요소를 창안해냄으로써 애플 스토어가 미국에서 가장 수익률이 좋은 소매점이면서 고객과 직접 소통하는 성공적인 채널이 되는 데 기여했다.[12] 그렇기 때문에 그가 제이시페니에 부임했을 때, 기적이 필요한 이 유통기업에 마치 구세주처럼 여겨졌다. 이 기업은 수년간 실적 부진에 시달렸고, 낡고 진부한 이미지와 산만하고 너저분한 매장을 가지고 있었다.

존슨이 제이시페니 변화의 방향을 구상하던 초기 몇 개월 동안 경영진은 매장과 창고를 둘러보았는데, 먼지가 쌓여가는 과잉 재고와 복잡하고 낙후된 매장을 발견했으며, 플라노(Plano)에 위치한 본사 조직의 비효율성을 발견하고 심한 질책을 했다. 보고서에 따르면, 2012년 1월 한 달 동안 4,800명의 본사 직원이 근무 시간 중 시청한 유튜브 동영상 수가 500만 건에 달했다고 한다. 신임 COO 마이클 크레이머(Michael Kramer)는 처음 부임했을 때 이 기업의 문화에 대한 느낌을 "나는 이 기업의 문화를 증오했고, 이 기업은 병들어 있었다"고 표현했다.[13]

불과 17개월 후 존슨은 이사회에 의해 해임되었다. 그는 과감한 조치를 시행했지만 효과를 거두지 못했다… "제이시페니는 존슨이 부임하기 전에 깊은 수렁에 빠져 있었다. 그러나 존슨은 이 기업을 다시 길 위로 끌어올리기보다는 그냥 불길 속에 던져 넣었다." 시어스 캐나다(Sears Canada)의 CEO였던 마크 코헨(Mark Cohen)이 한 말이다.[14] 그의 과감한 조치는 충성 고객층이 등을 돌리는 결과를 가져왔고, 주가는 곤두박질쳤다. 나중에 지난 상황을 분석하는 것은 매우 쉬운 일이지만, 그 당시에도 이미 많은 사람들이 존슨의 기업 회생 조치의 위험성을 경고했었다.

새로운 가격 전략은 대담하지만 동시에 위험하다. 고객들은 백화점의 할인 시즌까지 구매를 미루는 데 익숙해져 있었다. 온라인 쇼핑의 시대에 제이시페니와 같이 빛바랜 브랜드를 가진 백화점에 일부러 방문하여 쇼핑하고자 하는 고객은 많지 않다. 존슨은 이것을 알고 있지만 그냥 넘기는 듯 보였다.[15]

제이시페니가 항해사의 기술을 가지고 있었다면 존슨의 전략이 효과를 발휘했을 수도 있다. 존슨의 직관과 경험에 의한 판단은 기업의 비전 수립에 유익했지만, 데이터를 분석하여 고객이 무엇을 원하는지를 알기 위해서는 항해사의 기술이 요구된다. 실험을 경시하는 그의 태도는 아마도 스티브 잡스의 영향을 받았을 것이라 추측되는데, 이런 경향이 애플 스토어처럼 새로운 사업 모델을 창조하는 경우에는 분명 이점이 있었을 것이나, 새로운 가격 전략의 효과를 테스트해보지 않고 바로 적용함으로써 재앙을 불러온 것이다. 매장에 대한 그의 비전은 탁월했지만, 맞춤형 매장을 구축하는 것은 엄청나게 복잡한 일이다. 독특한 매장 인테리어와 상품, 수천 개 매장의 위치 결정, 다양한 협력사를 통한 공사(工事) 등 경제적으로 성공시키기가 매우 어려운 일들이었다. 규모를 고려하였다면 상황은 조금 나았을 것이다. 그리고 제이시페니의 전통적 핵심 고객을 경시하는 태도는 젊은 층 고객을 늘리려고 하는 존슨과 이사회의 욕망이 만들어낸 의도치 않은 결과물이었지만, 후에 존슨도 인정했듯 이 때문에 핵심 고객층이 등을 돌렸다.[16]

당신의 출발점을 확인하라

지금까지 우리는 10개의 문장으로 정리된 핵심 요소를 살펴보았다. 당신의 기업이 10개의 핵심 요소에 얼마나 근접해 있는지 또는 아닌지에 따라 사이렌의 위험에 노출된 수준이 결정되며, 복잡성 시대에 성장의 기회를 찾기 위해 사고방식 또는 역량에서 요구되는 변화를 명확하게 알 수 있다. 이것은 그림 6.1의 탐험가-항해사 매트릭스의 사분면 표로 요약될 수 있는데, 모든 CEO, COO 및 경영진들은 기업이 매트릭스상에 어디에 위치하는지의 출발점을 결정해야 한다. 만일 확실히 모르겠다면, 각 사분면의 개요를 참고하기 바란다.

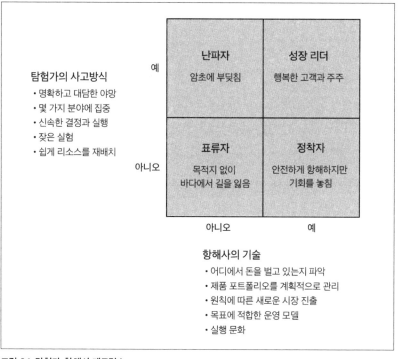

그림 6.1: 탐험가-항해사 매트릭스

- **표류자(漂流者)** 이 기업은 탐험가의 대담한 리더십이 없고, 항해사의 탄탄한 실행 역량도 없다. 명확한 전략적 방향이 없기 때문에 표류자들은 운영과 혁신 역량 면에서 경쟁자에 뒤진다. 그러므로 시장에서 여기저기 표류하면서 경쟁자에게 시장 점유율과 이익을 잠식당한다.

이런 기업은 올해나 작년이나 그 해가 그 해같이 느껴진다. 경영진들은 각 부문에서 자신만의 왕국을 건설하려고 하며, 이 때문에 의사결정 지연, 변화에 대한 저항, 부문 이기주의의 만연이 발생한다. 이런 기업이 얼마나 빨리 망하느냐는 오직 경쟁자의 힘과 속도에 달려 있다. 만일 당신의 기업이 표류자에 해당한다면 이 책의 Part III과 IV에서 설명한 요소를 동시에 시행하여야 하며, 도전적 목표를 설정하고 집중력을 회복하여 이를 실행할 수 있는 역량을 강화해야 한다.

- **정착자(定着者)** 이 기업은 탐험가의 대범함이 부족하고 항해사의 기술에만 의존한다. 효율적으로 운영되기는 하지만, 항상 경쟁자에 비해 한발 늦다. 일반적으로 뛰어난 재무 및 운영 역량을 보유하고 있으며, 그들의 전략을 '빠른 추격자(Fast Follower)'라고 스스로 정의하기도 한다. 그러나 전략적 초점의 부재로 인해 이런저런 혁신 활동에 에너지가 분산되고, 수동적이며, 진정한 전략적 선택을 기피한다. 제품수명주기가 단축됨에 따라 정착자에 해당하는 기업은 더욱더 위험한 상황에 놓이게 된다. 만일 당신의 기업이 이 범주에 속한다면, Part III에서 설명한 대로 시장의 주도권을 잡기 위한 방향으로 자원을 집중할 수 있도록 전략적 방향성을 명확히 해야 한다.

- **난파자(難破者)** 항해사의 기술이 부족한 탐험가는 난파를 당할 가능성이 크다. 이 기업은 경영자의 개인적 신념이 동반되고, 대담한 전략에 고무되어 모험적인 도약을 감행하지만 암초에 부딪치고 만다. 이 기업들의 사업 운영 규율은 해이하고 고객 가치 결정 요소에 대한 집중력은 낮으며, 대담한 전략 달성을 위해 무리한 기업 인수, 시장 진출, 전략의 급격한 변경 등의 실수를 범한다. 만일 당신의 기업

이 이런 방향으로 가고 있다면, Part IV에서 설명할 기술과 규율을 도입함으로써 기업에 엄청난 가치를 창출할 수 있다. 즉, 현재 당신의 기업이 가지고 있는 야망과 에너지가 고객이 원하는 것을 만들어내고, 이를 고객에게 전달하여 이익을 창출하도록 보장할 것이다.

- **성장 리더** 이 기업은 탐험가와 항해사의 장점을 겸비하였다. 이들은 성장 가능성이 높고 경쟁할 만한 진정한 규모를 창출할 수 있는 영역에 자원을 집중시킨다. 성장 리더들은 사업 확장을 위한 명확하고 대담한 전략을 가지고, 이를 달성하기 위한 사명감이나 위기감을 만들어낸다. 이 기업은 끈질기며 신중하다. 또한 실행문화를 가지며, 시장 확장의 원칙을 유지하고, 어디에서 어떻게 이익이 창출되는지 파악하고 있다.

다시 한 번 성장의 리더가 되자!

당신의 기업이 위의 매트릭스에서 어디에 위치하는지를 확인하고, 표류자, 정착자, 또는 난파자의 위치에 있으면, '어떻게 우리 기업이 이 위치로 오게 되었을까?'라는 궁금증을 갖게 될 것이다.

사실 많은 기업들은 고객의 니즈를 새로운 방식으로 충족시키거나 시장에 파괴적 변화를 주는 혁신적 제품을 출시하고, 이를 통해 재무적 성공을 거두면서 출발하였다. 다시 말하면 대부분의 기업은 비록 적은 매출이었지만 출발 시점에는 성장 리더였으며, 이후 성장을 추진하는 과정에서 최초의 성공을 가져온 것들이 서서히 쇠퇴하였다. 기업의 목표가 위대한 무엇을 최초로 발견하는 것이 아니고, 한때 우리 회사를 만들었던 것을 조금 더 새발견하는 깃이기 때문에 이런 사심을 안다는 것은 동기유발 측면에서 도움이 된다.

기업이 집중력을 잃으면 표류하기 쉽고, 이런 상황은 성장과 규모를 추진하는 과정에서 자주 발생한다. 한때는 고객 서비스에 대부분의 시간을 집중했던 기업의 리더도 운영 이슈, 긴급 현안 대응, 인사 이슈 등을 협의하기 위한 미팅으로 상당한 시간을 보내는 것을 볼 수 있다. 역설적이지만, 이 책에서 소개하는 많은 도전들이 고객 서비스(선택 및 옵션의 다양화 등)라는 이름으로 강조되지만, 오히려 고객에 대한 집중력이 저하되는 가장 큰 부작용을 낳게 한다.

그러므로 성장 리더의 위치를 다시 회복하기 위해서 리더는 특히 대담함, 집중, 속도, 실험, 재창조의 탐험가의 사고방식을 회복하고 구체화함으로써 조직의 관심을 외부 고객에게 집중시킬 수 있을 것이다. 또한 항해사의 기술인 조직의 역량을 솔직하게 평가해야 하며, 정확하고 냉정한 진단이 없으면 기업은 사이렌의 먹잇감이 되기 쉽다.

대기업 내부에 서서히 스며들 수 있는 나약한 정신과 내부 중심 사고를 해결하는 탐험가의 사고방식(리더십)과 항해사의 기술(역량)을 되살리는 데 도움되도록 이 책의 후반부를 집필하였다. 순풍의 항해가 당신과 함께하기를 기원한다.

등대의 사이렌 또는 유혹의 사이렌

어떤 사이렌이 기다리는지를 이해하는 것이 당신의 출발점을 삼각측정하는 하나의 방법이다. 당신의 기업이 '성벽' 사이렌에 희생될 가능성이 높다고 판단된다면, 정착자에 해당될 가능성이 높고 이는 곧 탐험가의 사고방식의 강화에 집중해야 한다는 것을 의미하며, 이런 식으로 사이렌의 유혹을 파악함으로써 출발점의 삼각측정이 가능한 것이다.

#	사이렌	사이렌의 노래 (유혹)	사이렌에 대한 반응		실제 현실
			공격적	수동적	
1	포트폴리오 확장	"넘치는 것이 부족한 것보다 낫다."	고객이 어떤 제품을 좋아할지 모르니, 이것저것 다 해보자.	고객이 원하면 무엇이든 제공한다.	고객 혼란 초래, 복잡성과 원가의 증가
2	더 푸른 초원	"다른 시장에서도 성공할 수 있다."	홈에서 이겼다는 것은, 새로운 시장에서도 이길 수 있다는 것을 의미한다.	다른 시장은 현재 속한 시장보다 수월할 것이다.	집중력의 약화로 핵심 사업의 잠식과 비핵심 사업에서 불운
3	대박	"하나만 잘되면 성공할 수 있다."	모든 것을 걸자. 분명 성공할 것이다.	하나만 성공하면 된다는 희망으로 주사위를 굴려라.	가속되는 상품화 및 정체된 조직
4	성벽	"우리는 현재의 위치를 좋아하고, 현재의 위치에 만족한다."	우리의 핵심 역량에 재투자 하라.	수익의 하락은 단기적 현상이다.	시장 점유율과 영업이익 감소, 편견으로 나태 및 내부 지향적 문화

그림 6.2: 사이렌에 대한 공격적, 수동적 반응

이러한 과정을 좀 더 명확하게 이해하기 위해, Chapter 4에서 설명한 사이렌의 차이점을 추가적으로 설명하고자 한다. 각각의 사이렌은 특정한 유혹을 의미하는

데, 이에 대해 기업은 공격적 또는 수동적으로 반응할 수 있다(그림 6.2 참고). 예로 서 포트폴리오 확장의 사이렌에 대한 공격적 반응은 기업이 다수의 신세품을 무 절제하게 출시하면서 어떤 제품이 성공할지 지켜보자는 식으로 운영하는 경우이 며, 이는 '제품을 만들면 고객은 올 것이다' 식의 제품 혁신이다. 이에 반해 수동적 인 반응은 고객이 요구하는 것에만 반응하여 제품을 확장하는 경우이다. 제품 포 트폴리오의 과도한 확장이라는 결과적인 모습은 같지만, 전자와 후자의 특징과 단점이 서로 다르기 때문에 이를 구분하는 것은 중요하다.

사분면에 따른 매트릭스 분류는 다음과 같다. 위협하고 있는 사이렌이 어떤 것인 지 확인하였다면, 이 분류를 활용하여 사분면의 어디에서 시작할지를 파악할 수 있다.

난파자 포트폴리오 확장(공격적) 대박(공격적) 더 푸른 초원(공격적)	**성장 리더**
표류자 포트폴리오 확장(수동적) 대박(수동적) 더 푸른 초원(수동적) 성벽(수동적)	**정착자** 성벽(공격적)

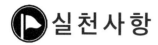 # 실천사항

전략을 평가하고 성장 경로 설정하기

기회:

당신은 사이렌을 만났고, 기업들이 전략을 어떻게 적응시키고 역량을 확보하여 사이렌의 유혹을 극복하고 수익적 성장을 달성하는지 살펴보았다. 당신의 기업 주변에는 어떤 위험 요인이 보이는가? 어떤 종류의 사이렌이 당신을 항로에서 이탈하게 할 가능성이 있는가? 첫 번째 해야 할 일은 당신 사업이 사이렌의 유혹에 빠지지 않음을 확인하기 위해 전략을 평가하는 것이다.

핵심 토론 주제:

- 당신 사업을 위협할 가능성이 높은 사이렌의 유혹은 무엇인가?
- 사이렌의 유혹의 먹잇감이 된다면 당신 사업에 어떤 영향을 주는가?
- 사이렌의 노래(유혹)를 극복하기 위해 현재의 경로를 어떻게 변경할 수 있는가?

검토 대상 영역:

- 현재 어떤 사이렌이 있는지 파악하기 위해 낭신의 진략을 검토하리.
- 보다 나은 성과를 얻기 위해 무엇이 필요한지 검토하라.
  (예: 스마트 다양성 또는 포트폴리오 확장)
- 탐험가의 사고방식과 항해사 기술의 예비적 검토에 따라 당신의 기업이 성장 리더, 표류자, 정착자, 난파자 중 어디에 근접한지를 평가하라.
- 추가 분석과 개선이 필요한 항목의 우선순위를 파악하라.

#	사이렌	사이렌의 노래(유혹)	전략
1	포트폴리오 확장	"넘치는 것이 부족한 것보다 낫다." "고객이 원하면 무엇이든 제공한다." "고객이 어떤 제품을 좋아할지 모르니, 이것저것 다 해보자."	스마트 다양성
2	더 푸른 초원	"홈에서 성공했으니, 다른 시장에서도 성공할 수 있다." "새로운 시장은 우리에게 자연스러운 인접 확장 시장이다." "새로운 시장의 경쟁 강도는 현재의 시장보다 약할 것이다."	이길 수 있는 새로운 시장
3	대박	"하나만 잘되면 사업이 성공할 수 있다." "모든 것을 걸자. 분명 성공할 것이다." "차별화된 제품을 만들기만 하면 저절로 매출과 이익이 따라온다."	반복적 차별화
4	성벽	"우리는 현재의 위치를 좋아하고, 현재의 위치에 만족한다." "수익의 하락은 단기적 현상이다." "고객은 경쟁사의 질 낮은 저가품보다 우리의 고품질을 원한다."	재창조 및 재구성

주) 우리의 목적은 기업의 사기를 꺾는 것이 아니라, 개선의 기회를 찾는 것이다! 이를 위해서는 사업을 잘게 나누어서 검토하는 것이 도움이 될 수 있다. 즉, 어떤 사업이 성장의 리더인지, 어떤 사업이 표류자나 정착자 등의 위치로 갈 가능성이 큰지를 따져보라.

Part III

탐험가의 사고방식

The Explorer's Mindset

Chapter 7

대담하라! Be Bold!

"사업에서 얻은 대가는 자신만의 아이디어로 뭔가를 해내는 사람에게
주어지는 것이다."

- 윌리엄 벤튼, 출판인, 사업가 및 정치가

대담함이 없었다면, 우리는 지금과 같은 세계에서 살 수 없었을 것이다.
세상은 마틴 루터(Martin Luther), 마틴 루터 킹 주니어(Martin Luther King Jr.),
세르게이 브린(Sergey Brin)의 대담한 행동에 의해 만들어졌다고 해도 과언
이 아니다.

창조는 본질적으로 대담한 행동이며, 성장은 본질적으로 창조의 행동
이다. 대담함(Boldness)의 사전적 의미는 '용감함 또는 거침없음'이라고 정
의되는데, 무지나 의심을 극복하고 무에서 유를 창조하는 것은 대담함이
없이는 불가능한 것이다. 그러나 독자의 관점에서 보다 유용한 대담함의
정의는 '행동으로 옮겨진 믿음'이다. 이것은 성장의 핵심이며, 모든 성장은
믿음과 행동, 즉 아이디어와 활동에 달려 있다.

기업가정신(Entrepreneurship)을 생각해보라. 기업가들은 세상에 대한 그

들만의 독창적인 시각과 미래 사업 기회에 대한 믿음을 갖고 있으며, 그 믿음을 행동에 옮긴다. 믿음을 행동으로 옮기는 것은 기업가정신의 핵심이므로, 기업가정신은 근본적으로 대담한 행동이며, 기업가가 되기 위해서는 대담하고 용감하고 거침이 없어야 한다는 것 이상의 의미가 있다.

우리 자신이 경영 컨설팅 기업을 운영하는 기업가이기 때문에 우리는 기업가정신이 무엇인가에 대해 오랫동안 깊이 생각해왔다. 우리의 임직원 중에 기업가정신을 가진 기업에서 일하고 싶지 않다고 이야기하는 직원을 본 적이 없다. 즉, 사람들은 기업가정신을 가진 기업에서 일하고 싶다는 것인데, 과연 이것이 무슨 의미일까?[1]

기업가정신은 사람마다 무수하게 다른 의미로 해석될 수 있다. 하지만 경험을 통해 우리가 내린 결론은 기업가정신을 가장 잘 설명하는 하나의 단어는 대담함이다. 즉, 믿음을 기꺼이 행동으로 옮기는 태도로, 기업가정신을 구분할 수 있는 가장 중요한 기준이며, 믿음이나 행동이 없으면 기업가가 존재할 수 없는 것이다.

대부분의 독자들은 주요 대기업의 임직원이겠지만, 아마도 스스로를 기업가로 여기지 않을 것이다. 왜 우리는 기업가정신에 초점을 맞추어야 할까?

기업가정신은 스타트업(신생 벤처기업)에만 요구되는 것은 아니다

규모의 경제를 확보하기 어렵고 변화의 속도가 가속화되는 복잡성 시대에 성장하기 위해서는 기업의 규모나 시장 내 지위가 우월하더라도 기업가정신을 가져야만 한다.

과거에는 상황이 달랐다. 복잡성 시대 이전에는 중소기업은 기업가정신을 가져야만 했지만 대기업에는 필수적이지 않았다. 또한 산업화 시대에는 규모의 경제효과에 의해 대기업이 중소기업에 비해 경쟁우위를 가질 수 있어 신규 사업자의 시장 진입을 막아낼 수 있었다. 이런 상황에서 믿음에 따른 행동은 잃을 건 많고 얻을 건 적은 행동이 되므로, 대기업은 리스크를 최소화하는 데 집중하게 되었다. 즉, 대기업은 굳이 리스크를 감수하며 배를 흔들 필요가 없었던 것이다.

그러나 지금은 시대가 바뀌었다. 당신이 탄 배는 당신 또는 경쟁자에 의해 이미 흔들리고 있을 가능성이 크고, 기왕 흔들릴 것이라면 당신 스스로에 의해 흔들리는 편이 낫다. 더 이상 규모가 크다고 당연히 경쟁우위를 갖는 시대는 지났으며, 규모를 통한 우위는 산업화 시대의 유물일 뿐이다. 오늘날 기업의 성공과 실패는 기업의 크기가 아닌 기업가정신에 따라 좌우된다.

따라서 복잡성 시대에 성장하기 위해서 경영자는 단순한 관리자가 아니라 기업가가 되어야 한다. 당신은 미래에 대한 믿음을 갖고 이를 실행에 옮기는 기업가가 되어야 한다.

예를 들어 엘론 머스크(Elon Musk)는 대담함의 정점을 보여주는 인물로, 로켓(Space X), 전기차(Tesla), 태양광 발전(SolarCity) 등 대담한 벤처를 창업했다. 그는 "이 벤처기업들을 처음 시작했을 때 성공 확률은 50% 이하였지만, 나는 이 사업들이 인류에게 필요한 일이라고 생각했고 실패하더라도 가치 있는 일이라고 생각했다"고 말했고, 실제로 이 사업들은 거의 부도 위기까지 갔었다. 그는 "2007년과 2009년 사이에 나는 그야말로 상처투성이가 되었고, 모든 일이 잘 풀리지 않았다. 2008년에는 팔콘 1호 (Falcon 1) 로켓이 세 번 연거푸 발사에 실패했고, 테슬라 전기차는 금융위기로 투자자 확보에 실패했으며, 모건 스탠리는 자금 문제로 솔라시티에 대한 투자 약속을 이행하지 않았다. 이 당시에는 세 기업이 모두 실패할 것처럼 느껴졌다"고 말했다.[2]

결과적으로는 모두 살아남았는데, 금융 시장 회복이 엘론 머스크를 구했다.

그럼에도 불구하고 엘론 머스크의 경험은 우리에게 시사하는 바가 있으며, 리스크를 평가하고 손실을 줄이고 위기를 대비한 자금을 확보하라고 배운 이들에게는 다음과 같은 그의 말이 역설적으로 들릴 수 있을 것이다. "당신은 항상 먹고 살 수 있다, 자금을 남기지 마라, 그렇지만 자금을 효율적으로 투자하라."

지금의 복잡성 시대에서 차별화와 진정한 규모의 길을 찾기 위해서는 우리 모두 보다 대담해야 한다. 기업이 대담해지도록 변화시키기 위한 몇 가지 핵심 교훈을 아래에 정리해보았다.

기업가 또는 소기업 소유자

어느 아름다운 봄날, 캘리포니아의 뉴포트 해안(Newport Beach)에서 이 책의 공동 저자인 안드레이(Andrei)는 14년 전에 상업 부동산 투자 회사를 공동 설립했던 친구를 만났다.

안드레이의 친구는 자신을 기업가가 아닌 소기업 소유자라고 불렀다. 이 둘은 무슨 차이가 있을까? 그 친구는 다음과 같이 설명했다.

"스티브 잡스, 빌 게이츠, 또는 엘론 머스크를 생각해보면, 기업가는 새로운 무엇을 창조하고, 창조한 것을 세상에 전달하기 위한 수단으로 사업을 한다. 동네 세탁소, 길가의 중국집, 또는 인쇄소를 생각해보면, 소기업 소유자는 단순히 소규모 사업의 소유자이다."

소규모 택시 회사는 소기업에 불과하지만, 우버(Uber)는 기업가가 만든 벤처기업이라 할 수 있는 것이다.

소기업 소유자는 전형적으로 이미 세상에 존재하는 것을 모방한다. 분명히 소기업 소유자도 리스크를 부담하고, 때로는 모든 것을 사업에 걸기도 하며, 전형적으로 매우 열심히 일을 한다. 그들은 경쟁자와 동등한 조건에서 사업을 키우기 위해 힘겹게 싸우지만 노력에 비해 얻어지는 소득은 실망스러운 경우가 많다. 이에 반해 기업가는 세상과 미래에 대한 어떤 믿음을 갖고 세상에 없던 무엇을 창조한다. 성공적인 경우 그들은 엄청난 이익을 벌어들이고, 사업은 폭발적으로 성장한다.

소기업 소유자인 우리는 이런 차이점을 일종의 리트머스 시험지로 이용한다. 우리는 과연 기업가인가, 아니면 단순히 소기업 소유자에 불과한가? 우리는 세상에 새로운 무엇을 보여주는가, 아니면 경쟁자와 동일한 사고체계, 방법론, 분석방법을 가지고 기존 시장을 나눠 먹는 작은 경영 컨설팅 기업에 지나지 않는가? 전자는 우리 자신, 우리 고객 그리고 이 세상에 대해 훨씬 많은 것을 제공할 수 있지만, 후자는 훨씬 많은 노력이 들어가는 반면에 보상은 형편없을 것이다. 우리는 전자가 되기 위해 우리 스스로 도전하고, 복잡성 및 미래 세상에 대한 우리의 믿음을 갖고, 우리만의 독특한 방법론과 분석방법을 통해 다른 소규모 컨설팅 기업과 차별화하기 위해 끊임없이 노력하고 있다.

우리는 당신 스스로와 당신의 기업이 기업가이길 촉구한다. 당신의 기업이 경쟁자와 차별점을 찾기 어려우며, 시장 점유율을 늘리기 위해 피나는 노력을 하지만 그 결과물은 실망스러운 수준에 그치고 있지는 않은가? 당신의 기업은 미래에 대

교훈 1: 고유한 믿음을 명확히 표현하고 행동하라

페이팔(PayPal)의 공동 창업자인 피터 틸(Peter Thiel)[3]은 그의 저서 『제로 투 원From Zero to One』에서 다음과 같은 질문을 던진다. "극소수의 사람들이 당신에게 동의하는 중요한 진리는 무엇입니까?"[4]

이 질문은 차별화라는 주제에 대한 많은 논란으로부터 벗어날 수 있는 첫 번째 원칙 같은 근본적인 질문이다. 만일 당신의 조직이 고객, 서비스, 기술 진보의 방향 및 시장에 대한 독특한 믿음이 없다면, 그 기업은 제로섬 게임의 늪에 빠져서 미미한 수익을 올리게 되고 결국에는 성장이 아닌 복잡성을 키울 가능성이 크다.

그렇다면 무엇을 해야 할까? 아마존의 본사 건물에는 다음과 같은 플래카드가 붙어 있다. "세상에는 아직 발명되지 않은 것들이 매우 많다. 또한 발생할 새로운 것들도 매우 많다. 사람들은 인터넷이 이 세상에 얼마만큼의 영향을 미칠지 그리고 우리는 그런 큰 변화의 시작에 있을 뿐이라는 것조차 알지 못하고 있다." 2013년 주주총회에서 아마존의 CEO 제프 베조스는 이 믿음을 다음과 같이 바꾸었다. "사실 나는 자명종 시계가 아직 울리지 않았다고 믿는다. 우리는 아직 침대 속에서 자고 있고, 심지어는 아직 스누즈 버튼(자명종 시계를 일정 시간 후 다시 울리도록 하는 버튼으로, 아침에 잠이 깬 뒤 조금 더 자기 위해 누르는 타이머 버튼)도 누르기 전이다."

이런 독특한 믿음은 아마존이 단기 이익을 희생하더라도 장기적 관점에 초점을 유지할 수 있도록 하는 데 기여했다. 아마존은 인도 시장이 수조 달러 이상의 사업 기회를 제공할 것으로 보고, 인도 시장 개발에 수십억 달러를 투자했다. 급하게 인도 시장에 진출하려고 한 이유는 아마존이 중국 시장 진출에 늦장을 부려 알리바바(Alibaba)에 중국 시장을 빼앗겼기 때문이다. 베조스는 인도 시장 진출을 준비하던 팀에게 앞뒤 가리지 말고 뛰어들도록 했다. 아마존 인도를 책임지고 있는 아밋 아가왈(Amit Agarwal)이 말했다. "그는 우리가 컴퓨터 공학자가 아니라 카우보이처럼 생각하도록 요구했고, 그래서 아주 빠르게 움직이지 않을 수 없었다."[5]

이와 유사한 독특한 믿음이 세상을 만들어가고 있는 많은 기업들의 강령(綱領)에 반영되어 있다. 아마존에서는 "우리의 비전은 세계 최고의 고객 중심 기업이 되는 것이다. 사람들이 온라인에서 구매하기 원하는 모든 것을 찾고 발견할 수 있는 장소를 만든다"이고, 스페이스엑스에서는 "인간이 화성에서 생활할 수 있도록 노력하고 있다"[6]이다.

조직 전체가 진정으로 경쟁자와 다르게 믿는 것이 무엇인지 진지하게 고민하고, 이 믿음을 실현하기 위해 자원을 배분하라.

대담한 척하지 마라

대담하기 위해 많은 일을 추진하는 실수를 범해서는 안 된다. 우리는 많은 일을 할 때, 스스로 용감하다는 착각을 하기 쉽지만, 사실은 그 정반대인 경우가 많다. 대담한 척하기 위해 일의 숫자를 늘리는 경향이 있다. 어떤 전략적 과제가 가치 있는지 판단하기 어려울 때는 많은 전략적 과제를 다루고, 어떤 사람의 판단이 맞는지 확신할 수 없을 때는 많은 사람이 동의하는 의사결정에 따르며, 나를 포함하여 누구를 신임할지 결정할 수 없을 때는 다른 사람과 공동 책임을 부담하려고 한다. 대담한 척은 확신의 부족이나 리스크를 부담하는 선택을 회피하려는 경향에서 나온다.

반면 진정한 대담함은 이 모든 것들을 걷어낸다. 진정으로 대담한 경영자는 어디에 집중할지, 누구의 판단을 신뢰할지, 누구에게 일을 맡길지에 대한 믿음을 가지고 분명한 선택을 한다. 그들은 명확한 비전과 목표를 가지고 자원과 시간을 집중시킨다.

교훈 2: 열정, 낙관 및 목표를 공유하라

피터 디아만디스(Peter Diamandis)와 스티븐 코틀러(Steven Kotler)는 그들의 저서 『대담함Bold』에서 많은 억만장자들을 분석했다. 놀라운 점은 열정, 목표 및 합리적인 낙관적 사고가 포함된 공통적인 전략적인 사고방식이 그들에게서 발견되었다.[7]

기업운영의 과정에는 반드시 난관과 역경이 있게 마련이므로, 열정과 목표를 공유하는 것은 매우 중요하다. 이것이 결여되면 길고 힘든 여정을 지속할 수 있는 동력을 잃어버리기 쉽기 때문이다.

엘론 머스크는 디아만디스와 코틀러에게 다음과 같이 말했다. "창업 초기 단계에서는 일반적으로 낙관과 열정을 갖고 출발하게 된다. 보통 이것은 6개월쯤 지속이 되는데, 이쯤 되면 현실에 눈을 뜨게 되는 시기이다. 이때쯤 창업 전에 가졌던 막연한 가정들이 틀렸다는 것도 알 수 있게 되고, 최종 목적지가 생각했던 것보다 훨씬 멀리 있다는 것도 알게 된다. 이 시기에 많은 기업들이 성장보다는 사업의 실패를 맛보게 된다."

독특한 믿음 없이 목표를 갖기 어렵기 때문에 '교훈 1'이 더욱 강조된다. 우리의 행동은 우리가 가진 세계관에 의해 결정된다. 만일 우리가 가진 세계관이 매우 독특하고 고유한 것이라면, '우리만이 이 세상을 변화시킬 수 있다'라는 인식하에 사람들을 모으고 힘을 결집시키는 것이 쉬워진다. 그렇지 않다면 우리는 그저 수많은 기업 중의 하나에 불과한 것이다.

억만장자들이 공유하고 있는 또 다른 공통점은 높은 수준의 낙관성이며, 이 또한 험한 여정을 지속할 수 있게 하는 힘의 원천이다. 이것은 겉보기만큼 단순하지는 않을 수 있다. 페이팔의 공동 창업자 틸은 낙관주의의 개념이 문화적으로 차이가 있다고 주장한다. 그는 그의 저서 『제로 투 원』

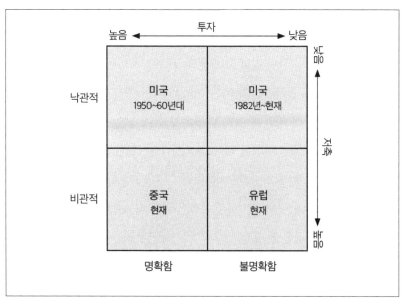

그림 7.1: 틸의 명확한 낙관주의의 분석구조

(출처: 피터 틸, 『제로 투 원』 저자)

에서 낙관주의에 대한 분석구조(그림 7.1 참조)를 제시했다. 틸에 따르면 미국은 미래에 대한 낙관적인 국가였고, 유럽과 중국은 상대적으로 비관적인 관점을 가진 국가였다. 좀 더 흥미로운 것은 명확함과 불명확함으로 구분되는 다른 축이다. 명확함은 현재의 행동에 의해 미래의 인과관계가 결정된다고 믿으므로 현재 무엇을 하느냐가 매우 중요하다. 한편 불명확함은 미래를 행동과 결과의 인과관계보다는 우연과 무작위적 사건의 결과로 보므로 현재의 행위와 미래의 결과의 연관성은 사라진다. 틸의 관점에서 보면 유럽은 불명확한 비관주의에 가까운데, 미래는 비관적일 것이며 이를 바꿀 수 없다는 시각이다. 중국 역시 비관적이지만 명확한 세계관을 가지고 있다. 이 관점은 미래는 부정적인 방향으로 변화할 것이지만, 이를 바꿀 수 있는 가능성은 있다고 본다. 그렇기 때문에 중국인들은 열심히 일을 한다. 저축과 투자율은 이러한 경향을 반영하는 증거이다.

1970년대 전의 미국은 명확한 낙관주의로 분류될 수 있었다. 미국인들은 밝은 미래를 의심하지 않았고, 그들의 노력으로 밝은 미래를 만들 수 있다고 믿었다. 그러나 1970년대 이후 미국은 다른 종류의 낙관주의를 가지게 되었는데, 장밋빛 미래에 대한 믿음은 변함이 없었지만 그 미래가 자신의 노력과는 무관하게 주어질 것이라는 생각을 하게 되었다. 틸은 "불명확한 낙관주의자에게 미래는 희망적이지만, 그 미래가 어떻게 달성될 것인지 알지 못하기 때문에 구체적인 실현 계획을 세우지 못한다"고 말한다.

반대로 기업가들은 본질적으로 명확한 낙관주의자이다. 그들은 미래의 희망을 믿지만, 그 자신의 행동이 중요한 결정 요인이라고 생각한다. 이것이 복잡성 시대에 성장하기 위해 필요한 정신자세이다. 다시 엘론 머스크로 돌아가면, 그는 "나는 로켓 사업, 전기차 사업, 태양광 발전 사업을 시작할 때 좋은 사업 기회라는 생각에서 시작한 것이 아니다. 나는 단지 이 분야에서 의미 있는 발전을 하기 위해서 누군가는 이 일을 해야 한다고 생각했고, 나 자신이 영향력 있는 이 일을 하고 싶었다"고 말했다.[8]

교훈 3: 합리적 목표에 시간을 낭비하지 말라

"합리적 인간은 세상에 맞추어 스스로를 적응시킨다. 비합리적 인간은 세상을 그 자신에 맞추려고 한다. 그러므로 모든 발전은 비합리적인 인간에 의해 이루어진다."[9]

조지 버나드 쇼가 한 이 말은 리더십의 핵심을 잘 표현한다. 합리적인 인간은 그를 둘러싼 세상을 인정하고, 합리적인 목표를 지지하며, "조직원들에게 그들의 역량을 넘어서는 일을 요구하기를 꺼려 한다"고 지적한다.

비합리적인 인간은 자신을 둘러싼 세상에 대해 의문을 가진다. 기존 질서를 뒤엎고 성장을 추진하고자 하는 기업은 "우리가 어떻게 하면 10배의 개선을 달성할 수 있을까?"라는 강한 의문을 가진다.

만약 당신이 기존 질서를 뒤흔들고자 한다면 점진적 개선으로는 목표 달성이 어렵다. 지금보다 10%나 20% 수준의 개선을 목표로 정해서는 무의미하다는 것이다. 이것은 당신이 모든 다른 경쟁자들이 가진 여건과 제약조건을 인정하되, 조금 더 나은 성과를 거두기 원한다는 의미이며, 기존 경쟁자 대비 부족한 자원을 감안하면 이는 달성되기 어려운 목표이다.

10배의 성과를 달성하기 위해서는 기존의 여건과 제약 요인을 거부해야만 하며, 기존의 경쟁자들의 경쟁방식과는 전혀 다른 경쟁을 하기 위해 당신 스스로 창의력과 신기술을 사용해야 한다.

사실 어떤 기업이 10배의 성과 개선을 달성할 것이라고 기대하는 사람은 아무도 있다. 구글엑스(Google X)이 아스트로 텔러(Astro Teller)는 다음과 같이 말했다. "여러분이 10배 성장을 목표로 하더라도 실제 현실은 10배 목표를 갉아먹어 달성하지 못한다. 이것은 거의 틀림없이 항상 그렇다. 어떤 것은 예산을 초과하고, 어떤 것은 정해진 기간보다 지연되고, 역량이 없다고 생각했던 기업이 갑자기 경쟁자가 되어 나타난다. 여러분이 10배를 목표로 사업을 한다면, 기껏해야 2배 정도를 달성할 가능성이 크다. 그렇지만 2배의 성장도 엄청난 성과가 아닐 수 없다."[10]

비합리적인 목표가 달성하기 어려운 목표이기 때문에 직원들에게 과도한 스트레스를 줄 수 있다고 생각하는 사람이 있지만, 사실은 그렇지 않으며 그 반대의 증거가 점점 더 많이 발견되고 있다. 심리학자인 게리 레이섬(Gary Latham)과 에드윈 로크(Edwin Locke)는 대담한 목표를 설정함으로써 성과와 생산성을 25% 향상시킬 수 있다는 것을 발견했다.

동기부여와 생산성에서 상당한 향상을 원한다면, 큰 목표가 최선의 결과를 도출한다는 사실을 알아야 한다. 큰 목표는 작은 목표, 중간 목표, 또는 모호한 목표에 비해 보다 나은 성과를 만들어낸다. 이는 집중 및 끈기와 관련이 있는데, 이 둘은 성과를 결정짓는 핵심 요인이다. 큰 목표는 집중을 돕고, 보다 끈질기게 일에 매달리도록 유도한다. 그 결과 업무를 보다 효과적으로 수행할 수 있게 되고, 실패하더라도 극복하고 다시 도전할 수 있다.[11]

"뭐? 주지사?!"

이 책의 공동 저자인 안드레이는 사회 초년생 시절, 자수성가한 억만장자 앤디 빌(Andy Beal)이 텍사스에 설립한 민간 로켓 벤처기업인 '빌 에어로스페이스 테크놀로지(Beal Aerospace Technology)'와 '빌 은행(Beal Bank)'에서 근무했다.

빌의 성공은 전통적인 미국의 성공 스토리이다. 기계 수리공의 아들로 태어난 그는 10대에 중고 텔레비전을 수리해서 되파는 사업을 시작했다. 19세에는 주택을 매입해서 수리 후 되파는 사업을 시작했는데, 그가 처음 매입한 주택은 단돈 6,500달러였다. 텍사스의 베일러 대학(Baylor University)에 다닐 때는 아파트 한 동을 21만 7,500달러에 매입하여 재보수를 하였고, 3년 후 100만 달러에 되팔았다. 빌 은행을 창업하여 미국 내에서 가장 수익성이 좋은 은행으로 성장시켰는데, 5년 평균 주식 수익률이 50%를 상회하였고, 이후 그동안 벌어들인 돈으로 최초의 민간 로켓기업 중 하나인 '빌 에어로스페이스 테크놀로지'를 설립했다. 그는 현재 순자산 120억 달러를 소유하고 있고, 포브스지가 뽑은 미국의 최고 부자 중 38위에 선정되었다.

안드레이가 빌 은행의 전략 담당 책임자로 근무할 때, 그는 안드레이에게 인생의 목표가 무엇인지 물어봤고, 안드레이는 기회가 된다면 정치 분야에서 일해보고 싶다고 답했다. 그는 열정적인 어조로 "멋진 생각이야, 안드레이. 정확히 무엇을 할 생각인가?"를 물었고, 안드레이는 "어쩌면 구의원 정도를 할 수 있지 않을까요? 정치를 배우면서도 생활을 유지하기에 나쁘지 않은 자리 같다"고 답을 하였다. 답을 들은 그는 열정적인 표정 대신 황당하다는 표정을 지으면서 크게 말했다. "주지사는 어떤가?!"

"앤디, 하루아침에 주지사로 당선될 수는 없지 않습니까?"

"왜 안 되나? 부시도 했는데."

그에게는 주지사 출마가 구의원 출마보다 합리적인 결정이었던 것이다. 안드레이는 후에 그때를 회상하며 다음과 같이 말했다. "당시에 그가 미친 것처럼 느껴졌고, 이후에는 정치에 대한 생각을 접었지만, 그때 그가 한 말이 뇌리를 떠나지 않았다. 이 대화 이외에도 다른 많은 것을 보여준 그의 냉쾌임끠 대담한 목표는 그가 이룬 사업적 성취를 통해 입증되었다. 대담한 목표를 세우고, 큰 꿈을 꾸고, 이를 위해 미지의 영역에 용감하게 뛰어드는 그가 자극이 되어 몇 년 후 스티븐 윌슨(Stephen Wilson)과 공동으로 우리는 경영 컨설팅 기업을 창업하게 되었다고 할 수 있다."

주) 앤디 빌은 이 책의 공동 저자인 우리에게 영향을 미친 여러 명의 텍사스 기업인 중 하나이다. 또 다른 기업인으로 마이클 조지(Michael George)가 있는데, 우리 둘은 그가 설립한 기업인 조지 그룹 컨설팅(George Group Consulting, 2007년 Accenture에 매각)에 근무하였고 처음 그곳에서 만났다.

대기업도 대담해질 수 있다

기업의 대담함은 기존 질서에 대항하는 반항아, 특히 스타트업의 전유물처럼 생각되기 쉽다. 스타트업은 잃을 게 별로 없기 때문에 큰 꿈을 꿀 수 있는 것이다.

사실 올바른 리더십을 발휘할 수 있으면, 대기업이 중소기업에 비해 훨씬 유리하다. 기존 대기업들이 대담한 행동을 방해하는 '성벽' 사이렌의 유혹에 취약한 것이 사실이다. 하지만 이러한 유혹들은 회피 가능하며, 보다 중요한 점은 대기업들이 성장 추진에 필요한 자원을 훨씬 많이 확보하고 있다는 것으로, 다수의 고객과의 긴밀한 관계를 한 예로 들 수 있다.

실제로 현재 많은 산업들은 아마존, 구글, 스페이스엑스 같은 거대 기업들에 의해 재편되고 있다. 이와 같이 비교적 신생 기업으로 분류된 대기업뿐만 아니라 전통의 대기업에서도 이러한 대담함을 찾아볼 수 있다.

GE는 124년의 역사를 가지고 30만 명의 직원을 보유한 기업으로 그야말로 방향 선회가 쉽지 않은 거대 함선이라고 할 수 있고, GE와 같은 거대 기업이 성장 앞에 대담할 수 있다면, 다른 기업들이 못할 이유는 없는 것이다.

7년 전부터 GE는 제프리 이멜트(Jeffrey Immelt) 회장의 리더십을 통해 냉장고, 제트엔진으로 대표되는 전통적 제조기업에서 소프트웨어 기업으로 변신을 추진하고 있다. 특별히 GE는 대담한 믿음을 갖고, 산업 인터넷(Industrial Internet, 산업과 기계를 연결하는 IoT) 분야에서 핵심적 위치를 구축하기 위해 힘쓰고 있으며, 아직 갈 길이 멀지만 2015년에 60억 달러의 소프트웨어 매출 실적을 올렸고, 2020년에는 150억 달러까지 매출 성장이 가능하리라고 기대하고 있다. 이 경우 GE는 글로벌 톱 10의 소프트웨어 기업이 될 것이다.[12]

이멜트 회장은 "우리가 원하든 원하지 않든 디지털은 산업을 변화시키고 있다. 소비자 인터넷(Consumer Internet)에서 보았듯이 산업 인터넷은 게임의 법칙을 변화시킬 것이다. 산업 현장의 데이터가 생산성 향상에 활용될 것이 분명하다. 워싱턴 DC에서 시카고까지 비행을 하게 되면, 테라바이트(terabyte, 1조 바이트)의 엔진 관련 데이터를 축적한다. 만일 이 데이터를 활용하여 GE가 생산한 제트엔진의 효율을 1%만 향상시킬 수 있다면, 항공사들은 30억 달러에 달하는 원가절감이 가능하다"고 말했다.[13]

중요한 점은 GE가 이러한 대담한 믿음을 실행에 옮기고 있다는 점이다. GE는 코네티컷주의 교외에 위치했던 본사 위치를 시내 중심부로 옮겼고, 금융과 공작기계 사업부를 매각했다. 수천 명의 소프트웨어 개발자를 고용했고, 자체 시스템 플랫폼을 만들었으며, 산업 인터넷의 핵심 애플리케이션을 개발하여 다른 제조기업에 제공하고 있다. 결국 GE는 기업문화 혁신을 주신하고 있는데, 잭 웰치 회장 때부터 내려왔던 상대적 성과 평가 시스템을 포기하고 조직의 계층 수, 절차 및 의사결정 단계를 줄이는 '단순화 문화'를 채택했다.

비록 이러한 GE의 시도가 얼마나 성공을 거둘 수 있을지 지켜봐야 하겠지만, GE 정도의 규모와 역사를 가진 기업이 새로운 사업 전환에 성공할 수 있다면 위의 질문에 대한 답은 분명하다. 대기업도 대담해질 수 있다. 더욱이 GE는 신념을 실행에 옮긴 전형적인 사례를 보여주고 있다. GE가 디지털 기업이 되어야 한다는 믿음은 GE캐피털과 같은 사업부 매각을 포함한 근본적인 사업구조 혁신을 가능하게 하고 있다.

분명 대담함은 과거에도 그렇고 현재에도 기업의 성패를 결정짓는 중요한 요인이다. 이 장의 앞에서 우리가 강조했듯이 산업화 시대는 대담한 기업가, 즉 비전을 가지고 위험을 감수하고 자본을 투자해서 기업과 산업 전체를 새로운 차원으로 올려놓은 탐험가에 의해 만들어졌다. 그러나 산업화 시대의 초기와 말기의 상황은 다르다. 산업화 시대 초기에 산업혁명을 촉발시키고 잘 알려져 있는 유수의 기업들이 창업했던 사고방식은 산업화 시대의 말기와 심지어 현재의 대기업들에게 통용되는 사고방식과 다르다.

산업화 시대 전반기에는 규모의 경제가 대담한 기업가들의 편에 서서 성장과 수익성의 선순환 사이클을 창출했다. 그러나 산업화 시대 후반기의 대기업들은 대담해질 필요성이 없어졌고, 규모의 경제가 주는 과실과 그와 동반하는 경쟁우위를 확보하기 위해 미지의 세계를 탐험할 필요가 없어진 것이다. 그들의 주요 과제는 리스크를 관리하고 현 상태를 유지하는 일로 변화했고, 대기업들이 만들어낸 혁신이 전혀 없었던 것은 아니지만, 그것들도 현상의 유지와 안정을 위한 것들이었다. 1970년대의 디트로이트의 제조업을 생각해보면 이를 쉽게 알 수 있다.

반면에 중소기업들은 대기업이 가진 규모의 경제와 맞서 싸우기 위해 위험을 감수하고, 공격적이 되어야 하며, 불확실한 상황에서 신념에 의존한 행동을 취해야 했고, 대기업이 가진 규모의 경제를 극복하기 위해 불굴의 기업가정신을 가져야만 했다.

복잡성의 시대인 지금은 이 모든 상황이 변화되었다. 대기업들이 규모를 유지하기 위해 늘려왔던 복잡성이 경쟁우위보다는 부담스러운 짐이 되었고, 현상 유지와 안정 지향이 그들을 시대에 뒤처지게 한다는 것을 깨닫게 했다. 복잡성이 대기업과 중소기업 간의 경쟁을 보다 평등한 조건에서 이루어지게 하였고, 기업가정신은 모든 기업에 필요하게 되었다. 우리가 말하고자 하는 바는 스타트업 등 중소기업뿐만 아니라 모든 대기업도 대담해져야 하기 때문에, 산업화 시대 이후 그 어느 때보다 오늘날은 사업적 대담함이 더욱 중요한 시대가 되었다는 것이다.

Chapter 8

단순화하라 Simplify

> "친구, 내가 조언 하나만 해도 되겠는가? 단순화하게. 여기는 난장판이네.
> 자네는 악당이고, 천식 환자이고, 로봇인데, 도대체 그 망토는 또 뭐란 말인가?
> 우리가 무슨 오페라에 가는 건가?"
>
> **- '박물관이 살아있다 2' 중 파라오 카문라가 다스 베이더에게 한 대사**

"집중하지 않으면 대담한 도전도 복잡성 속에서 사라져버린다." 어느 다국적기업의 회장은 사업의 복잡성이 지나치게 증가하여 경영진이 대담하게 새로운 전략을 도저히 실행할 수가 없다고 우리에게 한탄한 적이 있다. 그의 표현을 빌리자면 본질적으로 그들은 배를 조종할 수 없게 된 것이다. 당신에게 뚜렷한 비교 우위가 없는 환경에서 경쟁자들과 다퉈야 하는 이런 상황에 놓인다면 분명히 당혹스러울 것이다.

Chapter 16에서 논의하겠지만, 복잡성은 기업의 실행력을 약화시킨다. 역설적이지만 많은 기업들이 복잡성 문제를 해결하기 위해 도입하는 처방들은 관리 체계의 증가, 프로젝트 증가, 새로운 전략적 과제의 추가 등으로서 최초의 문제점을 개선시키기보다는 악화시키는 경우가 많다.* 실행 역량이 없이는 아무리 훌륭하고 대담한 전략도 무의미하다. 만일 기업가정신이 믿음을 실행에 옮기는 것이라고 정의한다면, 대기업의 경우에는 '실행에 옮기는 것이 더욱 어렵다'고 할 수 있다.

Part Ⅳ에서는 단순화를 돕는 기술과 역량에 대해 살펴볼 것이다. 그러나 이 모든 것은 수익적 성장을 위한 핵심 수단인 집중 및 단순화의 힘에 대한 강한 신념, 즉 '단순화 원칙(Simplification Doctrine)'이라는 특정의 리더십에 달려 있다. 이러한 강한 신념이 없으면 단순화를 위한 힘든 여정을 갈 수 있는 동력이 없는 것이고, 조직에 침투하는 복잡성을 막아내는 최후의 방어선도 없는 것이다. 올바른 리더십은 출발점에 불과하고 전략과 실행력이 없으면 불충분하지만, 이런 리더십은 사업의 모든 것을 떠받치는 주축이다. 만일 CEO가 탐험가의 정신자세인 '몇 가지 일에 냉철하게 집중하지 않으면(ruthlessly focused on a few things)', 조직의 하위 단계에서 집중되기 어렵다. 더욱이 이론적으로는 많은 독자들이 집중과 단순화의 가치에 동의하고 고개를 끄떡일지라도, 실제로는 반대 의사 및 급진적 자세 그리고 순리에 역행하는 방향으로 자주 표출된다.

스티브 잡스가 1985년 CEO에서 해임된 이후 1997년에 다시 애플에 복귀했을 때, 그가 처음 한 일은 사업구조를 극단적으로 단순화하는 것이었다. 스티브 잡스의 전기 작가 월터 아이작슨(Walter Isaacson)은 「하버드 비

---

* 그렉 맥커운(Greg McKeown)은 그의 저서인 『본질주의: 덜 규율된 추구 Essentialism: The Disciplined Pursuit of Less』에서 1400년대에 우선순위라는 단어가 처음 영어로 쓰였을 때는 단수 명사였으며, 가장 첫 번째의 것을 의미했다고 지적한다. 1900년대에 들어와서야 이 단어는 복수로도 쓰이게 되었다. 비유적으로 우리는 단어를 바꾸어서 현실을 변화시킬 수 있다고 추론했다. 어쨌든 우리는 이제 여러 개의 '첫 번째' 것들을 가질 수 있게 되었다.

즈니스 리뷰」에 다음과 같이 스티브 잡스의 복귀 모습을 묘사했다.

> 몇 주간의 제품 리뷰 이후, 스티브 잡스는 마침내 인내의 한계치에 도달해 소리쳤다. "그만합시다! 이건 미친 짓입니다." 그는 매직펜을 집어 들고 맨발로 화이트보드 앞으로 걸어가서 사분면 그리드를 그렸다. "여기 우리가 필요한 것이 있습니다." 그가 큰 소리로 말했다. 그는 그림 위의 열에 '고객'과 '전문가'를 썼다. 그리고 행에 '데스크탑'과 '포터블'을 썼다. 그는 팀 멤버들에게 사분면별로 1개씩 4개의 위대한 제품에 집중하라고 말했다. 모든 기존 제품을 단종해야만 한다. 회의실 안은 충격과 정적이 감돌았다.

이런 단순화로 인해서 애플은 회생할 수 있었다. 돌이켜보면 매우 합리적이고 당연한 결정이지만, 당시에는 지나치게 급진적으로 보였다. "무엇을 하지 않을 것인지를 결정하는 일이 무엇을 할 것인지 결정하는 일만큼 중요합니다. 이런 결정은 기업에도 적용되고, 제품에도 적용됩니다." 잡스가 아이작슨에게 한 말이다.

단순화 원칙

스티브 잡스에게 단순화는 일본 교토의 전통 정원에 대한 애정과 게임 회사 아타리(Atari)에서 근무하면서 깨달은 단순성의 가치 등 그의 다양한 삶의 경험에서 체득된 원칙이었다. 아타리 게임은 사용자 매뉴얼이 없으며, 스타트렉(Star Trek) 게임의 유일한 설명은 "① 25센트를 넣으세요. ② 클링곤(Klingons, 게임에 등장하는 호전적 외계인)을 피하세요"가 전부였다.[1] 한편 우리는 우리 자신의 경험, 즉 무엇이 효과적이었는지 또는 효과적이지 않았는지에 대한 경험을 통해 스스로 단순화에 대한 원칙을 가질 수밖에 없다. 그러나 어떤 경우이든 단순화 원칙은 다음의 인식, 믿음, 그리고 확신의 단계를 거쳐서 얻어진다.

- **인간은 일반적으로 사물을 단순화하기보다 복잡화하는 경향이 있다** 사물을 복잡하게 만들고, 기능을 부가하고, 성능을 추가하고, 자신의 기호에 맞추어 바꾸고자 하는 것은 인간에게 자연스러운 일이다. 아이작슨은 다음과 같이 말했다. "잡스는 종종 회의 중에 전화를 붙잡고 제품 사용법의 절반 이상을 아는 사람이 아무도 없다고 고함치곤 했다. 지능 있는 바보라면 누구나 사물을 보다 크고 복잡하게 할 수 있다. 그 반대가 되기 위해서는 천재성과 엄청난 용기가 필요하다."[2] 출발점에서 이 점을 인식하는 것이 매우 중요한데, 그래야만 인간 본성에 대항할 수 있는 단순화의 필요성이 명확해지기 때문이다.

- **인간은 때때로 단순화를 수용하기도 하지만, 그것은 자신이 직접 관련되지 않은 경우이다** 제품 포트폴리오 합리화 프로젝트에 참여한 사람이라면 누구라도 이 말의 의미를 이해할 수 있을 것이다. 사람들은 제품 종류를 단순화하는 것에 여러 가지 이점이 있다는 것을 인정하는 경우라도, 그것이 자신이 아닌 다른 누군가의 양보에 의해 이루어지기를 바란다. 모든 제품과 프로젝트를 자식과 같이 여기는 누군가가 있으며, 이런 이유로 단순화를 진행하는 과정에서 비정상적 수준의 저항과 감성이 드러나는 것이다.

- **단순화는 결코 쉽지 않으며, 이를 달성하기 위해서는 힘든 노력과 상상력이 필**

요하다 복잡성은 시스템적 이슈이기 때문에 이를 해결하기 위해서는 전사적 접근과 동시활동('제품 포트폴리오 조정'과 '운영 모델의 합리적 조정')이 필요하다. 더욱이 정보의 비대칭이 흔히 존재한다. 예를 들면 기존 제품과 유사한 변형된 제품 하나를 추가할 때 증가되는 매출의 규모를 추정하기는 상대적으로 용이하지만, 보다 단순화한 포트폴리오에 고객들이 어떻게 반응할지를 개량화하는 것은 매우 어렵다.

이것은 당신의 의욕을 저하시키려는 목적이 아니라, 오히려 현실을 올바로 알고 접근하도록 하기 위함이다. 단순화는 절대 쉽지 않으며, 만일 그렇게 기대하고 시작한다면 실망스러운 과정이 될 수밖에 없다.

- **그러나 목적지는 충분한 가치가 있다. 즉, 단순화를 통해 제품, 제품 카테고리, 고객 경험 및 사업을 차별화할 수 있다** 우리는 단순화 및 복잡성을 제거하는 방법의 구체적인 장점에 대해 이 책의 여러 곳에서 논의하고 있다. 성장을 원하는 많은 리더들에게 단순화는 경영철학의 중심이다. 아이작슨에 의하면 스티브 잡스는 파괴적 혁신의 여건이 무르익은 산업이나 제품군을 찾을 때, 제품이 복잡해진 이유보다는 제품을 복잡하게 만든 사람이 누구냐를 묻곤 했다.

- **결국 단순화의 과정에 저항이 발생하더라도, 리더가 책임지고 이 과업을 추진해야 한다** 특별히 통제하지 않으면 사람들은 복잡성을 증가시키려는 경향이 있다. 그리고 한 번 발생한 복잡성은 제거하기가 매우 어렵다. 그렇지만 복잡성을 제거할 수 있다면 사업에 혁명적인 변화를 일으킬 수 있다. 단순화는 경영자 개인에게도 혁명적 변화를 일으킬 수 있는데, 틸(Thiel)은 중소기업의 장점에 대해 다음과 같이 이야기했

다. "중소기업이 가지는 민첩함보다 더욱 중요한 장점은, 소규모가 경영사에게 생각할 공간을 준다는 점이다" 자연스러운 경향을 거부하는 방향으로 조직을 이끌기 위해서는 진정한 리더십이 필요하며, 이경우에서는 비타협적인 단순화 및 집중이 요구된다. 이런 요구에 대한 저항은 싸워야 할 적이기보다는 헤쳐 나가야 할 자연스러운 역풍에 가깝다.

단순화 원칙의 중요성

단순화 원칙의 중요성을 이해하기 위해서 이 원칙이 어떤 차이를 만들어낼 수 있는지 몇 가지 예를 통해 살펴보는 것이 도움이 될 것이다.

한 가지 예는 우리가 위에서 간단히 언급했듯이, 기업의 단순화 과정을 시작하고 지속하는 데에서 볼 수 있다. "복잡성이 기업을 서서히 망하게 하고 있다." 우리가 만난 많은 경영자들은 자신의 기업에 나타나는 복잡성의 증상에 대해 이렇게 이야기하고 있다. 그러나 막상 이러한 증상에 대해 단순화를 추진하는 것은 근거가 약한 믿음에 따라 이루어진 경우가 많다.

항해사의 기술이 단순화 과제를 지지하는 논리적 기반을 제공한다고 하더라도, 단순화 원칙 때문에 인지되는 자연스러운 저항을 극복하려는 리더십은 반드시 있어야 한다. 사람은 무엇인가를 추가하고 이것을 제거하려는 시도에 저항하는 경향을 가지고 있기 때문에 단순화 원칙은 경영자가 예상되는 저항을 극복할 수 있는 굳은 결심을 갖추도록 도와준다.

확실히 좋은 경영자는 불완전한 데이터, 그리고 반대되는 의견에도 불구하고 최상의 주요 이슈를 짚어내는 데 능숙하다. 많은 경영자들은 사업의 복잡성을 줄이는 것을 이견의 여지가 없는 과제라고 인식하고 있지만, 단순화로 인해 나타나는 변화의 가치와 타당성의 믿음이 없으면, CEO의 단순화 과제도 일상적인 이슈에 묻혀서 희석될 가능성이 크다.

확실히 일상에서 벌어지는 여러 이슈로부터 주요한 전략적 과제를 우선순위로 유지하기 위해서는 올바른 정신자세가 필요하다. 경영자의 핵심 리스크는 사업에 대한 원대한 비전이 일상 이슈에 묻혀서 경영의 우선순위에서 밀리는 것이다. 많은 기능상 우선순위, 점진적 개선 활동 및 계획된 활동 등으로 인해 기업의 전략 방향과 우선순위가 매몰되고, 기업들은 소수의 의미 있고 대담한 투자를 하기보다는 여기저기 조금씩 투자하면서 길을 잃고 있으며, 책임의 범위는 기존 사업의 지속성, 기존 포지션의 방어, 다수의 사업 기회에 균등하게 자원을 할당하는 데 집중되고, 사업부 또는 하부 조직에 할당되는 자원에는 조금씩 부족하게 배분되는 문제점이 발생한다. 이와 같은 '점진주의(Incrementalism)'는 기업의 한정된 투자자원, 집중력, 대담한 행동을 빼앗는 기업형 크립토나이트(Kryptonite, 영화 슈퍼맨에 나오는 금속으로 슈퍼맨의 힘을 약화시킴)이다.

오늘날 세상에서 '리더는 전략적 기획 프로세스가 큰 사업 기회들을 찾는 데 집중하고 있다'는 확신을 갖는 것이 중요하다. 예산배분도 중요하지만, 전략기획은 예산배분이 아니며 과거 몇 년간의 재무성과를 기계적으로 향상시키는 작업도 아니다.3 이것은 넓게 보면 우선순위를 설정하는 것이고, 이를 통해 전략적으로 타협할 수 없는 목표나 과제를 확정하는 것이다. 이러한 전략기획 역량은 복잡성 시대에 갖추어야 할 가장 중요한 핵심 역량이다. 전략적 방향성, 즉 시장과 차별화된 독특한 믿음 위에 수립된 대담한 방향성을 정의하고, 명확히 구체화하고, 강화함으로써 전략이 '점진수의'로 선택하는 것을 막을 수 있다.

우선순위를 정함에 있어 2가지 핵심 결정, 즉 '어느 시장에 진출할 것인지, 그리고 어떻게 시장에서 승리할 것인지'에 초점을 맞추어야 한다. 첫째, 어느 시장에 진출할 것인지는 어떤 고객에게 어떤 시장 또는 지역에서, 어떤 제품과 서비스를 제공할 것인가에 초점이 맞춰져야 하고, 둘째, 어떻게 승리할 것인지는 기업의 운영 모델, 판매 채널 및 고객 계층에 대한 가격 책정이 적절한지에 초점이 맞춰져야 한다. 그 외의 것들은 2차적으로 고려할 부수적인 것이다. 이런 결정을 내리는 데는 많은 것들이 관련되어 있지만, 결정을 지지하는 것들이 결정을 지지하지 않는 것들보다 훨씬 중요하다. 고객에게 제공하는 복잡성이 서비스 수준 및 다른 역학관계에 어떻게 영향을 미치는지 확실히 인식할 필요가 있다. 그러나 이러한 전략 기준이 명확하지 않은 경우, 사업은 곧 하위 수준의 전략들에 휩싸이게 될 것이며, 일부의 주요 전략들이 상호 간에 의도치 않게 경쟁하는 선택의 위치에 놓이게 될 것이다.

끝으로 올바른 정신자세는 '사업이 어떠해야 하는지, 어떠해서는 안 되는지에 대한 리더십'이므로 고객과 주주의 이익과 관련이 있다. 이런 관점에서 적극적인 행동주의 헤지 펀드의 영향력이 분할매각을 통해 어떻게 주주의 이익을 증가시키는지를 알 필요가 있다. 단순화와 집중은 투자자 넬슨 펠츠(Nelson Peltz)가 펩시의 음료와 스낵사업을 분리하기 위한 긴 캠페인 기간 동안 펩시의 CEO 인드라 누이(Indra Nooyi)에게 준 핵심 메시지였다. 뉴욕에 기반한 투자기업인 트라이언 파트너스(Trian Partners)의 설립자이며 CEO인 펠츠에게는 "내 프리토(콘칩 과자)가 떠나게 내버려둬(즉, 프리

토 사업을 분할하자)"라는 「이코노미스트」 기사에서 보도된 바와 같이 메시지가 분명해 보였다. 펩시 사업은 "기업가정신을 잃어버렸으며, 대기업 사고방식으로 천천히 이동하고 있었다".[4] 이런 경우 기업을 분할함으로써 양쪽 모두 경쟁력을 회복할 수 있을 것이다.

핵심 이슈는 복잡성이었다. 사업 다각화와 함께 복잡성이 발생하는데, 펩시는 2가지 요소를 모두 상당히 많이 가지고 있었다. 펩시 제품, 프로세스, 조직에 걸친 예상치 못한 거대한 복잡성원가가 사업 다각화로 인한 시너지 효과를 능가할 정도로 증가했다는 것이다. 시너지 효과가 항상 실현되는 것은 아니지만, 비교적 명확하게 눈에 띄고, 복잡성원가는 확산되어 계량화하기 어렵지만 더욱 현실적이다. 「이코노미스트」 기사에서 "동일한 기업 내에서 프레첼 포장과 콜라를 병에 담는 것의 시너지 효과는 관료주의와 추가원가로 인해 전혀 발생하지 않는다"고 전하고 있다. 이는 복잡성이 어떻게 의도하지 않게 가치를 파괴하는지에 대한 완벽한 설명이다. 이 기사는 허쉬, 로레알, 코카콜라 같은 몇몇 제품에 집중하는 기업의 주가가 제품을 다각화한 펩시 또는 P&G의 주가보다 몇 배 더 높다는 점도 지적했다.*

결국 휴전의 징후가 나타났다. 펠츠는 원가와 효율성에 지속적인 압력

---

* 많은 기업집단(재벌) 중에 버크셔 해서웨이(Berkshire Hathaway) 및 코크 인더스트리(Koch Industries)와 같은 유형의 기업집단은 분명히 2개뿐이다. 두 기업집단 모두 특수한 전문성에 기반하는데, 버크셔 해서웨이는 저평가된 기업의 식별에, 코크 인더스트리는 인수합병 및 운영 모델 효율성에 전문성을 갖추었다. 다른 특징들도 있겠지만, 이들이 가진 가장 큰 특징은 적은 구성원으로 이 모든 일들을 해낸다는 것이다. 대부분 다른 대기업들의 조직은 지나치게 많은 인원으로 구성되어, 몇몇 일은 매우 잘하지만 대부분의 일은 그저그런 정도로 수행한다. 실제로 GE와 같은 기업집단은 산업용 인터넷과 같이 그들이 더 효과적으로 경쟁할 수 있다고 생각되는 영역에 집중하고 나머지에는 투자하지 않는다.

을 줄 수 있는 사외이사직을 보장받기로 하고 한발 물러섰다. 그럼에도 불구하고 기업 분할 이슈는 펩시처럼 복잡성이 효율성을 잡아먹는 사업들을 결합하여 유지하는 기업에서는 사라지지 않을 것이다.

누이(Nooyi)는 결합된 사업들의 시너지 효과가 복잡성원가를 능가한다고 확신하고 있다. 결과는 시간이 말해줄 것이다. '더 푸른 초원'의 사이렌에서 승리할 수 있는 시장을 분리하기 위해 복잡성의 영향력을 이해하고 올바른 정신자세를 갖추는 것은 CEO인 그녀의 책임이라고 주장할 수 있다. 이는 핵심 사업을 강화하는 데 도움이 될 뿐만 아니라 경쟁에 방해가 되는 잘못된 인수합병과 벤처사업에서 핵심 사업을 보호한다.

대규모 매각

우리는 머지않아 대규모 매각의 시작을 목격하리라 믿는다. 1990년대에 인수합병이 급증했다. 복잡성곡선의 왼쪽에 있던 기업들은 더 많은 다양성을 누렸고, 이후 지속적으로 곡선의 오른쪽으로 이동함에 따라 의도하지 않은 영향과 원가가 복잡성으로 인해 발생하기 시작했으며, 1990년대 말 이후 다양하게 인수한 많은 기업들을 통합된 하나의 기업으로 만들려는 흐름이 있었던 것은 놀라운 일이 아니었다. 예로, 하나의 콘아그라(Conagra), 하나의 보다폰(Vodaphone)[5], 하나의 화이자(Pfizer)[6]가 그것이다. 이러한 시도들은 시스템, 프로세스 및 기능의 표준화 작업을 통해 복잡성을 제거하려는 잘못된 불운한 시도들이다.

최근에는 새로운 트렌드가 관찰되었다. 이전에 인수합병한 대기업들이 몇 년 만에 반대로 사업 단위를 분할하기 시작했다. 이러한 사업분할의 주된 이유는 사업 단위별로 분할할 때 더 집중할 수 있고, 더 효과적으로 경쟁할 수 있기 때문이다.

- 2001년 HP는 컴팩(Compaq)과 250억 달러 규모의 합병을 하였고, 2008년

140억 달러로 EDS를 인수했다. 그러나 2015년 거대한 HP는 HP Inc.(프린터 및 PC 사업 판매)와 HP 엔터프라이즈(서버, 소프트웨어, 저장소, 네트워크망 및 관련된 서비스 판매)로 분할되었다.

- 2000년에 AOL의 가치는 2,000억 달러였으며, 타임워너(Time Warner)를 1,470억 달러에 인수하였다. 2009년에 타임워너를 분할하기로 결정했을 때, AOL의 기업가치는 인수합병 이전 가치의 약 1%에 불과하였으며, 타임워너의 가치는 9년 전 인수 당시보다 절반 이하로 평가되었다.[7]

- 2002년 이베이(eBay)는 15억 달러에 페이팔을 인수하면서 인수로 인한 시너지에 대해 대대적으로 홍보하였고, 이베이 사용자에게 페이팔 서비스를 활용하도록 권장하였다. 하지만 그로부터 13년 후인 2015년 "주주들에게 지속 가능한 장기적 가치를 창출하고, 전 세계 고객에게 큰 기회와 경험을 제공하기 위해"라는 명목으로 두 기업은 다시 분할되었다.

- 1985년 초에 시작된 제품 다각화와 기업 인수의 흐름이 지나간 이후, 소비재업체 '사라 리(Sara Lee)'는 2006년부터 유럽산 고기 사업과 브랜드 의류 사업을 매각함으로써 사업의 방향을 바꾸기 시작했다. 2011년 '사라 리'는 북미지역을 포함하기 위해 '힐셔(Hillshire)' 브랜드로 분할되었고, 국제 음료 및 베이커리 사업은 'D. E. 마스터 블렌더스 1753(D. E. Master Blenders 1753)'에 편입되었다. 이 분할로 2개의 새로운 기업은 각자 핵심 사업에 집중할 수 있었고, 분할 결과는 모두에게 긍정적이었다. 힐셔 브랜드는 2014년 타이슨 푸드(Tyson Foods)에 77억 달러에 인수되었고, D. E. 마스터 블렌더스 1753은 2015년 몬델리즈 인터내셔널(Mondelez International)과 합병하였다.

워런 버핏은 잘못된 인수합병의 경우를 다음과 같이 잘 요약하고 있다. "기업이 인수합병 거래를 할 때마다 나는 축하 카드와 위로 카드를 산다. 그리고 5년 후에 어느 카드를 보낼 것인지 결정한다."

"모든 전선에서 싸우는 군대는 패한다"는 오래된 격언이 있다. 이것은 오늘날 사업에서도 마찬가지이다. 당신은 규모의 경제가 아닌 밀도의 경제를 달성해야만 한다. 너무 많은 일들에 자원과 에너지를 분산하면 밀도가 떨어지게 된다. 이미 많은 사람들이 아는 바와 같이, 승리하기 위해서는 반드시 중요한 전투에 자원을 집중해야 하며, 모든 전선에서 싸우려는 유혹을 피해야 한다. 이를 위해서는 리더십이 필요하다. 단순화는 상향식이 아니라 하향식으로 진행된다. 더 효과적으로 그리고 더 빠르게(복잡한 환경에서 성장하기 위한 요소이자 다음 장의 주제이기도 하다) 특정 목표에 자원을 집중적으로 배치하려면, 단순화의 핵심 요소인 올바른 사고방식이 필요하다.

Chapter 9

속도를 가속화하라 Accelerate

"자본주의는 항상 살얼음판 위를 걷는다."

「이코노미스트」는 2016년의 기사에서 사업의 속도에 관해 이렇게 주장했다.[1] 25년보다 훨씬 전에, 보스턴 컨설팅 그룹의 조지 스토크 주니어(George Stalk Jr.)와 토마스 엠 하우트(Thomas M. Hout)는 애플의 팀 쿡(Tim Cook)이 좋아하는, 그들의 저서인 『시간과의 경쟁*Competing Against Time*』에서 신제품 개발 및 생산에서 속도의 이점을 높이 평가했다. 오늘날 속도의 개념은 기업에게 경쟁에서 이기기 위한 성공의 열쇠로 인식되고 있다. GE의 제프리 이멜트가 2014년 주주들에게 보낸 편지에서 "우리는 완벽함보다 속도와 경쟁력을 더 중요하게 생각하고 있다"고 적었던 것처럼, 확실히 세계가 빠르게 움직이고 있음을 느낀다. 2016년 「이코노미스트」의 이 기사는 예로서 부국과 빈국 사이의 기술 채택 시간의 차이가 짧아졌음을 지적하고 있다.

동시에 조직은 오히려 느려지고 있는 듯 보인다. 2015년 여름 우리는 북미 또는 유럽에 본사를 둔 여러 다국적기업의 호주 지사 CEO와 CFO들을 조정해 내와를 니누었다. 그들과 우리가 공유한 주요 이슈 중 하나는 속도였다. 좀 더 정확하게 말하면, 호주 지사에서 현지 고객에 초점을 맞춰 진행할 주요 계획을 본사로부터 승인을 받을 때 본사의 의사결정 속도와 관련한 이슈였다. 그 자리에서 한 CEO는 "결정에 몇 달이 걸린다!"고 분노하며 말했다.

공격적이며 시장을 주도하는 기업에서 근무했던 다수의 호주 임원들은 다음과 같은 근본적 질문을 던졌다.

만약 속도의 가치를 이해하는 기업들이 오늘날의 복잡성 속에서 속도를 내지 못하고 이렇게 애를 먹고 있다는 것은, 지금까지 해왔던 속도 전략이 더 이상 효과가 없다는 말인가? 아니면 다국적기업의 현지 지사인 점을 감안할 때, 이는 단지 조직적 문제인가?

따라서 지금은 '빨리 진행하라'는 명령만 내릴 것이 아니라, 속도에 대해 더 세밀하게 다시 생각해보아야 하며, 현재의 복잡한 환경에서 속도를 달성하기 위해 전통적인 전략과 구조가 여전히 유효한지 재검토해볼 시기이다.

이 장에서는 점점 더 빨라지는 속도를 사업에서 현실적으로 어떻게 인식하고 있는지를 탐구하고, 복잡성이 증가하는 상황에서도 조직을 가속화할 수 있는 전략을 제시할 것이다.

현실: 시장은 점점 빨라지고 있다

사업의 속도가 가속화되고 있다는 생각이 맞는지 확인해보기 위해 먼저 시장과 고객의 운영 흐름을 외부에서 살펴보자. 여러 데이터는 기업수명주기가 실제로 가속화되고 있음을 시사한다. S&P 500 기업의 한 연구에 따르면, 기업의 평균 수명은 1958년 61년에서 2012년 18년으로 단축되었다.[2] 이러한 수명주기 단축은 새로운 경쟁의 원천이 있음을 의미한다. 인접 산업에서 진출해온 기업, 해외 시장에서 진출해온 외국기업, 벤처기업 등 이제 경쟁자들로 가득한 시장이 되고 있다.

또한 제품수명주기 단축, 고객 취향의 변화 및 기술 변화로 인해 기존 경쟁영역 내에서 새로운 승자와 패자가 나타난다. 가전제품 산업이 가장 빠른 '산업의 클럭 속도'를 보여주는 전형이라 할 수 있다. 우리는 가전제품 시장을 지배하던 제품이 몇 개월 만에 다른 제품에 그 선두자리를 내주는 경우를 자주 보기 때문이다. 물론 산업의 클럭 속도는 다양하다. 가전제품 및 화장품 산업은 빠른 신제품 개발이 요구되는 역동적 산업이고,[3] 제약

분류	1970-1983년	1984-1993년	1994-2006년
A(경차)	14.7	10.3	8.0
B(소형)	9.5	8.9	7.2
C(중형)	10.5	9.5	8.6
D(중형 이상)	9.0	9.0	8.0
E(대형)	12.0	10.9	10.2
평균	10.6	9.7	8.4

그림 9.1: 자동차 제품수명주기 기간(단위: 년)

알파로메오, 아우디, BMW, 시트로엥, 피아트, 포드, 란치아, 메르세데스, 오펠, 푸조, 르노, 도요타, 폭스바겐으로부터 데이터 수집

(출처: 주세페 볼파토와 안드레아 스토체티의 자동차 산업의 제품수명주기 관리: 자동차 산업의 유효성 평가, 카포스카리 대학교, 2008년 6월)

및 자동차는 중간 속도, 항공기, 석유 화학 및 철강은 속도가 낮은 그룹에 포함된다.

그렇다면 다시 한 번 이렇게 질문을 바꾸어볼 수 있다. '같은 속도 그룹 내에서도 제품수명주기가 빨라지고 있는가?' 예를 들어 자동차 산업의 제품수명주기(중간 클럭 속도)에 대한 한 연구는 경차와 같은 특정 차량 범주에서 제품수명이 거의 50% 단축되었음을 보여준다(그림 9.1 참조).

수익의 관점에서 똑같이 중요한 것은 제품수명주기 곡선의 모습이 변한다는 것이다(그림 9.2 참조). 제품의 수명주기에 대한 전통적인 견해는 상승기, 최대 매출액, 그리고 점진적인 하락기로 이어지는 기간 동안 상당한

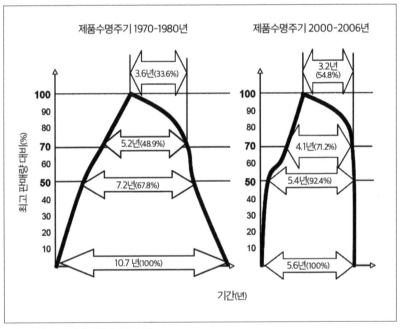

그림 9.2: 두 기간 간의 제품수명주기 비교

(출처: 주세페 볼파토와 안드레아 스토체티의 자동차 산업의 제품수명주기 관리: 자동차 산업의 유효성 평가, 카포스카리 대학교, 2008년 6월)

수익을 올리는 것이었다. 그러나 데이터에 따르면 경쟁의 강도와 고객의 기대가 높아지고 있어 제품수명이 예전보다 갑자기 끝나는 것을 볼 수 있다. 과거처럼 상당한 수익을 기대할 수 있는 긴 꼬리는 더 이상 없다.

이러한 수명주기의 압축이 의미하는 것은 최근 몇 년간 소개된 제품의 매출(이익)이 총매출(이익)에서 차지하는 비율이 점점 커진다는 것이다. 이러한 '대체마진(Replacement Margin)'의 필요성이 빠른 제품개발과 혁신에 대한 더욱 큰 압력으로 작용한다.

복합적인 문제: 복잡성은 우리를 더욱 느리게 만든다

스타트업과 특정 산업에 집중하는 기업들이 제품수명주기 단축을 이끌지만, 동시에 대기업들이 여러 면에서 이러한 속도를 늦어지게 하고 있다. 예를 들어, 몇 년 전 증권 분석가 3명과 한 벤처기업 투자자는 투자된 1달러당 승인된 신약 수가 매 9년마다 절반씩 감소한다고 분석했다(그림 9.3 참조). 이룸(Eroom)의 법칙으로 알려진 이 분석은 제약 산업의 중요한 도전 과제가 되었다.*

분석을 보면 다음의 근본 원인들이 강조된다.

- 승인된 의약품의 숫자가 많기 때문에 신약 발견에 대한 기준이 높아지고, 이는 다시 신약개발의 복잡성을 증가시킨다. 이는 '비틀즈

---

* 이룸(Eroom)은 역순으로 무어(Moore)이다. 인텔의 공동 설립자 고든 무어(Gordon Moore)는 "칩에 내장된 트랜지스터의 수는 24개월마다 약 2배가 될 것"이라고 예측했다. 예측은 정확했고, 반도체 산업의 장기 계획 및 전략 설정에 적용되고 있다.

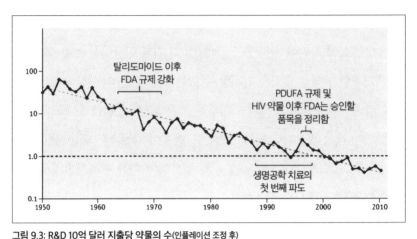

그림 9.3: R&D 10억 달러 지출당 약물의 수(인플레이션 조정 후)

(출처: '제약 산업의 R&D 효율성 감소 진단', 네이처 리뷰: 약물의 발견, 2012년 3월)

음악보다 더 나은 음악'과 비유될 수 있다(the 'better than the Beatles' problem).*

- 한층 더 까다로워진 규제
- 인적 자원을 추가하고 R&D에 대한 과도한 투자를 하는 '일단 투자 하자'라는 식의 경향(이런 현상을 조직의 복잡성의 선행 인자로 판단함)
- 새로운 분자 생성법을 심사하는 기본 연구에 대한 과도한 의존(아직 그 유용함이 인정되지 않음)

결과적으로 더 많은 규제, 프로세스에 더 많은 참여자, 더 많은 기술, 더 많은 조직의 절차들로 인해 더 많은 조직의 복잡성이 발생되고 사업의 기

---

* 어제의 블록버스터 약은 복제약이 되어, 일부 영역에서 R&D를 방해하며 신약의 경제적 가치를 떨어뜨리는 작용을 하고 있다. 이러한 **군집효과**는 "비틀즈 전체 카탈로그를 무료로 이용할 수 있고, 사람들이 오래된 비틀즈 레코드에 지루해하지 않았다면, 앞으로 나올 신곡은 비틀즈 노래보다 나아야 한다"는 시나리오와 비슷하다고 저자는 말한다.

회는 지연된다.

비교를 위해 신약개발주기가 현저히 짧았던 1950년대와 1960년대의 상황을 보자. 그 기간 동안에는 규제가 덜 엄격해서 의약품 승인으로 빠르게 이어졌다. 예를 들어 첫 항우울제인 '이미프라민'은 불과 5~6년 내에 임상 전 개발과 3번의 임상을 모두 마쳤다. 이에 비해 2005년에서 2006년까지 신약의 임상개발은 대체적으로 9년 이상 걸렸다.

제약 산업 이외에서도 이와 유사한 현상을 관찰할 수 있다. 우리의 최근 연구에서, 뛰어난 성장에도 불구하고 미국의 10대 대형 은행 중 7개(가장 복잡한 은행 시스템이 있을 것으로 추측됨)가 평균 규모의 은행보다 효율성이 떨어지는 것으로 나타났다. 수익성이 높은 미국 은행 중 하나인 빌 뱅크의 최고경영자 앤디 빌은 다음과 같이 말한다. "규제 당국과 공무원들은 복잡성이 원가 및 실패 위험을 크게 증가시키며, 그것은 효율성과 수익성을 떨어뜨리는 암과 같음에 주목할 필요가 있다."[4]

여러 산업 분야에서 우리는 고객들이 '대규모 감속(The Great Deceleration)'에 대해 말하는 것을 듣는다. '내부 관료주의(Internal Bureaucracy)'는 혁신을 억압하고 실행을 지연시키고, 고객은 빠른 응대를 기대하고 있지만 응대 속도를 점점 느리게 한다.

중요한 속도 측정: 마진 대체율(Margin Replacement Ratio)

제품수명주기는 단축되고 기업의 제품개발은 늦어지는 현상이 동시에 발생할 때, 기업은 심각한 이슈에 봉착하게 된다. 이렇게 되면 사업의 상당 부분에서 일어나는 상품화가 새로운 경쟁력을 창출하기 위한 동력을 넘게 된다.

제품수명주기
제품개발주기

예를 들어 만약 당신의 산업에서 이 장에서 소개한 자동차 데이터와 유사하게 제품수명주기가 10.7년에서 5.6년으로 압축되고, 동시에 신제품개발주기(리드 타임)가 감속한 경우(예: 3년에서 6년으로), 마진 대체율은 다음과 같다.

10.7/3(3.6) ~ 5.6/6(0.9)

마진 대체율의 감소, 특히 1 미만의 비율은 조직에서 경고로 받아들여야 한다. 이 비율을 일산화탄소 감지기와 유사하다고 생각하자. **조직의 타성(惰性)은 일반적으로 시장 경쟁력의 하락에 선행하여 나타나는 전형적인 지표이다.** 그러나 변화하는 시장에서 상품화 추세 및 일반적인 산업수명주기의 변화들은 하룻밤에 발생하지 않으며, 또 일반적으로 스스로를 확연히 드러내지 않기 때문에 잘 탐지되지 않는다. 시간이 지나면서 마진 대체율이 감소한다는 것은 위기가 닥치기 전에 전략적 및 구조적 변화를 수행해야 한다는 신호이다.*

복잡한 환경에서의 속도

문제의 해답을 찾을 때, 군사 분야를 주의 깊게 관찰해보는 것은 결코 나쁜 선택이 아니다. 스탠리 맥크리스털 장군의 휘하에서 합동 특별작전 지휘부(JSOC)가 어떻게 이라크와 아프가니스탄에서 알 카에다(Al Qaeda)

---

* 주의할 점: 마진 대체율이 감소할 경우 일반적인 대응은 다수의 제품개발 프로젝트를 동시에 추구하는 것이다. 신중하게 수행한다면 효과적인 대응이 될 수 있다. 예를 들어 삼성은 1세대, 2세대, 3세대 기술을 동시에 개발하면서 '뛰어넘기'식 R&D를 추구한다. 그러나 삼성은 해당 전략을 지원하기 위해 특별히 설계된 운영 모델을 기반으로 하고 있다. 그렇지 않으면 이러한 접근방식으로 인해 조직의 복잡성, 출시 날짜 지연 및 원가 초과가 발생할 수 있다.

와의 전투 초기에 겪은 어려움을 극복하고 다른 방법을 찾아 성공적으로 임무를 수행했는지에 대한 이야기가 주는 교훈은 크다. 그에 따르면 JSOC는 뛰어난 전문 지식과 자원 동원력에도 불구하고 초기에는 많은 어려움을 겪었으며, 주된 원인은 현장의 복잡하고 역동적인 환경을 따라잡을 수 없었던 군대의 관료적 조직구조였다고 한다.

그는 "알 카에다의 출현과 기술의 발전으로 모든 것이 바뀌었다"고 말했다. 적은 중앙 집중식의 군대가 아니었다. 알 카에다와 관련 그룹들은 확실한 형태 없이 빠르게 이동하고 무자비한 공격 이후에 지역 주민 속으로 사라져버리는 방식으로 네트워크를 끊임없이 변화시키고 있었다. 그러나 미국 주도의 군대는 정보가 명령 체계 내에서 천천히 올라가서 의사결정이 내려지는 관료적 방식이었다. 그가 말했듯 "명령과 통제의 수직구조는 효과가 없었다. 우리는 이라크에서 알 카에다와 같은 적들을 그들과 같은 게임방식으로 격퇴해야만 했다. 네트워크를 격퇴하기 위해서 네트워크가 필요하다는 말은 우리의 주문처럼 되었다."[5]

JSOC는 효율성과 위험 완화를 강조하던 구조를 '적응성과 대응성'에 초점을 맞추는 형태로 전환했다. 그는 이러한 변화의 핵심에는 군의 느린 의사결정구조에서 개별 팀들이 현장에 적응하고 자연스럽게 속도를 내도록 자율성을 부여하는 데 있었다고 강조했다. 그는 "이라크의 알 카에다 네트워크의 특성인 유동적 적응성과 강력한 측면 결속은 우리의 개별 팀들이 지금까지 잘 수행해왔던 훈련과 놀라울 정도로 유사점을 보였다. 따라서 우리는 개별 팀들이 속한 상부구조를 재편성하여 개별 팀과 잘 유대하게만 하면 되었다"고 언급했다.[6]

이러한 전환으로 인해 JSOC 명령 아래에서 인력과 자원을 최소로 증가시키면서 성과를 20배(작전수행 임무를 한 달에 15회에서 300회) 향상시킬 수 있었다. 그 과정에서 테러 지도자 '알-자르카위'를 찾아내어 제거하는 등 눈에 띄는 실적을 거뒀다.

세부 상황은 다를 수 있겠지만, 복잡한 환경에서 경쟁하는 모든 조직에 이 교훈과 전략은 광범위하게 적용될 수 있다. 맥크리스털 장군 자신도 군대 밖에서 많은 유사점을 발견하고 있다: "경화(硬化)된 조직은 해외 원조부터 시작해 의료 성과, 크게는 글로벌 거버넌스에 이르기까지 모든 것을 제약하며, 매년 수백만의 생명을 구할 기회를 잃게 하고, 수십억 달러를 낭비하게 만든다." 전통적으로 기업들은 부가가치가 없는 시간을 없애고 좀 더 빠르기 위해 제거할 프로세스를 살펴보거나, 또는 사업의 전반적인 효율성 및 속도를 향상시키는 방법을 평가하기 위해 팀을 배치한다. 그러나 밤새 상황이 급변하고, 스타트업이라는 반란군이 위협하는 상황에서 이러한 접근방식으로는 증가된 복잡성 속에서 허둥대기만 할 뿐이다. 크게 변화하지 않는 환경에서는 주로 운영 효율성 향상에 중점을 두는 것이 타당하지만 빠르게 변하는 환경에서는 다른 요소들의 중요성이 증가한다. 즉, 적응성(Adaptability)과 반응성(Responsiveness)이 효율성(Efficiency)보다 중요하다.

기업에게 주는 핵심 교훈은 "테일러주의자[7]의 효율성 중심의 속도경영과 복잡한 세상에서의 속도경영은 서로 양립되지 않는다"는 것이다.

'조직 및 프로세스의 복잡성'을 극복하고 속도를 내는 3가지 방법

JSOC의 경험과 이와 유사한 다른 조직의 경험은 복잡한 환경에서 가속화 방법과 관련하여 다음 3가지로 귀결된다.

1. 당신의 팀이 신속해지길 원하면 팀을 작게 유지하라

JSOC 팀은 네트워크를 통해 연결되었지만, 델타포스(Delta Force, 미 육군 특수부대)와 실 팀 식스(SEAL Team Six, 미 해군 특수부대)의 개별 팀은 소규모로 유지되었다. 소규모 팀이 어떻게 대규모 팀을 능가하는지에 대한 예는 넘치도록 많다. 2차 세계대전이 끝날 무렵, 미군 육군항공대는 클래런스 켈리 존슨(Clarence Kelly Johnson)에게 독일 공군의 신형 제트기에 대항하기 위한 미국 최초의 제트 전투기 시제품을 180일 내에 만들도록 요청했다.

이러한 추진 일정은 오늘날의 항공우주개발 표준으로 보면 말도 안 되는 것이지만, 실제로 존슨은 목표 기간보다 37일이나 빠르게 만들어냈다. 어떻게 이런 일이 가능했을까? 그는 기업의 관료주의로부터 간섭받지 않는 일급 비밀 부서를 만들 수 있도록 자신의 상관을 설득했다. 또한 그는 아주 소규모의 팀원을 직접 선발했다. 실제로 그의 '관리 규칙' 중의 하나는 "프로젝트와 관련된 사람의 수는 지독하도록 철저하게 제한되어야 하고, 소수의 인재(정상적인 시스템에 비교하면 조직의 10~25%)를 활용하면 충분하다"는 것이다.[8]

보다 최근 사례로, 아이폰 소프트웨어 개발을 주도한 애플의 엔지니어는 개발을 책임지는 팀 인원이 "충격적으로 적었다"고 말했다.[9] 아마존의 제프 베조스는 그의 '피자 두 판의 원칙(Two Pizza Rule)'에서 동일한 개념을 적용하는 것으로 보인다. 즉, 그는 팀이 효과적이기 위해서는 팀의 크기가 제한되어야 하고, 피자 두 판으로 충분히 나눠 먹을 수 있을 정도로 팀이 작아야 한다고 말했다. 대규모 팀에서는 의사소통과 조율이 복잡해지는 경향이 있으며 이는 개인의 기여도를 떨어뜨릴 수 있다.

우리는 대기업에 사문괴 컨설팅을 수행하는 과정에서 이와 유사한 사례를 직접 경험하기도 했다. 우리의 고객인 유럽의 한 산업 기계 가공업체에서, 하나의 주문 기계에 엔지니어가 추가로 한 명 더 투입될 때마다 완성이 며칠씩 더 지연되어 전체 배송 시간에 큰 영향을 미치는 것을 발견했다.

속도와 관련된 교훈: 90분 안에 글래스홀 만들기

"글래스홀(Glasshole): 구글 글래스를 사용하는 동안 부적절하게 행동하는 개인."

시제품을 만들려면 빨리 만들어라. 에릭 슈미트는 그의 저서 『구글은 어떻게 일하는가How Google Works』에서 구글 글래스 팀이 단지 90분 만에 최초의 시제품을 제작했다고 말했다. "시제품은 아주 조잡했지만 제작 목적(말하지 말고 보여주세요)에 확실히 부합했다." 그러나 제품이 출시되었을 때 주로 개인 정보 보호 및 지적 재산권 문제가 장애물이 되었다.

구글 글래스는 인터넷 사용이 가능한 안경처럼 착용할 수 있는 헤드셋이다. 논쟁을 일으킨 부분은 동영상을 몰래 녹화할 수 있는 기능과 글래스홀이라는 용어에 대한 반발이었다. (참고로 구글은 '글래스 익스플로러'라는 용어를 선호한다.)

이 제품은 결국 소비자 기기 시장에서 철수되면서, 구글은 다음과 같이 언급했다. "우리는 미래를 위해 계속해서 제품을 개발하고 있으며, 준비가 되면 미래형 구글 글래스를 보게 될 것이다. 이번 제품은 몰래 카메라가 아니다." 구글은 이 경험을 공개적 베타 실험이라 설명하고, 다른 이들은 실패작이라고 부른다. 여기에서 얻은 교훈은 무엇인가?

"새로운 기술이 처음 등장할 때는 기술이 서툴고 충분히 정교하지 않고 사회가 이러한 아이디어에 익숙하지 않기 때문에 마찰이 발생한다"고 디자인 컨설팅 기업인 아이데오(IDEO)의 CEO인 팀 브라운(Tim Brown)은 말한다. 그러나 시간이 지남에 따라 기술과 사회가 점점 더 가까워지면 결국 마찰이 사라지고 기술이 수용된다고 설명한다. 그는 이 격차가 좁아지고 있기 때문에 해당 제품의 미래는 밝다고 생각한다.

이와 다른 관점은 사용의 측면에서 구글 제품이 강력한 설득력을 제공하지 못했다는 것이다. 즉, 그것은 목적을 좇다가 생긴 기술이라는 것이다. 구글이 제품의 시제품화에 초점을 맞추는 대신 개념의 시제품화에 더 많은 시간을 소비했다면, 제품이 심리적, 사회적, 규범적 벽을 더욱 빨리 허물며 쉽게 수용되었을 것이라는 논점이다. 실제로 많은 비소비재 분야, 예를 들어 의료, 법률 집행, 제조 분야 등은 매우 명확하게 그 사용 용도를 밝히고 있다.

한동안 구글은 두려움을 모르는 '글래스 익스플로러'를 위해, '글래스홀이 되지 않도록 몰래 그리고 무례하게 제품을 사용하지 말라'는 충고가 포함된 가이드를 발표하기도 했다.

2. 멀티태스킹은 적을수록 좋다!

조직의 속도를 높이는 또 다른 열쇠는 멀티태스킹의 부담을 없애는 것이다. 우리의 고객인 한 공공기관은 작업량과 프로젝트의 현재 구성방식에 대한 이해가 부족했다. 생산성은 떨어지고, 핵심 기술을 갖춘 전문가는 거의 없었으며, 프로젝트는 항상 범위, 예산 및 기간을 초과했다. 이 기관의 판단은 팀에 일이 너무 많이 할당되어 팀이 업무량 한계에 닿도록 운영되고 있기 때문이라는 것이었다. 그러나 이것은 사실이 아니었으며, 모든 프로젝트의 작업을 수행할 수용능력은 충분했던 것으로 판명되었다. 대부분의 사람들은 여러 프로젝트를 동시에 수행하고 있었고, 핵심 전문가들은 공식적으로 또는 비공식적으로도 더 많은 업무를 동시에 할당받았다. 1명의 '풀타임 시간'이 요구되는 프로젝트에 평균 5명이 배치되었고, 10명 또는 10명 이상의 인원이 배치되는 경우도 많았다. 자원이 분산된 상황에서 상당히 '창의적'이고 가변적인 프로젝트의 특성을 고려할 때, 상호의존성과 낭비되는 대기 시간은 기하급수적으로 늘어났다.

이 기관은 현재의 방식과 반대로, 개별 프로젝트에 더 적은 수의 인원을 투입하여 개인별 공헌도를 높이고, 30%의 사용률 '버퍼'라는 제도를 도입함으로써 상황을 반전시킬 수 있었다. 개인의 업무 변동성을 줄이고 버퍼 시간을 적용함으로써 조직은 대기 시간을 단축하고 개별 프로젝트로 인해 급증하는 평균적인 부담을 경감시켰다(그림 9.4 참조).

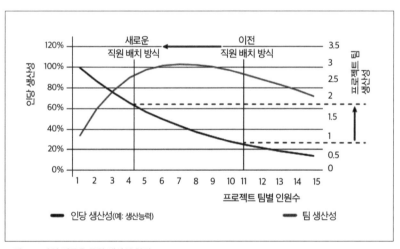

그림 9.4: 자원 집중을 통한 생산성 향상

전체적으로 동일한 작업을 보다 집중하는 방식의 구조로 조직을 재구성하였다. 모든 작업에 대한 약간의 완충적 시간을 허용하였음에도 불구하고, 결과적으로 조직은 10%의 '인원 과잉' 상태가 되었고, 초과 인원은 즉시 직원 재배치를 통해 부서 이동되었다.

3. 당신의 의사결정 방식을 바꿔라

JSOC의 주요 교훈 중 하나는 빠르게 변화하는 환경에서는 적응성과 반응성이 전통적으로 군사적 중점이었던 효율성과 위험 완화보다 우선한다는 것이다. 이러한 목표를 달성하기 위해 JSOC는 과거 군대에서는 완강하게 반대했던 의사결정 접근방식으로 변경함에 있어 2가지 원칙을 세웠다.

- 맥크리스털 장군이 말한 '급진적 투명성(Radical Transparency)', 즉 정보의 자율적 공유
- 지역 단위의 현지에서 빠른 결정을 내릴 수 있도록 권한 분산

급진적 투명성의 논리는 단순했다. 관료주의는 해당 정보를 알아야할 필요가 있을 때만 정보를 구분하고 공유하는 것에 능숙하다. 그러나 2004년 당시 JSOC에서는 주어진 부분적 정보를 조직의 어떤 사람이 알아야 하는지 예측할 수 없었다. 따라서 정보를 제어하지 않고, 상황의 업데이트, 기밀 및 전략 개발을 포함한 정보를 최대한 광범위하게 공유하도록 프로세스를 변경했다. "짜증날 때까지 공유하자, 그리고 더 많이 공유하자"는 그들의 좌우명이 되었다.[10]

이처럼 전례 없는 수준의 공유는 매우 신중한 사고의 전환을 필요로 했다. 전통적인 사일로를 넘는 불편한 일이었지만, 예상치 못한 이익을 불

러왔다.

> 흥미롭게도 우리가 이 일을 하고 속도를 내면서… 우리는 점점 훨씬 빨라졌고, 더 빨랐기 때문에 기밀을 얻는 일에 더 능숙해졌으며 적들은 반응하기 어려워했다. 따라서 속도가 크게 향상되었을 뿐만 아니라 실제로 작전 성공률도 높아졌다. 당시 이런 결과를 예견하지 못했었다.[11]

급진적 투명성은 또한 두 번째 원칙을 가능하게 했다: 결정 권한을 지역 단위의 현장에 부여하는 것이다. 맥크리스털 장군은 이라크 전쟁에서 고위 지도자가 될 때까지 거의 결정을 내리지 않았다고 회상한다. 왜냐하면 다른 사람이 할 수 있는 결정을 그가 내린다면, 더욱이 다른 사람이 작전수행과 더 가까운 상황에 있는 경우, 그가 결정을 내리는 것은 실수하는 것이라고 생각했다.[12]

분산된 의사결정은 많은 조직에서 점점 현실화되고 있다. 최전선에 있는 팀이 가장 빠른 응답자이며 고객 서비스 기회에 대해 보다 정확한 정보를 제공한다.

소비재 기업인 레킷벤키저(Reckitt Benckiser)는 시장을 주도하는 위치에서 독특한 자산 인수라는 전략을 통해 남들이 부러워할 매출과 이익을 달성했다. 이를 가능하게 하려면 의사결정 속도가 최우선적으로 중요하며, 이러한 속도는 분산된 조직을 통해 가능하다.

CEO 라케시 카푸어(Rakesh Kapoor)는 다음과 같이 말했다. "시장에서는 속도가 중요하다. 그러나 조직이 성장함에 따라 불가피하게 조직은 복잡해지고 경직되며 반응 속도가 느려진다. 그러므로 우리는 우리의 문화가 번영하고 사업이 번창할 수 있도록 항상 이에 맞서 싸워야 한다. 우리는

2015년의 시작과 동시에 프로젝트 슈퍼차지(Project Supercharge)를 발표했다. 이는 단순하고 민첩한 조직을 확보하여 소비자와 소매업 고객에게 집중할 수 있는 프로그램이다. 슈퍼차지 프로젝트는 벌써부터 실질적인 이익을 제공하고 있다."[13]

하지만 한 가지 주의할 점이 있다. 현장에서 실행할 누군가가 결정하는 것은 좋지만, 문화, 규범 또는 의사결정 규칙과 같은 지침이 없다면 상황은 훨씬 더 복잡해질 수 있다. 이와 관련하여 군대는 높은 수준의 훈련 및 병력 배치 원칙 측면에서 이점을 가졌고, 기업도 분산된 의사결정을 잘 수행할 수 있는 경험 규칙을 만드는 데에 능숙해야 한다.

예를 들면 다음과 같다. 위탁 급식 서비스 및 시설 관리 기업인 컴퍼스 그룹은 관리 및 성과표(MAP, Management and Performance framework)를 작성하여 비즈니스 성과의 중요 사항을 5가지 핵심 요소(2개는 매출 요소, 3개는 원가 요소)로 정리했다. 예를 들어 MAP1은 시장과의 소통에 대한 안내, 즉 기업이 어디에서, 왜, 어떻게 사업을 할 것인지, 그리고 이것이 사업에 어떤 영향을 미치는지에 중점을 두고 설명한다. 그리고 MAP3은 식품원가의 관리 필요성에 중점을 둔다.

컴퍼스 그룹이 전략을 실행하는 데 있어 성공적이었던 이유는 전략이 영리하거나 비밀스러웠기 때문이 아니라, 1만 명 이상의 조직 전체의 직원이 그 전략을 깊이 이해하도록 교육했기 때문이었다. 이는 모두에게 사업의 성공 요소가 무엇인지 이해시키는 것을 가능하게 했다. 경영과 의사결정이 지금보다 훨씬 현장 중심으로 이루어지기 위해서 이러한 구성원의 높은 이해는 필수적이다.

의사결정의 우선순위

의사결정의 속도를 결정짓는 다른 큰 요인은 모든 의사결정을 동일하게 취급하는 실수이다. 아마존의 제프 베조스는 그것을 '획일화된(one-size-fits-all)' 의사결정이라고 불렀다. 그는 2015년 주주들에게 보낸 편지에서 "어떤 결정들은 결과적으로 일어나고, 돌이킬 수 없거나 거의 돌이킬 수 없다"고 설명했다. 이런 결정들은 일방통행이기 때문이다. 하지만 대부분의 결정들은 훨씬 단순하다. "이들은 변경 가능하고, 돌이킬 수 있는 양방통행이 가능하다."

제프 베조스는 대규모 조직에서 대부분의 결정은 그 결과를 쉽게 되돌릴 수 없기 때문에 신중함과 심각성을 가진 일방통행으로 취급된다는 것을 관찰했다. 그는 이러한 결과가 "느린 속도, 경솔한 위험 회피, 실험적 행위의 불충분으로 나타나며, 결과적으로 새로운 발명이 줄었다"고 적고 있다.

우리는 대기업에서 이러한 현상을 자주 볼 수 있다. 어떤 리더는 그가 속한 기업의 문화에 대해 다음과 같이 말했다. "주변의 것들이 너무 느리게 움직인다. 모든 것에 금칠을 하는 것 같다. 품질은 우수할지 모르지만 어떤 일을 달성하려면 시간이 영원한 듯 너무 오래 걸린다."

당신의 조직이 이와 같은 함정에 빠지지 않도록 하라! 어떤 결정이 진정으로 '일방통행'인지, 적절한 신중함이 요구되는지, 변경 가능한지 그리고 어떤 것을 속도와 실험에 중점을 두고 책임 있게 진행해야 하는지를 명확하게 구분하라.

'대략적으로 올바름'에 만족하기: 모호함을 수용하는 방법

조직의 모든 움직임을 통제하는 체스 마스터가 되고 싶다면 명령하기보다는 일을 가능하게 하는 정원사의 접근방식을 택해야 한다. 정원 가꾸

는 식의 리더십은 모든 것이 가능하지만 수동적이다. 리더는 '눈을 뜨고 지켜보되, 관여하지 않는' 봉사자 역할을 하고 조직이 운영되는 생태계를 만들고 유지한다.[14]

우리는 우리의 전임자들보다 훨씬 더 모호한 세상에 살고 있다. 이 사실을 일단 받아들이면 정보를 공유하고 의사결정을 내리는 것이 훨씬 쉬워지고 당신의 운영 리듬이 가속화된다.

역설적이게도 정보를 더욱 세밀하게 분석하기 위한 빅데이터 활용과 고급 분석으로 인해 발생하는 의사결정 시간 지연은 매우 심각해 보인다. 불행히도 지금 우리가 이용할 수 있는 모든 산더미 같은 데이터에서, 성장전략과 실행을 결정하는 것은 세부적인 분석보다는 여전히 더 많이 통찰력의 원천에 의존하고 있다. 민첩한 조직은 '대략적으로 올바른(Roughly Right)' 결정을 빠르게 내리는 것에 만족하며, 정밀성을 추구하기 위해 시간을 써버리는 것에 큰 가치를 두지 않는다.

의사결정에 더 많은 프로세스를 추가함으로써 새로운 전략 구상에서 발생할 수 있는 모든 위험을 제거하고 효과적으로 성공을 보장받을 것이라고 생각하는 것은 일종의 위안일 뿐이다. 그러나 로저 엘 마틴(Roger L. Martin)이 〈전략기획의 큰 거짓말 The Big Lie of Strategic Planning〉이라는 논문에서 지적한 것처럼 "전략은 원가가 아닌 매출에 관한 것이므로 완벽은 불가능한 기준이다. 따라서 전략은 기껏해야 기업의 베팅 확률을 줄여주는 것이다".[15] 매우 상세하고 복잡한 프로세스는 중요한 결정을 내릴 때 상당한 지체를 야기하고, 이러한 시간의 지체는 곧 커다란 기회비용을 의미한다. 삼성의 이건희 회장은 '**잃어버린 기회는 직접 손실보다 더 큰 위협**'이라고 말했다.

이 회장은 다음과 같이 설명했다. "자금을 잘못 사용하지 않으려면 우리는 무엇이라도 할 준비를 해야 한다. 해야만 하는 어떤 일을 결정할 때, 우리는 기회를 포착하기 위해 모든 것을 걸고 기회를 잡아야 한다. 그렇지 못한다면 기회비용을 최소화해야 한다. 창조적인 제품과 서비스를 다른 제품보다 빨리 출시하지 않으면 살아남지 못할 것이다. 지금은 타이밍이 중요하고 속도가 필수적인 시대이다."[16]

리더십의 어려운 과제 중 하나는 어디에 추가 데이터가 유용한지, 수많은 미지의 것들로 인해 어디에는 더 이상의 데이터가 통찰력에 도움이 되지 않는지, 또는 신속한 행동의 이점보다 잃은 기회로 인한 비용이 더 큰지를 인식하는 것이다. 신속하게 행동하려면 지도자들은 정확성보다 모호성을 기꺼이 받아들여야 하지만, 이와 같은 정신적 전환은 쉽지 않다. 전략기획은 어려운 작업이므로, 사람들은 전략기획을 많은 정보를 투입하면 해결할 수 있는 문제로 다루려고 한다. 마틴이 그의 논문에서 이것은 미지에 대한 두려움에 대처하는 방법이지만 "전략을 수립하는 방법으로는 최악"이라고 한다.

민첩함을 위한 좋은 전략은 조직이 성취하고자 하는 목표를 달성하는 데 무엇을 해야 하고 그런 목표를 현실에서 달성 가능한지에 대한 스스로의 위치를 평가하는 단순하고 조금은 세련되지 않은 과정의 결과물이다. 전략기획의 목표는 모든 잠재적 난관을 예견하고 계획하는 것이 아닌, 성공 가능성을 최적화하는 것이다.

문화, 복잡성, 전략 및 구조 등 많은 요소들이 결합하여 의사결정, 행위 및 결과도출을 느리게 한다. 속도와 서비스에 대한 고객의 기대가 천장을 뚫을 만큼 높아지고 있는 오늘날에도 이런 일은 일어나고 있다. 조직은 예전에 작동한 방식에 의존할 수 없으며, 새로운 복잡한 환경(배의 조종과 표류를 생각하자*)에서 속도를 불어넣기 위해 특별한 접근방식을 사용해야 한다. 다음 장에서는 이 중 한 가지 방법인 실험에 초점을 두고 설명할 것이다.

---

* "배가 목적지까지 항해하는 것이 통나무가 여기저기 표류하는 것보다 더 좋은 것 아닌가? …그런데 우리에겐 이런 차이점이 있다: 지옥에 있다면 표류하는 것이고, 천국에 있다면 항해하는 것이다"라는 희극 대사에서. -조지 버나드 쇼, 『인간과 초인』, 제3막.

Chapter 10

성공 확률을 높여라 Improve the Odds

> "하라스에서 해고되는 방법에는 2가지가 있다. 하나는 물건을 훔치는 것이고, 다른 하나는 사업을 위한 실험에 적절한 통제 그룹을 포함시키는 데 실패하는 것이다."[1]
>
> -게리 러브먼, 하라스 엔터테인먼트의 CEO

　　Chapter 4에서 논의한 첫 번째 사이렌은 '포트폴리오 확장'이었다. 이 사이렌은 현재 사업에서 가까운 곳에 있는 동안에는 성공이 약속되기 때문에 가장 매력적인 사이렌일 수 있다. 이런 유혹이 생기는 이유는 (1) 대부분의 신제품은 실패하며, (2) 기존에 성공한 제품의 약간 다른 버전은 최소한 '어느 정도의 매출'은 될 것이라는 강력한 2가지 생각의 조합이다.

　　이러한 주장은 증가된 라인 확장으로 인해 기존 매출이 잠식되는 '자기 잠식 효과'와 그런 활동이 또 다른 성장을 이끌지 못하는 상황을 간과한 것이다. 하지만 안전한 항구 안에 머물면서 어느 정도 성공을 생각한다는 것은 꽤 강력한 유혹이다.

　　우리가 Chapter 7에서 논의했듯 대담함이 이것의 해독제이다. 그러나 확신에 차서 의심하지 않고 내가 가진 모든 농장을 베팅하는 것처럼 모든 셧을 서는 전략은 사업 또는 카지노에서 그렇게 좋은 전략이 아니다. 그래서 당신이 해야 할 진짜 질문은, '어떻게 하면 새롭고 풍부한 성장 원천을 발굴할 확률을 높일 수 있는가'이다.

이 질문의 대답은 과거의 선형적 중심의 세상과, 고도의 상호 연결성으로 인해 승자를 예측하기 어려운 오늘날 세상과의 격차를 좁히는 데 도움이 되는 사고방식과 이에 따르는 일련의 행동인데, 이는 다음의 3가지 행동으로 요약된다.

1. 성장 원천을 찾기 위해 더 넓은 그물을 던져라.
2. 제품 및 서비스뿐만 아니라 새로운 비즈니스 모델을 개발하는 데 초점을 맞추라.
3. 더 많은 승자를 빠르게 찾기 위해 실험을 활용하라.

원칙 #1: 성장 원천을 찾기 위해 더 넓은 그물을 던져라

상대적 안정성과 예측 가능성이 있는 환경에서는 새로운 아이디어를 얻기 위해 동일한 원천을 계속 활용하는 것만으로도 충분할 수 있다. 그림 10.1에서 보듯이, 기업들은 전형적인 단계별 신제품 개발 프로세스를 사용하고 다른 경쟁 업체들이 무엇을 하고 있는지에 대한 정보를 수집하면서 산업 내부를 살펴본다. 그들은 또한 시너지 효과가 발생할 수 있는 인접 산업이나 기업 인수를 탐색하면서 외부를 관찰한다.

이런 전통적인 접근방식은 아직까지도 중요한 역할을 하는데, 특히 착

그림 10.1: 성장 아이디어의 원천(안정적 환경)

수 초기에 결과 예측이 가능하고 위험 관리가 중요한 큰 자본이 투입되는 프로젝트에서 더욱 그렇다. 이러한 상황에서 단계별 프로세스는 위험을 관리할 수 있으며, 기능적인 해결방안이 도출되도록 보장한다.

그러나 오늘날 시장에서의 복잡성은 전통적으로 새로운 성장 아이디어를 창출해온 기존의 접근방식인 '선형적 구조' 또는 '단순 플랫폼'의 상대적 가치에 의문을 제기하고 있다. 우리는 구글의 수석 경제학자 할 배리언(Hal Varian)이 말한 '**조합의 혁신(Combinatorial Innovation)**' 시대로 진입하고 있다.

> 역사적으로 살펴보면, 혁신가들은 각기 다른 부분을 조합(결합) 또는 재조합하여 새로운 발명품을 만들었고, 시기별로 사용 가능했던 부분들은 다양했다. 1800년대에는 서로 교환할 수 있는 부품이었고, 1920년에는 전자제품이었으며, 1970년대에는 집적회로였다. 이제 우리가 보는 것은 인터넷 구성 요소와 소프트웨어, 프로토콜, 프로그램 언어, 그리고 이러한 요소들을 결합해 완전히 새로운 혁신을 만들어내는 능력을 가진 시대이다.[2]

'조합의 혁신'의 기회는 단지 컴퓨터 분야만이 아닌 모든 산업 분야에 널려 있다. 분명히 컴퓨터 연산능력의 발전은 당신이 속한 사업의 기술과 결합하여, 당신에게 기대감에 넘치는 기회를 제공할 것이다. 과거에는 기업이 잘 정립되어 있어야만 경제적인 대규모의 컴퓨팅 연산능력에 접근할 수 있었다. 이제 이 분야는 아마존 웹 서비스의 운영으로 누구에게나 접근이 가능한 분야가 되었다. 현재 아마존 웹 서비스는 아마존닷컴이 연 매출 70억 달러를 기록했을 때 아마존닷컴을 지원하는 데 필요했던 것과 동일한 물리적 서버의 용량을 매일 추가하고 있다. 이 규모는 스타트업들에게 온디맨드(on-demand) 방식으로 컴퓨터 연산능력의 이용을 가능하게 했다. 이러한 변화는 많은 기존 사업들이 이런 파괴적 현상에 취약하다는 것을 의미한다. 결제처리 분야의 스퀘어(Square), 운송 분야의 우버(Uber), 엔터테인먼트 콘텐츠 개발 및 유통 분야의 넷플릭스(Netflix)를 생각해보자. 조합의 세상에서는 다음의 2가지 추세가 나타난다.

- 잠재적으로 존재를 위협하는 완전히 새로운 경쟁자가 등장한다.
- 큰 변화를 통해 성장을 촉진하는 혁신은 산업 내부의 기존 경쟁사보다는 외부에서 발생할 가능성이 더 높다.

그러므로 새로운 성장의 원천을 발굴할 확률을 높이려면, 새로운 아이디어를 찾기 위한 더 넓은 그물을 던질 필요가 있다. 스스로 도전하라. 혁신은 신제품 개발 프로세스에서만 오는가, 아니면 현장에서 일하는 엔지니어로부터 오는가? 인터뷰 및 설문조사를 통한 고객의 답변으로부터 오는가, 아니면 고객이 실제로 제품을 어떻게 사용하는지를 관찰해서 오는가? 혁신은 업계 내부에서 오는가, 아니면 외부에서 오는가?

당신의 산업 내에서도 당신이 간과했을지도 모르는 새로운 아이디어들에 다가갈 수 있는 방법들이 있다. 그리고 당신의 경계를 넘어서지만 접근할 수 있는 비교적 간단한 것들도 있다. 이러한 방법은 그림 10.2에 요약되어 있다.

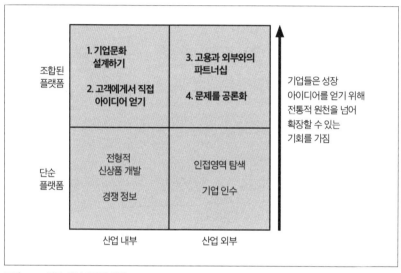

그림 10.2: 성장 아이디어의 원천(복잡한 환경)

기업문화 설계하기

문화는 공학적이기보단 아주 우아한 천상(天上)의 것이라고 흔히 표현되므로 능동적으로 접근되지 않고 수동적으로 접근되는 경우가 많다. 사실 문화는 중립적이지도 않고, 당신이 울타리 안쪽에 있든 또는 반대쪽에 있든 문화는 천상의 것도 아니다. 문화는 가치와 믿음을 포함하지만, 그것을 측정하는 것은 쉽지 않다. 조금 더 직접적으로 측정될 수 있는 문화를 실용적으로 정의하면, 문화는 한 집단을 다른 집단과 구별 짓는 조직의 실무적 관행, 규범, 행동의 집합이다.

문화는 그림 10.3에 설명된 것처럼 '성격'과 '인간 본성' 사이에 위치하는 것이 맞다. 성격은 개인에 특정되어 있으며, 선천적이고 동시에 학습된다. 반면에 인간 본성은 보편적이고 선천적이다. 문화는 완전히 학습되고 집단에 특정되어 있다는 점에서 인격이나 인간 본성과 다르다. 여기서 집단은 곧 당신의 기업이다. 모든 산업에서 가장 최고의 조직들은 그들의 문화에 대해 매우 신중하다. 그들은 자신의 문화를 건강하게 유지하기 위해 적극적으로 관리하며, 그들이 원하는 문화를 기업에 설계하고 구축한다.

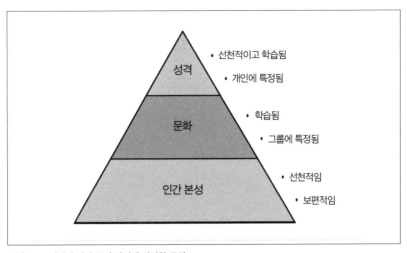

그림 10.3: 성격과 인간 본성 사이에 위치한 문화

(출처: 홉스테드, 민코프, 『문화와 조직: 소프트웨어적 정신』, 3판, 2010년)

조직문화의 청사진을 알 수 있는 핵심 테스트는 '조직의 관행과 행동들이 새로운 성장의 원천을 찾는 활동을 어느 정도 지원하는지 또는 약화시키는지에 대한 평가'이다. 다시 말하면 조직문화가 그림 10.2의 상위 2개 사분면에 위치한 당신의 노력에 도움을 줄 것인가, 아니면 방해하는가?

구글의 에릭 슈미트는 혁신으로 이끄는 조직문화의 힘을 보여준 예전 경험을 이렇게 묘사한다. 2002년 5월 래리 페이지(Larry Page)는 구글 검색을 하면 등장하는 많은 광고들이 검색 주제와 전혀 무관하다는 것을 발견했다. 책임자를 부르거나 회의를 소집하는 대신 관련 없는 결과들을 보여주는 페이지를 출력하고 문제가 되는 광고를 강조한 뒤 게시판에 붙였다. 그러고 나서 그는 게시판 위쪽에 커다란 글씨로 "이 광고들이 왜 여기에 있죠?"라 적고, 집으로 갔다.

광고 팀에서 일한 적이 없는 엔지니어 그룹은 래리 페이지의 쪽지를 보고, 그의 간단명료한 분석에 동의하였고, 이 문제를 해결하기 위해 주말에도 사무실로 향했다. 다음 월요일에 보내온 이메일에서 그들은 "문제가 발생한 이유에 대한 상세한 분석을 포함한 해결책을 설명하고, 이들 5명이 주말 동안 코딩한 해결방안을 시험적으로 적용한 링크와 새로운 시험이 어떻게 현재의 문제점을 개선하였는지를 보여주는 표본 결과를 제공했다".[3] 요점은 광고는 관련성에 근거하여 노출되어야 한다는 것이며, 이는 현재 수십억 달러 규모의 사업인 구글 애드워즈(AdWords)의 기반이 되었다.

기업문화의 설계를 시작하려면, 리더들은 행동을 변화시키는 방법에 대한 이해가 필요하다. 우리가 믿는 것은 우리의 행동방식을 이끈다. 하지만 행동을 이끌어내기 위해 믿음을 바꾸는 것에 우선 집중하면 문화에 변화를 주는 것은 매우 어렵다. 하지만 그 반대는 가능하다. 행동을 유도하기 위해 결과(긍정적 또는 부정적일 수 있는)에 초점을 맞추는 것이 궁극적으로 믿음을 바꾸기 시작한다. 행동은 거꾸로 믿음을 낳는다.

고객에게서 직접 아이디어 얻기

소프트웨어 개발자들은 어렵게 배운 교훈으로 인해 애자일(Agile) 개발 방법을 받아들였다. 즉, 고객들이 제품에 대해 원하는 것을 말할 때, 그 말들을 신뢰해서는 안 된다는 것이다. 유용한 정보를 얻는 가장 좋은 방법은 실제 제품을 고객의 손에 쥐여주고, 고객이 진짜로 좋아하는 것이 무엇인지 관찰하는 것이다.

즉각적인 고객 참여는 이제 소프트웨어 개발 시 당연한 것으로 여겨지지만, 이는 다른 분야에서도 똑같이 중요하다. 운 좋게도 3D 프린팅과 같이 신속하게 시제품을 제작하는 도구들이 그 중요성을 인정받으면서, 고객 참여도 점점 더 실현 가능해졌다. 이러한 접근법은 오랜 시간이 걸렸지만, 이제는 티타늄에서 사람 연골에 이르는 넓은 영역의 물질까지 다룰 수 있다.[4]

신속한 시제품 제작이 물리적 제품에만 국한되어 있다고 생각하면 안 된다. 약간의 창의성(그리고 아마도 몇몇 소프트웨어의 지원)을 가지고 있으면, 당신은 고객들이 새로운 서비스가 어떨지 미리 경험할 수 있는 모의 서비스를 만들어 제공할 수 있다.

2가지 경우 모두 기본적으로 고객의 선호도에 대한 피드백을 수집하기 위해 다른 고객 집단에 제품이나 서비스의 다른 구성을 제공하는 방식이다. 이 2가지 모두 신제품 출시 위험을 줄이고 출시 기간을 단축한다.

고용과 외부와의 파트너십

리타 건서 맥그래스는 『경쟁우위의 종말』에서 "복잡하고 예측할 수 없는 상황에서는 중요한 아이디어가 어디에서 나올지 모른다. 만약 시니어 조직이 매우 동질적이라면, 그들이 다룰 수 있는 정신영역의 범위는 제한적이다"고 말한다.

만약 새로운 아이디어가 당신의 산업 내부보다는 외부에서 나타날 가능성이 더 높다면, 당신은 외부로부터의 새로운 아이디어를 기업에 가져올 방법을 찾아야 한다. 이는 배경이나 경험이 다양한 사람들을 고용하거나, 당신의 조직에 부족한 창의적 혹은 기술적 자원을 가지고 있는 기업과 파트너십(제휴)을 맺음으로써 가능하다.

예를 들어 애플워치의 출시 준비를 하면서, 애플에서는 고용과 관련한 많은 일들이 일어났다. 패션 브랜드인 입생로랑(Yves Saint Laurent)의 CEO가 2013년에 애플에 참여하였고, 애플 매장에서도 '패션이나 럭셔리 브랜드 경력'을 가진 매장 운영 후보자를 물색했다.[5] 그러나 사실 그 이전에도 패션 소매업체인 버버리(Burberry)의 안젤라 아렌츠(Angela Ahrendts)가 애플의 소매 분야의 대표로 임명되면서, 애플이 웨어러블 기술의 출현과 함께 패션과 기술의 융합이 다가왔음을 인식하고 이런 상황에 대비하고 있다는 신호로 분명해졌다.

만약 기업들이 스스로를 생태계의 일부(공식적 또는 비공식적 제휴를 통해)가 아니라, 외부와 떨어진 하나의 섬으로 생각한다면 혁신과 새로운 아이디어를 추진하기 매우 어려울 수 있다. 존 게라시(John Geraci)는 2013년부터 2015년까지 「뉴욕타임스」에서 신제품 담당 이사로 근무한 경험을 소개하면서 이런 이슈를 분명히 했다. 그의 역할은 이익에 기여할 성장을 회복하는 데 도움이 될 새로운 수익 지향 제품의 창조, 출시, 개발을 위해 팀을 이끄는 것이있다. 2016년 「하버드 비즈니스 리뷰」에서 게라시는 "그 일은 큰 프로젝트였고 나를 들뜨게 만드는 것이었지만, 동시에 완전한 실패이기도 했다"고 말했다.[6]

게라시가 「뉴욕타임스」에서 일하던 첫 해에, 「뉴욕타임스」는 기업가적 자질을 갖춘 직원을 찾는 데 중점을 두고, 이에 적합한 인재들을 데려왔다. 2년차에 이르러 신제품이 목표를 달성하지 못할 것이 분명해지자, 「뉴욕타임스」는 이런 방향을 변경하고, 새로운 사업을 평가하기 위해 벤처 투자기업의 사고방식을 구현할 것으로 여겨지는 특별 집행 위원회를 만들었다. 하지만 이것도 잘되지 않았다. 왜? 그 이유는 기업 외부의 생각이 충분히 반영되지 않았기 때문이다. 게라시는 「뉴욕타임스」를 '완전히 내부 엔진을 가진 유기체'로 묘사했다. 예를 들어 「뉴욕타임스」 직원들은 점심 식사를 할 때도, 회의에 참석할 때도 외부로 나가지 않는다. 그들이 필요로 하는 '네트워크가 건물 안에 있기 때문'이다.

게라시는 이렇게 내부적으로 집중된 비즈니스 모델이 전임자들이 일하던 시절에는 잘 작동했다고 말한다. "하지만 오늘날의 세상에서는 그렇지 않다. 유기체적 사고방식을 가진 기업들은 현대 세계에서 살아남기 위해 적응하기에는 너무 느리다. 그들 주변의 세상은 변화하고, 재결합하고, 진화하는 반면에 그들은 오래된 같은 DNA, 문제 및 문제해결 방식 때문에 한 발짝도 나아가지 못하고 있다"고 그는 설명했다.

대안으로 그가 말하는 '생태계 사고방식(Ecosystem Mindset)', 즉 조직들은 그들이 더 넓은 생태계의 일부라는 것을 깨닫는 것이다. 그는 이런 사고방식을 거의 모든 스타트업에서 보았지만 대기업에서는 보지 못했다고 말한다. 그렇다면 목표는 당신의 생태계에서 더 나은 관계를 만드는 것이다. 어떻게? 게라시는 이렇게 조언한다. "문을 열고 빛이 들어오게 하라. 건물 밖으로 나가서 소통하라. 전략 팀과 최고경영자뿐만 아니라 모두와 소통하라. 새로운 가치는 내부에 있는 것이 아니라, 네트워크의 끝에 있는 것이다."

문제의 공론화

'조합의 혁신'의 시대에 당신의 오래된 문제를 해결할 수 있는 새로운 아이디어는 예상치 못한 곳에서 나오곤 한다. 하지만 이것은 사람들이 당신이 해결하려고 하는 문제가 무엇인지 알 때에만 생길 수 있는 일이다. 선 마이크로시스템(Sun Microsystems)의 공동 설립자 빌 조이(Bill Joy)가 말한 "당신이 누구든지 가장 똑똑한 사람들은 대부분 다른 사람을 위해서 일하고 있다"에서 고안된 문제해결을 위한 외부 대중 활용에는 다음의 2가지 방법이 있다.

- 크라우드소싱(Crowdsourcing) 많은 사람들이 이용할 수 있는 토론의 장에 문제를 제시하고 공론화하는 것을 의미한다. 이 방법은 당신에게 방대한 능력과 아이디어의 네트워크를 이용할 기회를 제공하며, 소비재 관련한 사항에 특히 적합하다. 왜냐하면 소비재 자체가 대중들에 의해 만들어진다는 의미를 지니고 있기 때문이다. 하지만 대부분의 관리자들은 낯선 사람들과 자신의 문제를 공유하는 크라우드소싱이라는 근본적인 개념에 대해 여전히 불편함을 느낀다. 이 주제에 대한 「하버드 비즈니스 리뷰」 기사에서 "많은 낯선 사람들에게

문제를 밀어내는 것은 위험하고 부자연스러워 보인다. 특히 내부 혁신을 기반으로 구축된 조직들에게는 더욱 그렇다"고 저자는 언급했다. 그렇기 때문에 "성공담이 늘어나고 있음에도 불구하고 오직 소수의 기업만이 효과적으로 크라우드소싱을 이용하고 있다".[7]

- **크라우드 콘테스트(Crowd Contests)** 문제를 해결하기 위해 제출된 것들 중 최고의 해결책을 선정하여 인센티브나 상을 준다는 점에서 크라우드소싱과 다르다. 크라우드 콘테스트는 달 탐사선 발사와 같은 아이디어를 찾는 데 자금적으로 여유가 있는 조직에게는 매력적으로 보이기도 한다. 크라우드 콘테스트는 실제로 긴 역사를 가지고 있다 (예를 들어 Chapter 6에서 논의한 바와 같은 '항해 경도 측정에 관한 상금'). 그러나 오늘날의 기술로 인해 크라우드 콘테스트를 시행할 수 있는 상황이 좀 더 많아지고, 자주 선호되는 방법이 되었다.[8] 어떤 이슈에 대해 당신이 잘 알지 못하는 기술이나 접근법이 최선의 해결책을 제시할 가능성이 높다면 이는 더욱 좋은 방법이 될 수 있다. 그리고 모든 직면한 문제에 적합하지는 않겠지만, 콘테스트에 참여한 많은 사람들은 조직 내부에서는 도저히 끌어낼 수 없는 다양하고 많은 사고방식을 경험하게 한다.

원칙 #2: 제품과 서비스뿐만 아니라 새로운 사업 모델을 개발하라

지난 10년 동안 기업들은 새로운 제품과 서비스 생산능력을 향상시키는 데 너무나 많은 집중과 노력을 쏟아왔기에, 새로운 성장의 원천이 제품과 서비스가 아닌 다른 곳에 있다고 하면 당황스러울 수 있다. 많은 기업들은 지속적인 제품 도입을 사업 성공의 주요 동력으로 보고 있으며, 3M과 같은 기업들은 이를 우선순위와 핵심 지표로 삼고 있다. 3M은 지난 5년 동안 만들어진 제품에서 발생하는 매출 비율인 '신제품 활력 지수(NPVI, New Product Vitality Index)'가 30%를 상회한다.[9]

그러나 신제품의 가격 우위가 모방 제품에 의해 빠르게 사라지기 때문에, 흥미로운 신제품을 출시하는 것이 안정적인 마진을 보장하진 않는다는 사실은 널리 알려져 있지 않아 보인다. 애플의 사례는 아마도 가장 잘 알려진 대안일 것이다. 애플은 스마트폰의 기능이 빠르게 일반화되었음에도 불구하고 계속해서 사업의 탄력을 유지하고 있다. 그 이유는 애플이 단지 새로운 제품군을 개발한 것이 아니라 새로운 사업 모델도 개발했기 때문이다. 이 혁신적인 사업 모델은 무엇보다도 음악이 판매되고 소비되는 방식(예를 들어 싱글 트랙 대 전체 앨범), 사진에 대한 생각, 그리고 사람들이 세상과 연결되는 방식에 변화를 가져왔다.

파괴적인 사업 모델은 새롭고 독특한 방식으로 고객의 가치를 창출하기 위한 프로세스와 자원의 통합으로 단순하게 볼 수 있다. 클레이턴 크리스텐슨은 불충분한 재원과 접근성, 기술 또는 시간 등의 이유로 사람들이 어떤 일을 수행하는 데 장애가 있는 분야 또는 기업들이 제품이나 고객 세분화에 집중함으로 인해 현존하는 제품을 지속적으로 개선하여 결과적으로 일반 상품화가 점점 더 증가하는 분야에 이러한 파괴적인 사업 모델을 제안한다.[10]

새로운 사업 모델을 살펴보는 것에 대해 많은 논의가 있었지만, 정작 새로운 성장 기회를 제공해줄 혁신을 위한 지렛대로는 잘 활용하지 못하고 있다. 최근 조사에 의하면, '돌파형 혁신가'는 다른 혁신가들에 비해 새로운 사업 모델을 획기적으로 변화시킬 가능성이 거의 2배나 높았다.[11]

집카(Zipcar)는 자동차 공유의 개념을 개척한 대표적인 혁신적 사업 모델이다. 이 기업은 전화로 예약이 가능한 기술과 키카드(Keycard)로 자동차 잠금을 해제하는 시스템을 활용하여, 젊은 도시 소비자들이 차량을 소유함으로 얻는 고민과 비용이라는 명확한 도전 과제를 해결하였다. 집카의 접근방식은 전통적인 렌터카 기업들과 분명한 차이점을 보인다. 다시 말해 기존 렌터카 기업과 목표로 하는 고객군이 다르고(도시의 젊은 연령층 및 집카 회원과 비즈니스 여행객), 편의를 위한 기술을 활용하고(아이폰과 키카드를 이용한 렌트와 렌터카 카운터를 통한 렌트), 보다 세분화된 선택 단위 제공(1시간 단위 렌트와 24시간 단위 렌트), 그리고 차량 종류의 차별화(도요타 프리우스 및 미니 쿠퍼 등 소형차와 쉐보레 말리부 및 도요타 코롤라 등 중형차) 등의 특징이 있다. 결국 집카는 렌터카 산업을 변화시켰으며, 에이비스(Avis)는 2013년에 집카를 인수했고, 경쟁사인 엔터프라이즈(Enterprise)와 헤르츠(Hertz)도 비슷한 전략을 따르고 있다.

공유 경제의 이점

집카(Zipcar)는 공유 경제로 알려지게 된 기업이다. 다른 기업으로는 에어비앤비 (Airbnb, 숙박)와 우버(Uber, 운송)가 있다. 새로운 기술에 의해 가능하게 된 공유 경제는 일부에게는 혁신적인 사업 모델의 기회를 제공하지만 다른 누군가에게는 존재를 위협하는 것이기도 하다.

아룬 순다라라잔(Arun Sundararajan) 뉴욕대(NYU) 교수는 "점점 더 많은 산업에 속한 기업들에게, 내부적으로 생산을 합리화하고 최적화하는 데에만 디지털 기술을 활용하는 것은 충분하지 않다. 당신의 사업이 소비자들에게 비효율적인 소비 모델에 의존한다면, 이미 소비자를 위해서 이런 비효율적 모델을 간소화한 새로운 공유 경제 시장이 이미 어딘가 생겨났을 것이다"[12]라고 말했다.

원칙 #3: 보다 빠르게 승자를 찾으려면 실험을 활용하라

하라스(Harrah's)의 CEO 게리 러브먼에 의하면 '본능의 낭만적 이해'가 존재한다고 한다. 그는 "우리가 속한 산업에서 발견한 것은 본능의 제도화가 많은 문제의 원인이었다"고 말했다.[13] 즉, 감성적 본능은 복잡성 시대에 포트폴리오 확장 기회를 위한 효과적인 지침이 아니다.

본능적 편견을 바로잡기 위해 시험과 실험이 최선의 방법이다. 만약 '낭만적인 이해'가 오래간다면 그것이 유용해서가 아니라 편안함에 기대기 때문이다. 조합의 가능성이라는 바다는 너무나 광대해서 미리 승자를 예측하는 것은 거의 불가능하다. 따라서 우리가 미래 수익의 많은 부분이 현존 사업이 아닌 신규 사업으로부터 올 것이라는 개념을 받아들이고, 우리가 장밋빛(물론, 신뢰할 수 없는) 미래의 색안경을 끼고 신사업을 바라보는 경향이 있다는 것을 인식한다면, 데이터를 넣어서 데이터의 조합을 시험해보는 것은 매우 중요하다. "그냥 거울만 보고 있지 말고, 체중계에 올라가시오." 이것은 학습과 시험을 위한 시스템, 즉 실험 장치를 구축한다는 것을 의미한다.

실험 장치 되기

인튜이트의 스콧 쿡은 새로운 환경에 적응하기 위해서 실험은 선택사항이 아닌 필수사항이라고 보았으며, 기업이 성장함에 따라 의사결정의 자질도 향상될 것이라고 항상 가정해왔다고 말한다. 하지만 인튜이트에 있는 동안 그는 의사결정의 자질이 향상되고 있지 않다는 것을 알아차리고는 걱정하기 시작했다. "우리가 하고 있는 일들 중 일부는 알 수 없는 것인가? 소비자 행동을 예측하는 것이 불가능한 일인가?"

실험에 대한 이런 그의 개인적인 깨달음은 도요타, 야후, 구글을 연구하고 비교한 후에 얻을 수 있었다. 예를 들어 그는 도요타가 조직체계 전반에 걸쳐 '대규모 실험의 연속'으로 운영되고 있다는 것을 발견했다. 야후 직원들은 구글이 1년에 3,000번에서 5,000번의 실험을 하면서 '엄청난 속도로' 새로운 것들을 시도해서 야후를 이겼다고 말했다. 야후 직원들은 쿡에게 "그들은 그냥 우리를 앞질러버렸다. 우리는 관리를 하려고 시도했지만, 우리에겐 그들만큼의 실험 엔진이 없었다"고 말했다.

이런 이유로 쿡은 인튜이트에 '시험적 문화'를 만들기로 하였다. 시험적 문화에는 다음과 같은 여러 이점들이 있다.

- 단지 이론을 바탕으로 결정하는 것이 아니라 실제 소비자와 실제 결과를 보기 때문에 더 나은 결정을 내릴 수 있다.
- 시험방식은 계층구조에 유연성을 부여하여, 하위 직급들이 그들이 생각하는 최상의 아이디어를 시험할 수 있게 하고, 다수에 의해 창의성이 깨지는 상황을 피해갈 수 있는 수단을 제공한다.
- 놀라운 일이 자주 발생한다. 쿡은 "어떤 것을 시도했을 때 그 결과가

당신이 예상한 것과 다를 때에만 놀라움이라는 감정이 생긴다. 가능한 실험을 좀 더 빨리 진행할수록, 당신이 놀라움을 경험할 가능성이 좀 더 빨라진다. 이런 놀라움이라는 것은 당신이 간과하던 것을 시장이 말해주고 있음을 의미한다. 우리가 진행하고 있는 여러 사업은 이런 놀라움을 거쳐 나온 결과물들이다"라고 적었다.

실험과 시장조사

우리는 이번 장의 앞부분에서, 유용한 피드백을 받기 위해 실제 제품이나 서비스를 고객의 손에 쥐어주어야 할 필요성에 대해 언급했다. 어떤 제품이나 서비스를 제공할 것인지를 결정할 때도 이와 같은 원칙이 적용된다. 쿡은 이러한 목적을 위해서도 실험이라는 방식이 시장조사보다 우월하다는 예를 제시한다.

그는 인튜이트가 급여수표를 발행해야 하는 바로 그날에 급여수표를 받을 신규 고객의 60%는 거래 계좌가 있지 않다는 것을 알았다고 말한다. 그러나 통상적으로 수표가 처리될 수 있도록 계좌를 만드는 데는 며칠이 걸리는 상황이었고, 당시 한 엔지니어가 아이디어를 냈다. 인튜이트가 바로 급여수표를 발행하고 이후에 계좌를 설정하는 것은 어떨까?

쿡은 인튜이트가 20명의 고객들에게 이러한 방법을 사용할지 여부를 묻는 시장조사에서 이를 상세히 설명했으나, 어느 고객도 이런 방법을 사용하겠다고 말하지 않았다. 그러나 인튜이트는 거기서 멈추지 않았다. 『린 스타트업The Lean Startup』의 저자 에릭 리스(Eric Ries)의 끈질긴 요청에 따라, 그는 실제로 실험을 해보기로 결정했다. 비록 아직 결제 기능을 가지고 있지는 않았지만, 해당 옵션을 제공해보는 것이었다. 리스는 쿡에게 "만약 그들이 우선 급여수표를 받고, 이후에 계좌를 설정하는 옵션을 뽑는다면, 우선은 '죄송하다. 아직 계좌를 구축하지 못했다'고 말하고, 그들에게 100달러 가치의 상품권을 주자"고 말했다.

쿡은 "우리가 고객에게 의견을 묻지 않은 상태에서 고객이 무엇을 선택하는지 행동을 관찰했을 때, 고객의 58%가 '나는 먼저 급여수표를 받고 싶다'는 옵션을 선택했다"고 말한다. 그래서 이런 기능을 구축하기로 결정했다. 이 실험으로 인해 급여 사업부는 10년 동안 가장 빠른 고객 성장을 경험할 것이라고 쿡은 말하고 있다.

다국적 소비재 기업인 레킷벤키저를 수년간 경영한 바트 베흐트(Bart Becht)는 비록 아이디어가 정상적인 것에서 어긋난다고 하더라도 사람들이 소유하고 싶어 하고 흥미를 보이는 아이디어를 육성하기 위해 실험을 이용하는 것이 필요하다고 믿었다.

그는 수기석으로 자동으로 방향제를 공기 중으로 방출하는 에어윅 프레시매틱(Air Wick Freshmatic)이라 불리는 제품의 가치에 대한 엄청난 내부 논쟁을 일례로 들었다. 이 아이디어는 한국인 브랜드 매니저 중 한 명이 어느 가게를 방문하면서 새로운 종류의 디스펜서를 보았고, 이것을 레킷벤키저가 적용한다면 큰 장래성이 있을 것이라는 믿음에서 비롯되었다. 그래서 그는 이 아이디어를 본사에서 진행된 회의에 상정하였다. 베흐트에 따르면, 그러한 제품이 시장에서 통할지에 대한 강한 의견 불일치가 있었는데, 당시 그 아이디어에 반대하는 주장은 이것이 기업에게는 완전히 새로운 종류의 제품이기 때문에 새로운 제조 시설이 필요할 것이라는 입장이었다.

그러나 회의에 참석한 사람 중 2명은 이 아이디어에서 가능성을 보고 자신들의 주장을 굽히지 않았는데, 이러한 상황은 베흐트가 소규모로 시험을 승인하게 하기엔 충분했다. 영국에서 시작된 초기 테스트는 큰 성공을 거두었고, 연말에는 30개 이상의 국가에서 제품이 출시되었다.

이 사례가 말하고 있는 것은 '당신의 사업 내부에 실험 장치를 구축하기 위한 첫 번째 전제조건은 실험적인 사고방식, 즉 고위 경영진이 좋은 아이디어를 독점하고 있지 않다는 인식, 고객 행동을 예측하는 것이 점점 더 어려워지고 있다는 인식, 그리고 실험은 놀라움의 원천이고 편견을 바로잡는 것이라는 인식이라는 점이다.

실험을 올바르게 추진하기 위해 고려해야 할 몇 가지 핵심 요인은 다음과 같다.

- **실험할 때와 그렇지 않을 때를 알자** 실험을 사업 착수라고 착각하면, 점화 플러그를 당기기 전에 너무 많이 또는 오래 투자할 수도 있다. 『성공의 과학 *The Science of Success*』이란 책에서, 코크 인더스트리의 CEO 찰스 코크는 "우리가 실험을 하고 있다는 것을 잊어버리고 무엇을 하고 있는지 알고 있는 것처럼 베팅을 했을 때 사업은 확실히 어려움을 겪었다"고 쓰고 있다. 그는 1970년대 초 석유와 유조선의 거래에 대규모로 뛰어들기로 한 기업의 결정을 묘사하고 있다. 그것은 실험이었지만 기업에서는 그것을 그렇게 취급하지 않았다. 그 결과 어땠을까? 그는 "1973년과 1974년 중동 석유파동이 일어났을 때 감당할 수 없는 상황에 처해 큰 손실을 입었다. 이 일은 엄청난 교훈을 주는 경험임에는 분명하지만, 내가 이와 비슷한 경험을 다시 하게 된다면 버틸 수 있을지 확신할 수 없다"고 말한다.
- **'가정과 지식'의 변환 비율을 개선하기 위해 실험을 활용하라** 리타 건서 맥그

래스와 이안 맥밀런(Ian MacMillan)과 같은 학자는 저서인 『발견 주도 성장Discovery Driven Growth』에서 확정적 편견이 새로운 사업의 기반을 약화시킬 수 있다고 지적한다. 이들은 "확정적 편견은 사람들이 기존의 가정을 강화(확신)하는 새로운 정보를 받아들이고 이에 도전하는 정보를 거부하도록 이끈다. 시작 단계의 가정이 괜찮았기에 지금까지 잘 해온 기존 사업에는 이런 편견이 그렇게 나쁘게 작용하지는 않지만, 아직 자신이 무엇을 하고 있는지 확실하지 않은 새로운 사업에서는 위험하다"고 말한다. 우리가 생각하고 평가를 내리는 방법은 기존 사업의 역학관계에 훨씬 더 뿌리를 두고 있는 반면, 우리의 미래는 새로운 것에 대한 정확한 평가에 달려 있다. 만약 우리가 가정과 지식 변환 비율을 개선시키려고 한다면, 중요하게 고려할 점은 가정에 대한 명확한 표현을 하기 선이나. 조직이 미리 가정을 명확하게 밝히지 않을 때 2가지 문제에 직면하게 된다. 즉, 가정은 사람들의 마음속에서 사실로 전환되고, 조직은 가정이 명확할 때 배울 수 있는 만큼 많은 것을 배우지 못한다.

• **지속적인 실험능력의 향상에 도움이 되는 지표를 만들라** 당신이 '타석(실험)'에 들어설 수 있는 횟수, 당신을 테스트하고, 손보고, 고객들과 교류하는 횟수를 복잡성 시대의 핵심 지표라고 생각하라. 이는 마치 실험 수를 2배로 늘리면, 새로운 혁신을 발견할 수 있는 기회가 2배로 늘어난다고 아마존의 제프 베조스가 믿는 것과 같다. 구글의 슈미트는 더욱 구체적이다. "우리의 목표는 세계 어느 누구보다 시간과 노력의 한 단위당 설 수 있는 타석 수를 늘리는 것이다." 이에 대한 합리적 논리 중 일부는 실험이 상아탑의 계획보다 더 빨리 새

로운 고객 관련 아이디어에 도달할 가능성을 높이지만, 여전히 가능성은 낮다는 것이다. 즉, 한마디로 많은 실험을 할 필요가 있다. 그러므로 이것은 숫자 게임이다. 그렇기 때문에 구글, 인튜이트, 아마존과 같은 기업들은 효율성지표에 대해 이야기하고, 속도, 비용, 학습률에 관한 시험 프로세스와 시스템을 개선하기 위해 노력하고 있다.

- **작동되지 않는 것은 중단하라** 집중할 가치가 있는 일이기에 여러 번 '타석'의 기회라는 숫자에 매여 너무 오랜 기간을 지속하는 것은 많은 실험이 안고 있는 아킬레스건이다. 모든 사람은 무언가 시작하는 것을 좋아하지, 누구도 일을 멈추는 것을 좋아하지 않는다. 우리는 잘 안 되는 일에 점차 무관심해진다. 기업의 성과급 제도는 실패를 인정하지 못하게 하는 경향이 있다. 아니면 시간이 조금만 더 주어진다면, 또는 한 번 더 자금이 지원된다면 현재 진행하는 이 실험 또는 모험이 성공적으로 바뀔 것이라고 지나친 낙관을 유지하는 것일 수도 있다. 잘 안 되는 일을 멈추는 것은 곧 실패라는 생각은 바뀌어야 한다. 그 증거로 스티브 잡스가 1997년 애플에 재입사한 후 행한 첫 번째 일이 초창기 디지털 개인 비서 프로젝트였던 뉴턴(Newton)을 폐기하는 것이었다. 그는 뉴턴 프로젝트를 멈춤으로써 해방된 엔지니어들을 새로운 모바일 기기 개발에 투입할 수 있었다고 적고 있다.[14]

천재처럼 실험하는 방법

어느 누구도 토마스 에디슨(Thomas Edison)만큼 실험이 숫자 게임이라는 것을 잘 이해한 사람은 없었을 것이다. 최초로 상업성 있는 실용적인 백열등을 발명하기까지 에디슨은 1,600개 이상의 물질(코코넛 섬유, 낚싯줄, 심지어 사람의 머리카락까지)을 실험했다고 한다. 그리고 탄화된 대나무로 작동 가능한 필라멘트를 만들기까지 4만 페이지 이상의 실험 노트를 채웠다고 한다.[15]

당연하지만, 에디슨이 "천재는 1%의 영감과 99%의 노력으로 이루어진다"고 말하는 이유를 우리는 이해할 수 있다. 또한 그는 이런 말을 남기기도 했다. "나는 1만 번을 실패하지는 않았다. 다만 나는 효과가 없는 1만 방법을 성공적으로 발견했을 뿐이다." 분명히, 실패와 실패로부터의 학습은 혁신 과정의 한 부분이다.

천재처럼 실험하려면 다음과 같은 질문을 당신 자신에게 던져라.

성공을 찾는 데 쏟은 당신의 노력은 얼마나 효율적인가? 에디슨이 필라멘트 개발을 위해 엄청나게 많은 재료들을 실험했다는 것은 그가 원하는 정도의 물질을 찾을 확률이 높아진다는 것을 의미한다. 더 많이 시도할수록 성공에 가까이 가는 것이다.

당신은 얼마나 빨리, 그리고 망설이지 않고 어떤 것이 실패라고 선언할 수 있는가? 에디슨은 실패를 배움으로 보았다. 그는 어떤 것을 실패했다고 선언하는 것을 거부하지 않았고, 그는 무언가 실패했을 때 그것으로부터 재빨리 배우고 다시 앞으로 나아갔다. 오늘날 우리는 너무 자주 조직들이 어떤 실패도 선언하기를 꺼리고, 그 결과 실패한 프로젝트에 계속 귀중한 자원을 소비하는 '좀비(Zombie)' 효과가 지속되는 것을 보곤 한다.

실패에서 얼마나 많은 것을 배우는가? 에디슨은 각각의 실패에서 많은 것을 배울 수 있도록 모든 것을 단순하게 유지했다. 그러나 오늘날의 프로세스와 조직의 복잡성은 실패를 통해 배움을 얻고, 이것을 공유하는 데 방해 요인으로 작용한다.

이런 원칙을 개발하면서 얻게 되는 부수적 이익은 현재의 사업 운영과 새로운 사업 개발 사이의 차이점에 주목하게 되어, 그 결과 새로운 사업을 성공하기 위해 무엇이 필요한지에 대한 보다 더 현실적인 관점이 생기게 된다는 것이다.

스스로를 공격에 덜 취약하게 만들기

아이디에이션(Ideation)과 혁신(Innovation)은 오늘날 세상의 2가지 핵심 과제이다. 이 장에서는 첫 번째 도전 과제인 다가올 큰 아이디어를 찾을 확률을 향상시키는 것에 관해 논의했다. 이렇게 되기 위해서 아이디어가 어디에 있든 당신이 쉽고 빠르게 아이디어를 찾고 활용하려는 새로운 사고방식과 구조가 필요하다. 이러한 방향은 고객 피드백이라는 현실 속에서 조직이 흔들리지 않게 하고 내부 편견을 없애는 데 도움이 된다. 또한 이것은 당신을 실험적 사고방식으로 이끌어 일반적으로 더 명확한 비전을 만들어낸다. 맥그래스와 맥밀런은 "발견과 실험에 중점을 두고 운영되는 기업들은 그들의 핵심 사업이 쇠퇴할 위협에 직면하고 있다는 것을 더 빨리 알아차린다"고 말한다.[16]

새로운 아이디어를 위해 조직에 충분한 공간을 주고 낡은 것을 해체하는 핵심적인 도전이 우리가 다음 장에서 중점적으로 논의할 주제이다.

Chapter 11

구축하고, 해체하고, 반복하라 Build, Dismantle, Repeat

"유성영화에 6개월 기간을 더 줄게."

-찰리 채플린, 1931년[*]

복잡성 시내의 리더들의 결정적인 주요 특징은 피할 수 없는 변화의 물결 속에서 조직을 이끌어야 한다는 것이다. 새로운 일을 하고, 항상 해왔던 것을 멈추라. 이 말이 간단해 보일 수도 있지만, 실행하기에는 엄청나게 어려운 일이다. 2가지를 동시에 진행할 수 있는 사업은 마치 희귀 동물과 같

---

[*] 최초의 유성영화인 '재즈 싱어'는 4년 전인 1927년에 개봉되었고, 이 영화의 성공은 새로운 형식의 제작물들을 출범시켰다. 이런 추세에도 불구하고, 채플린의 시티 라이트(City Lights, 그가 가장 좋아한다고 알려진 무성영화)가 1931년에 개봉되었고, 상업적 성공이면서 동시에 중요한 성공을 거두었다. 한 저널리스트는 "찰리 채플린 외에는 아무도 그렇게 할 수 없었다. 그는 유성영화에 대한 대중의 환호를 받을 만큼 '청중을 매료시킨' 독특한 것을 충분히 가지고 있는 유일한 사람이다"라고 적었다. 채플린이 '유성영화'에 계속해서 머물 것을 강하게 주장했지만, 그가 무성영화 배우들 사이에서 유일하게 새로운 형식의 성공을 찾고 있는 사람이었다는 점은 주목할 만하다. 그의 비평에 의하면 이것은 예술 형태의 축소와 확장의 대결이었다. 그는 타임스(뉴요커 잡지에서 보도된 바와 같이)에서 "무성영화는 무엇보다도 보편적인 표현 수단이다. 반면에 유성영화는 영역이 한정되어 있어, 특정 인종의 특정 언어로 고정되어 있다"고 적었다.

다. 이러한 역학을 일컫는 용어가 바로 '창조적 파괴'이다. 이 용어는 오스트리아계 미국인 경제학자인 조지프 슈페터(Joseph Schumpeter)가 경쟁우위의 일시적 성격을 설명하기 위해 처음으로 이름 붙였다. 이 책에서 주장했듯이 창조적 파괴의 순환은 가속되고 있다.

어떤 기업들은 성벽 뒤에 쪼그려 앉아 있는 것으로 창조적 파괴에 대응한다. 그들은 '성벽 사이렌'의 희생양인 셈이다. 그들은 자신이 있는 곳에 머무는 것을 좋아하고 아무것도 바꾸길 원하지 않는다.

기업들은 새로운 것을 추가하는 혁신 또는 현 상태의 최적화인 운영효율화에 큰 투자를 할 수도 있다. 그러나 복잡성 감소와 같은 형태의 필요한 대응인 '오래된 것 제거'에는 소홀히 하는 경향을 보인다. 왜 그럴까? 추측 가능한 이유는 다음과 같다.

- 장애물인 복잡성으로 인한 손실이 정량화되어 있지 않다. 기업들은 '오래된 방식을 지속하기 위해' 얼마나 많은 원가가 발생되고 있는지 모르고 있다.
- 새로운 것이 오래된 것보다 더 흥미롭기 때문에 모든 관심은 '새것'에 쏠려 있다.
- 복잡성은 전체 시스템에 영향을 미친다. 따라서 이로 인한 원가는 어느 한 사람에게 책임을 물을 수 있는 것이 아니다.
- 기존 사업은 흔히 기업 내에서 보존 편향을 만들 수 있는 권한 중심(Power Center)에 있다.

또한 창조적 파괴가 경영원칙으로 실제 적용된 사례는 거의 없다. 대부분의 경영진들이 창조적 파괴에 대해 들어봤지만, 이러한 일시적인 우위의 파도에 올라타기 위해 사고방식과 실행에 실질적인 변화를 주려고 고심해 본 사람은 거의 없다. 지적 수준에서 타당한 것과 그것을 실천하는 것과는 매우 다르게 느껴질 수 있기 때문이다.

앤디 그로브(Andy Grove)와 고든 무어(Gorden Moore)가 인텔을 쇠퇴하는 분야(메모리 칩)에서 벗어나게 하고 새로운 시장(마이크로프로세서)으로 어떻게 진출하게 했는지는 잘 알려져 있다. 하지만 그들이 항상 해오던 것들과 작별하는 과정에 대해 알아보는 것은 가치가 있다. 그로브와 그의 팀은 향후 시장에 관한 정확한 통찰력으로 무장하고 있었음에도, 조직의 근간을 이루던 메모리 칩의 중요성을 중심으로 한 인텔의 거의 '종교적 교리'[1]라 할 수 있는 형태의 저항과 마주할 수밖에 없었다. 대담하고 결단력 있는 지도자로 알려진 그로브 자신도 변화의 본질에 대해 감정적 갈등을 겪었음을 인정했다.

> 정말로 솔직히 말해서, 몇몇 동료들과 메모리 칩 사업을 그만둘 가능성에 대해 의논하기 시작하면서, 나는 얼버무리지 않고 그 말을 입 밖에 내는 데 어려움을 겪었다. 이것은 말하기 너무 어려운 것이었다. 우리 모두의 마음속에 메모리 칩과 인텔은 동일한 것이었다. 이런 기업의 정체성을 어떻게 포기할 수 있을까? 우리가 메모리 사업에 종사하지 않는 기업으로 어떻게 존재할 수 있을까? 당시에 이것은 거의 상상할 수도 없는 일이었다.[2]

비록 당신이 '기업을 베팅하는 식으로 사업의 근본을 확 바꿔버리는 방향전환(bet-the-company pivots)'을 수행하지는 않더라도, 특정 시장과 사업에서 철수해 더 높은 가치를 지닌 분야로 자원을 재배치하고 있는 역할을 수행하는 자신을 발견하게 될 수도 있다.

물론 그것이 고통스럽고 충격적인 경험일 필요는 없다 확실히 자원의 재배치는 때때로 예상치 못한 시장의 변동이 있을 때, 혹은 새로운 경쟁자가 깜짝 놀랄 만한 모습으로 시장에 진입할 때 필요한 약(藥)이다. 그러나 경쟁우위가 일시적일 수밖에 없는 오늘날 세상에서 기업은 '불도저나 토공기계를 들여와 일을 처리하는 방식'이 아닌 '지속적인 잡초제거와 가지치기'를 할 수 있는 능력'을 쌓아야 한다. 실제로 최고의 성장세를 보이는 기업들이 그러한 경향을 보이는 증거가 있다. 리타 건서 맥그래스는 자신의 연구원들이 이들 일류 기업에 대한 자료를 수집하는 과정에서 일류 기업들이 갑작스럽고 고통스럽게 시장에서 철수한 증거를 거의 발견하지 못했다고 회상한다. 대신에 이 기업들은 "구식 기술을 새로운 물결로 통합하는 재주가 있는 것 같다"고 맥그래스는 말한다.

이 장에서는 창조적 파괴를 수용하는 데 도움이 될 4가지 전략을 소개하고자 한다.

- 적극적인 가지치기를 통해 성장을 위한 공간을 확보하자.
- 자산이 아닌 고객의 요구에 주목하자.
- 사업의 본질을 다시 생각하자.
- 새로운 아이디어가 성장할 수 있는 여건을 만들자.

적극적인 가지치기를 통해 성장을 위한 공간을 확보하자

기업들이 포트폴리오를 지속적으로 정리하고 시장에서의 위치를 꾸준히 관찰할 수 있는 능력을 구축한다면, 현재 사업 분야나 세부 시장에서 고통스러운 철수를 경험하지 않아도 될 것이다. 하지만 그렇게 하기 위해서는 흔히 핵심적인 차이가 발생하지만, 사업의 가치가 어디에서 창출되고 있는지에 대한 정확한 통찰력과 훈련이 필요하다.

예를 들어 과거에 상품 및 재고 관리를 위한 SKU의 합리화(최적화) 활동을 여러 차례 수행했던 전문 공구 제조업체 '툴코(ToolCo)'를 생각해보자. 그런 합리화 노력은 정상적인 운영을 방해하는 소량 제품의 하위 5%를 제거하는 것이었지만, 수익의 원천을 잘 이해하지 못했기 때문에 기업이 원하던 원가절감을 달성하지 못했다.

우리의 분석 결과, 툴코 매출의 99%는 SKU 중에 35%로부터 나왔으며, 소량을 생산하는 SKU의 대부분이 매출총이익 단계에서도 수익을 내지 못하는 것으로 나타났다. 그리고 툴코의 성장 계획을 달성하려면 제조능력을 크게 높여야 했고, 그러기 위해서 설비에 대한 상당한 자본적 투자가 필요했다.

우리는 복잡성 분석을 통해 툴코의 대량생산품 원가에 간접비의 대부분을 불균형적으로 배분하고 있었기 때문에, 툴코의 소량생산 제품의 원가가 낮게 평가되고 있음을 알게 되었다. 포트폴리오를 한층 더 심도 있게 정리함으로써 툴코는 이전보다 적은 생산 라인에 제조를 집중시켜 더 높은 효율로 공장 및 직원 생산성을 높일 수 있었다. 기계 및 바닥 공간을 위한 설비투자도 활용도가 낮은 자산을 재배치(그림 11.1의 '향후 공간 계획'의 줄무늬 패턴 공간)하여 성장의 여지(餘地)를 마련함으로써 피하게 되었다.

그 결과 생산 공장 한 곳에서 최소한의 투자로 생산능력의 45% 증가, EBITDA(법인세, 이자, 감가상각비 차감 전 영업이익)의 15% 증가를 이끌어냈으며, 다른 공장에서도 이와 비슷한 결과를 얻을 수 있었다. 변화로 인한 결과는 그림 11.1에 잘 나타나 있다.

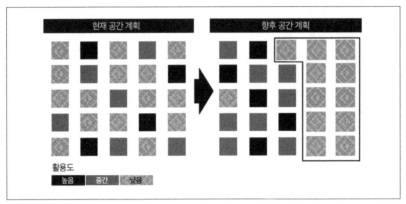

그림 11.1: 성장을 위한 가지치기
툴코는 원가가 저평가된 소량 제품의 대다수를 제거함으로써 자산 재배치 및 바닥 공간 활용을 통해 다른 제품(또는 신제품) 생산을 45% 성장시킬 수 있는 능력을 창출했다.

자산이 아닌 고객의 요구에 주목하자

자산이라는 단어는 긍정적인 의미를 내포하고 있다. 이전 시대에 자산 축적은 대규모 기업들만이 가능한 경쟁우위의 요소였다. 많은 물리적 자산 보유를 통해 대기업은 시장에 새롭게 진입하려는 경쟁자에게 극복하기 어려운 장벽이었다. 시카고 에디슨의 부를 확립한 사무엘 인설의 예를 다시 떠올려보자. 그는 어느 누구보다 큰 발전소를 건설한 다음 더 큰 규모의 경제를 얻기 위해 경쟁사들을 인수하여 엄청난 부를 만들 수 있었다.

그러나 복잡성의 시대에서 자산은 고정된 지지대의 역할을 하면서 변화를 방해하고 미래의 기회를 현재 자산에 맞추는 뒤틀린 작용을 할 수 있다. 자산 축적은 또한 우리가 전략적 실수를 더 많이 할 수 있는 환경을 조성하기도 한다. 이전 시대의 사고방식에 얽매인 리더는 자산을 차별화 요소로 보고, 자산을 다른 조직에서는 갖추지 못한 그들만의 것, 즉 '경쟁 우위'로 생각한다. 그 결과 그들은 기존 자산을 지렛대로 활용하려는 전략으로 편향적 확장을 추진할 수도 있다.

이 책의 앞부분에서 논의한 바와 같이, 기업은 이제 소유권 없이 자산에 접근할 수 있게 되었다. 예를 들어 아마존 웹 서비스를 통한 주문형 컴퓨팅, 네트워크 조정을 통한 주문형 제조 등이 그것이다. 기존의 방식은 자산을 투입할 것인지에 대한 의사결정과 실행으로 인해 많은 시간이 지연되는 반면, 소유권이 없는 접근방식은 시장 상황에 더욱 빠르고 유연하게 대응할 수 있도록 한다. 이를 보다 잘 이해하기 위해 새집을 사고팔고 이사하는 데 수반되는 시간, 노력, 숙고(熟考)를 생각해보자. 결코 작은 일이 아닐 것이다. 이제 그것을 호텔을 바꾸는 작업과 비교해보라.

상상하기 어렵지만, 지금은 사라진 블록버스터(Blockbuster)에서 2004년 자체 DVD 우편 배달 서비스를 시작했을 때, 많은 이들은 이 소식이 경쟁사인 넷플릭스의 종말의 시작이라고 봤다.

당시 「월스트리트저널」은 "블록버스터의 이러한 행보는 넷플릭스에 잠재적으로 심각한 위협이 될 것이다"고 보도했다.[3] 넷플릭스의 사업이 기본적으로 틈새 사업으로 인식되었지만(2000년 블록버스터는 5,000만 달러에 넷플릭스를 인수할 수 있는 제안을 거절했음), 당시 넷플릭스의 DVD 우편 배달 사업은 블록버스터의 사업에 위협이 될 만큼 성장하고 있었다. 넷플릭스는 사업 모델을 개척했지만, 블록버스터는 여전히 넷플릭스와 비교해서 많은 경쟁우위를 누리고 있었다. 블록버스터는 더 큰 브랜드 파워와 5,500

개의 지역 매장을 가지고 있었다. 넷플릭스가 150만 명의 가입자로 사업을 성장시켰지만, 블록버스터의 4,000만 명이 계좌에 비하면 그 규모는 왜소했다.[4] 그래서 블록버스터가 DVD 우편 배달이라는 게임을 시작한다고 발표했을 때, 많은 사람들은 그것이 신흥 기업인 넷플릭스를 망하게 할 것이라고 생각했다.

그런데 우리 모두가 알고 있지만, 상황이 그렇게 전개되지 않았다. 불과 6년 후 블록버스터는 파산을 신청했고, 남아 있던 미국 지점들은 2014년을 마지막으로 문을 닫았다. 한편 넷플릭스는 67억 달러 규모의 거대한 비디오 스트리밍 기업으로 성장했다(그림 11.2 참조).

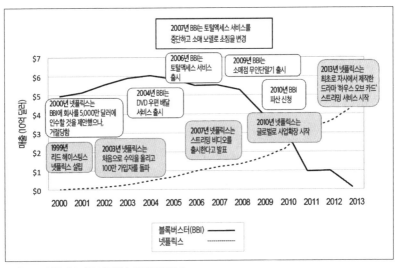

그림 11.2: 블록버스터와 넷플릭스 운명의 변천사

그 사이에 무슨 일이 있었는가? 블록버스터는 처음 존 안티오코(John Antioco, 1997~2007년)에 의해 경영되었고, 이후 짐 키스(Jim Keyes, 2007~2011년)가 경영을 이끌었다. 두 사람 모두 소매업계에서 대단한 경력을 쌓아온 유능한 리더로 평가받았다. 그리고 블록버스터는 곧 다가올 주문형 비디오의 시작에 촉각을 곤두세우고 있었다. 안티오코는 DVD 우편 배송 서비스와 스트리밍 서비스로부터의 위협을 인식하였고, 이에 토털액세스(Total Access)라는 통합 프로그램을 출시하였으며, 골칫거리인 연체료를 없앴다. 그러나 이 문제를 바라보는 또 다른 시각에 의하면 당시 넷플릭스가 집중해야 할 사업이 한 곳(비디오 유통)인 반면에, 블록버스터는 두 곳(비디오 유통과 소매)이었다. 한때 비디오 유통은 블록버스터의 소매점을 통해 이루어졌다. 이런 상황이 중단되었을 때, 블록버스터 소매업체의 손 안에는 근본적으로 분리된 두 사업이 있었고, 둘 사이의 시너지는 거의 제한적이었다.

다트머스 대학 경영대학원의 비제이 고빈다라잔(Vijay Govindarajan) 교수에 따르면, "블록버스터의 가장 큰 실수는 영화를 빌려 보는 고객이 영화를 더 이상 소매점에서 빌리고 싶어 하지 않을 때조차도 블록버스터는 방대한 소매망을 유지하는 데에 전념한 것이었다".[5]

다시 말해 블록버스터는 고객의 요구보다는 보유하고 있던 자산(소매점)을 바탕으로 전략적 결정을 내린 것이다.

고객에게 방문할 이유를 제공하라

복합적인 블록버스터의 문제 중 하나는 소매의 기본을 놓쳤다는 것이다. 만약 당신의 사업의 본질이 소매업이라면, 당신이 해야 할 핵심 질문은 고객이 지나칠 수 없는 좋은 제안을 통해 장기간에 걸쳐 고객의 충성심과 신뢰를 유지하고, 핵심 고객을 가장 잘 끌어들일 수 있느냐는 것과, 상점에서의 미력적 경험을 활용해 어떻게 효과적으로 고객에게 상품과 서비스를 전달할 수 있는가에 있다. 이것이 소매업의 기본이다. 만약 당신의 사업이 비디오 유통업이라면 디지털 시대에 소매점은 점차 그 핵심으로부터 멀어지게 된다.

짐 키스는 블록버스터의 사업을 소매업의 관점에서 접근했다. 전 세븐일레븐 CEO였던 키스는 사탕과 과자, 기타 충동구매 물품 등 편의점 상품의 진열방식을 포함해 모든 상품의 가치를 높이는 데 집중했다. 그러나 그는 고객이 방문해야 하는 이유라는 핵심 이슈를 다루지 않았다.

또한 순수 소매업임에도 불구하고 고객과의 신뢰를 쌓기 위한 일을 거의 하지 않았다. 안티오코는 연체료를 골칫거리라고 생각했으며, 리드 헤이스팅스(Reed Hastings)가 넷플릭스를 창업한 근본적인 이유도 연체료를 없애기 위함이었지만, 키스가 경영할 때 2억 달러의 수익을 포기할 수 없다고 주장하여 연체료 정책을 다시 부활시켰다.

그래서 블록버스터는 소매업으로서 기본을 잃어버렸다. 분명한 사실은 영화를 빌리기 위해 더 이상 블록버스터를 방문할 필요가 없게 되었을 때, 사람들은 그곳에 가는 것을 멈추었다는 것이다.

사업의 본질을 다시 생각하자

그렇다면 블록버스터가 기회를 잡을 수 있었던 전략적인 옵션이 있었을까?

디지털 TV쇼와 영화에 대한 접근이 어느 곳에서나 가능해지면서 아마존과 넷플릭스가 차별화의 원천인 독자적인 독점 콘텐츠를 어떻게 생산하고 있는지에 주목할 필요가 있다. 블록버스터에게도 매장 네트워크 중심에서 스트리밍 전략으로 이동하는 것이 생각하지 못할 방향은 아니었다.

물론 어떤 일이 벌어진 이후에 그 일을 판단하기는 쉽다. 앞서 말한 바와 같이 전략이 항상 정확한 것은 아니다. 그러나 상황에 대한 당신의 판단이 명확할수록, 그리고 당신 앞에 놓인 함정의 유형을 더 잘 인식할수록 전략을 바로잡을 수 있는 가능성은 더 높아진다. 확실히 블록버스터가 사업의 본질을 소매 또는 비디오 유통업이 아닌 영화 전문기업으로 정의했다면, 다른 차별화 전략을 수립했을지도 모르는 일이다.

사업의 본질에 대한 올바른 정의는 성공적인 전략을 뒷받침한다. 이것은 보다 민첩한 전략적 대응을 이끌 뿐 아니라, 변화와 함께 오는 정신적 충격을 현저히 감소시킬 수 있다.

디지털 카메라와 내장형 스마트폰 카메라의 상승으로 2012년 파산 신청을 한, 한때 미국의 우상이었던 이스트먼 코닥(Eastman Kodak)의 경우를 생각해보자. 코닥의 주요 경쟁사였던 후지필름(Fujifilm)은 디지털 기술로의 이동에도 불구하고 사업을 다양화하면서 성장했다. 이 결과적인 차이는 두 기업의 적응력에서 찾을 수 있다.

두 기업은 모두 변화가 올 것이라고 판단했다. 전 코닥 임원인 래리 매테슨(Larry Matteson)은 1979년에 작성하던 보고서를 회상하면서, 「이코노미스트」에서 보도된 바와 같이 2010년까지 정부의 정찰 업무, 그다음으로 전문 사진 영역, 그리고 마지막으로 대중적 시장에 이르기까지 각각의 다양한 시장에서 어떻게 필름이 디지털로 전환될 것인지를 상세히 기술했다.[6]

흥미롭게도 두 기업이 그 정보를 어떻게 소화했는가에는 큰 차이가 있다. 정보에 따르면 코닥에서는 '완전히 전면적인 부정'의 입장을 보였다고 한다.[7] 1970년대에 처음으로 디지털 카메라를 발명한 코닥 엔지니어 스티븐 새슨(Steven Sasson)은 경영진이 그 개발에 당황했던 것을 기억했다. "시제품은 토스터만큼 컸지만 기술자들은 그것을 좋아했다. 그러나 그것은 필름 없는 사진이었기 때문에 경영진의 반응은 '귀엽네요. 하지만 이것에 대해 어느 누구에게도 말하지 마세요'였다."[8]

이익의 관점에서 볼 때 그 반응은 합리적이었다. 필름은 고수익 상품이었고, 상품을 판매할 수 있는 기간은 길면 길수록 더 좋았다. 그러나 동시에 그 끝도 예측이 가능했다.

두 기업은 결국 그런 사업적 위협에서 깨어났다. 코닥은 당시 사업에서 크게 벗어나지 않는 범위에서 디지털 이미지 및 영상에 미래를 걸었다. 이것은 이익 관점에서 험난한 길이었으며, 더욱이 스마트폰의 등장으로 더욱 험난한 길이 되었다. 반면 후지필름은 다른 경로를 택했다. 후지필름은 특정 제품보다는 나노기술, 감광 물질, 화학 물질과 같은 기존의 전문 지식을 바탕으로 새로운 사업의 정의를 구체화했다. 후지필름은 의약품, LCD 디스플레이, 화장품과 같은 다른 시장에서 그들의 화학 전문 기술을 활용할 수 있다는 것을 발견했다. 한 예로 콜라겐은 항산화 성분으로 인해 사진이 퇴색되는 것을 막아주는데, 이러한 물질에 대한 지식은 '아스타리프트(Astalift)'라는 안티에이징 스킨케어 제품 라인의 발판이 되었다.

그렇다고 후지필름의 이러한 변화에 고통이 없었다는 뜻은 아니다. 후지필름의 CEO 시게타카 코모리(Shigetaka Komori)는 이렇게 말했다. "후지필름과 코닥은 모두 디지털 시대가 밀려오고 있다는 것을 알고 있었다. 문제는 이제 디지털 시대에 무엇을 해야 할 것인가에 있다."[9] 실제로 구조조정의 일환으로 후지필름은 몇몇 공장을 폐쇄하고 해고를 발표했다. 구조

조정으로 총 3,500억 엔(33억 달러)에 달하는 1만 명의 일자리가 사라졌다.

코모리 사장은 "디지털화가 발생했을 때 얼마나 획기적으로 사업을 혁신할 수 있느냐가 가장 결정적인 요인이었다"고 말했다. 배가 가라앉을 때 어느 누구도 큰 소리로 불평하지 않는다. 그럼에도 불구하고 후지필름은 사업의 본질에 대한 정의를 기존 사진 필름과 인쇄업에서 벗어나도록 확장함으로써, 기존의 능력을 활용하면서 경제적으로 실현 가능한 길을 개척할 수 있었다.

새로운 아이디어가 성장할 수 있는 여건을 만들자

지금까지의 사업에서 손을 떼는 것은 전투의 절반에 불과하다. 당신에게는 새로운 아이디어가 필요하다. 역설적이지만, 신사업들이 역사적으로 볼 때 수익성이 높았던 일부 사업에 의해 밀려나거나, 발을 내딛기도 전에 시장에서 쫓겨나는 일은 비일비재하다.

이런 점에서 스타트업은 대기업에 비해 큰 이점을 갖고 있다. 대기업의 경우 신사업이 문턱을 넘어서지 못한다면, 사업을 포기하거나 그대로 방치하고 넘기려는 압박이 크다. 반면 스타트업은 반드시 성공해야만 하고, 첫 번째 시도가 통하지 않으면 그들의 타고난 본능은 어떻든 잘될 때까지 재창조하고 재구성하는 것이다. 많은 사람들이 이것을 '**방향전환**(Pivot)'이라고 말하며, 대기업과 극명히 대조되는 특징 중 하나이다.

기업가들은 실패라는 오명을 피하는 데 집중하지 않는다. 그들은 사업이 잘 작동하도록 만드는 데 집중한다. 이러한 목적을 위해, 스타트업들이 성공이라는 길을 찾기 전까지 막다른 골목길을 벗어나는 데 많은 시간을 보내는 것은 흔한 일이다. '옐프(Yelp)'는 친구들에게 추천 요청 이메일을 보내기 위한 자동화된 시스템으로 출발했는데, 이런 사업 모델은 흥미를 끌지 못했다. 이후 옐프 사이트가 지역 업체들에 대한 후기를 게시할 수 있도록 허용(흥미로운 특징처럼 보이지만, 성장 동력으로 보기는 어려운 아이디어)했을 때에 비로소 상황이 호전되었다.

에릭 리스는 그의 책 『린 스타트업』에서 성공적인 제품개발과 관련하여 그가 말하는 최우선적인 도전은 '언제 **방향전환**을 하고 언제 인내할지를 결정하는 것'이다. 다수의 가치 있는 아이디어, 사업 및 제품들은 (1) 다른 고객 세그먼트, 애플리케이션, 채널 등으로의 방향전환과 (2) 상당한 좌절을 이겨낸 인내가 있는 다음에 길을 찾았다.

마이크로소프트는 처음에는 많은 비난을, 이후 많은 칭찬을 받았던 서피스(Surface) 태블릿을 통해 이러한 상황을 경험했다. MS는 기존의 제품 설계와 개발방법론을 이용하여 서피스 태블릿의 첫 버전을 개발하면서, 모든 것을 완전히 비밀에 부쳤다. 제품 특징과 요구된 사양, 제품개발의 기술적 측면 모두에서 실행이 제대로 이루어지지 않았기 때문에 성공하지 못한 흥미로운 개념이었다. 결과는 9억 달러 손실이었다.

CNN머니는 "마이크로소프트는 경쟁사에게 정보를 주고 싶지 않아서 개발 팀을 비밀 연구실에 숨어서 개발하게 했으며, 무의미한 암호명 'WDS'까지 부여했다. 고객들에게 피드백 한 번 받지 않고 제품이 출시되었다"고 전했다.[10] 이러한 비밀 행보는 모든 사람들이 매력적이라고 생각하는 '광범위한 융합(Broad Convergence)' 개념의 정교함을 위한 고객 참여에서 마이크로소프트를 분리시켰다. "그것은 태블릿이 가진 이점을 모두 본질적으로 제거하는 엄청난 것이었다." 그 후 마이크로소프트는 개발방법론을 완전히 뒤집고 제품개발 중에 지속적인 고객 참여를 가능하게 하는 신속한 시제품 제작 모델로 전환했다. 그 결과 서피스 프로3은 큰 성공을 거두었다.

파노스 파나이(Panos Panay) 서피스 컴퓨팅의 책임자는 다음과 같이 말했다. "그 손실 금액을 보고 있으면, 당연히 초라하게 느껴질 수밖에 없다. 그러나 마이크로소프트는 지금까지 매우 잘 해왔으며, 놀라운 제품을 만들겠다는 약속을 단 한 번도 어기지 않았다." 마이크로소프트는 서피스를 지원할 수 있는 자원을 갖추고 있지만, 서피스 제품을 바로잡고 성공시킬 때까지 끈질기게 열심히 한 것은 주목할 가치가 있다. 그렇지만 이것을 바로잡기 위해 비싼 방법을 썼으며, Chapter 10에서 언급한 실험과 관련된 교훈인 언제 실험해야 하는지, 언제 그렇게 하지 말아야 하는지를 잊고 있었다.

반면 스타트업은 사용할 돈이 10억 달러조차도 안 된다. 리스는 사업가들이 사용하는 '자금이 바닥나기 전에 성공할 수 있는 남은 시간을 묘사하는 활주로(runway)'라는 용어를 재해석해야 한다고 제안한다. 그는 다음과 같이 말한다.

> 활주로의 진정한 측정은 스타트업에게 얼마나 많은 피벗의 기회, 즉 기업의 비즈니스 전략을 근본적으로 바꿀 수 있는 방향전환의 기회가 얼마나 남았느냐는 것이다. 시간의 렌즈보다 피벗 렌즈를 이용한 활주로 측정은 활주로를 확장할 수 있는 또 다른 방법을 제시하며, 각각의 피벗에 더 빠르게 도달하도록 한다.

이러한 논의가 대규모 다국적 사업에 미치는 영향은 무엇인가? 가장 주된 교훈은 아무리 좋은 아이디어라도 처음엔 완벽한 상태로 나오지 않는다는 것이다. 아이디어가 히트 상품이 될 때까지 양육과 많은 실험 및 재작업이 필요하다. 그러므로 기업은 초기 실패를 보고 새로운 성장 계획의 궁극적인 성공과 실패를 단정하지 않아야 한다.

둘째, '방향전환'이 당신이 사용하는 용어의 일부이며 사업의 일부인지를 확인하라. 대기업들은 당연히 스타트업보다 민첩성이 떨어지는 부담(더 많은 결정 단계, 더 많은 예산 통제, 더 많은 목소리들)을 안고 있다. 거대한 배처럼 그들은 느린 회전 반경을 갖고 있다. 그러나 너무 이른 포기가 비생산적인 것과 마찬가지로 맹목적인 인내심도 그렇다. 이는 경로 수정이 필요하다는 새로운 정보가 있음에도 자동화된 비행조정 프로그램이 당신을 벼랑 끝으로 몰고 가는 것과 같다. 사업의 방향전환은 발견 프로세스의 일부이므로, 프로젝트 시작 시점에 우리가 몇 개의 방향전환을 시도할 예산이 있는지에 대한 질문을 던져야 한다.* 그 방식으로 최소한 논의

---

* 피벗(방향전환), 인내하기, 혹은 죽이기? Chapter 10에서 실험이 새로운 성장 기회를 개발하는 데 어떻게 도움이 될 수 있는지에 대해 논의할 때, 우리는 "작동하지 않는 것은 중단하라"고 권고했다. 그러나 이 장에서 우리는 당신이 피벗과 인내를 통해 좋은 아이디어에 기회를 줄 것을 제안하고 있다. 어떻게 2가지 생각을 조화시킬까? 그게 항상 쉬운 일은 아니다. 그러나 몇 가지 원칙이 도움이 될 수 있을 것이다: ① 실험해야 할 때와 그렇지 않을 때를 알아야 한다. 만약 후자라면, 그것은 당신이 이미 베팅하고 있는 시장이나 기술을 어느 정도 개발했다는 것을 의미하며, 이것은 지속적인 투자를 보장할 수도 있다. ② 당신 조직의 제약 조건과 역량 그리고 얼마나 많은 베팅을 지원할 수 있는지를 명확히 하라. 스티브 잡스는 애플이 그렇게 심각한 곤경에 처해 있지 않았다면 뉴턴 프로젝트를 살리려고 시도했을지도 모른다고 암시한 바 있다. 가장 큰 자원의 제약은 아마도 당신이 가장 신뢰하는 사람들일 것이다. 당신은 이들을 어디에 베팅할지 선택해야 할 것이다. 따라서 이것이 향후 사업의 초점에서 벗어난다면, 중단될 가능성이 높다. 이러한 것을 선택하기는 쉽지 않지만, 자원을 집중하지 않는다면 개발은 지연될 것이고 노력은 희석될 것이다.

하면 되는 것이다.

당신의 취약성을 평가하기

이 장에 제시된 예들을 보면, 그 어떤 변화도 마른하늘에 치는 벼락 같은 것은 없었다. 블록버스터는 넷플릭스가 곧 나타날 것을 알고 있었다. 코닥과 후지필름은 기술 변화를 인식하고 있었으며, 이것이 기존 사업에 어떤 영향을 미칠 수 있는지를 알고 있었다. 물론 항상 이런 예들만 있는 것은 아니다. 음악 배급과 위성 내비게이션 장치를 포함한 많은 사업들이 스마트폰의 등장으로 다소 빠르고 극적인 방식으로 상황을 전환했다. 그러나 많은 경우에 변화는 점차적으로 나타나거나, 또는 앤디 그로브의 표현대로 "쾅 소리를 내며 들어오는 대신에 작은 고양이 걸음으로 접근한다".[11]

중요한 것은 '당신의 조직이 변화를 관찰하고 후속 조치를 취할 수 있는 올바른 사고방식을 가지고 있는가?'이다.

흔히 조직들이 그렇게 하지 못하게 막는 것은 근본적으로 이런 미묘한 변화에 귀를 기울이거나 행동을 취하지 못하게 만드는 정신적 모델에 있다. 높은 성벽! 하지만 심각한 위협을 무시하기엔 얼마나 정신적으로 취약한가?

다음 문장들이 사업을 어느 정도 설명하는지 생각해보자. 만약 당신의 사업에 대한 생각이 아래 문장과 유사하면, 당신의 사업은 더욱 취약한 것이다.[12]

- **우리는 사업부별로 자원을 배분하고, 보통 전년도 예산을 기준으로 금액을 약간씩 소정한다** 자원배분은 리더로서 사업이 시장 상황에 맞게 움직이고 있음을 확신하고, 사업확장을 제어하고, 시장에서 철수를 관리하는 가장 좋은 방법의 하나이다. 사실 매년 더 적은 예산을 요청하는 관리자는 거의 없기 때문에 일반적으로 발생하는 실수는 자원을 분산하여 배분하는 것이다.[13]

  이런 실수로 인해 자금이 성장하는 영역에 집중되도록 현명하게 재분배되지 않고, 각 사업부에 인질로 잡힌다. 이러한 사실은 전년도 예산과 관계없이 제로베이스에서 시작하는 자원배분의 필요성을 강조하며, 이는 전년도에 배분된 금액을 기준으로 인상률을 협의하는 통상적인 예산 책정 프로세스와 대비된다.

- **새로운 기회를 추진하기 전에, 새로운 기회가 우리 기존 사업의 주요 제품이나 주요 분야를 자기잠식하지 않을 것이라 확신한다** 경쟁 구도가 당신의 조직 내에서 발생되는 경우에도, 당신 기업에서 가장 잘 판매되는 제품에 대해 새로운 경쟁 제품이 생기는 것에 대한 걱정은 이해할 만하다. 하지만 새로운 제품으로 기존 제품의 시장을 뺏지 않는다면, 결국 다른 누군가가 그렇게 할 것이다. 아마존이 자체 보유하고 있는 중고책을 판매하면서, 동시에 제삼자도 중고책을 판매할 수 있는 아마존 내에 '장터(Marketplace) 서비스'를 시작했을 때, 출판업자들은 이 서비스가 신간 책의 판매량을 떨어뜨릴 것이라고 말했고, 아마존 내부 특히 판매 번호를 맞추는 데 이중으로 어려움을 겪고 있던 카테고리 관리자로부터 즉각적인 항의가 있었다. 그러나 베조스는 이것이 고객들에게 더 많은 선택권을 제공하는 것으로 판단했다. 아마존 엔지

니어링 부사장이었던 닐 로스만(Neil Rosman)은 "제프는 처음부터 아주 명확했다. 다른 사람이 우리보다 싸게 팔 수 있다면, 우리는 그들을 허용할 수밖에 없고 그들이 어떻게 그렇게 할 수 있는지 알아내야 한다"고 말했다.[14]

- **판매 채널 파트너가 우리 사업에서 가장 중요하다. 우리는 판매 채널에 충돌을 일으키는 어떤 일도 해서는 안 된다** 채널 갈등은 중간 유통망을 거쳐서 소비자에게 제품을 판매하는 기업들(예를 들어, 소매점을 통한 소비재 유통기업)에게 항상 조금씩 문제가 되어왔다. 이들의 고민은 '온라인 상거래가 등장하고 아마존과 같은 공격적인 경쟁자들이 최종 소비자에게 전례 없는 다양한 직접적 선택 옵션과 가격 비교를 제공하는 상황에서, 어떻게 소비자들의 관심을 끄는 동시에 중간 상인들을 만족시킬 수 있는가?'이다. 채널 충돌을 관리한다는 것은 '경쟁사들이 재빠르고 직접적으로 소비자들에게 다가갈 수 있는 상황이 초래될 수 있는 비효율성과 지연의 원인'이 된다는 것이다.

- **결국 중요한 것은 증가된 매출이다** 매출 증가는 좋을 수도 있고, 나쁠 수도 있다. 만약 매출 증가가 많은 것을 더 복잡하게 하여 원가가 수익보다 더 커지거나, 장기 고객 가치와 상충되는 경우 매출 증가는 기업에 부정적으로 작용한다. 짐 키스가 블록버스터에 연체료를 다시 도입했을 때, 그는 그것이 주는 상당한 이익 기여도를 주장했으나, 결국 블록버스터의 관에 못을 하나 더 박는 일이 되었다.

- **우리의 역사와 기업의 전통은 전략적 결정에 강하게 영향을 미친다** 사업적 성취와 기업의 전통 유산에 대한 자부심은 시장 변화의 속도에 부합할 수 있는 역량에 방해되지 않거나, 고객이 원하는 것에서 괴리를 발생

시키지 않는 한 본질적으로 긍정적이다. 결국 가장 중요한 점은 '고객은 코닥의 전통적 유산에 별로 신경 쓰지 않았지만, 코닥은 이것에 신경 쓰고 있었다'는 것이다.

만약 위에 언급된 내용들이 당신의 조직을 반영한다면, 당신의 조직은 위험한 상황에 놓여 있다. 지금 바로 이러한 관행에 대해 경고를 울려라. 그리고 파괴적인 위협들이 어떻게 위장하여 숨어 있거나, 조직 내에서 경시될 수 있는지에 대해 주의를 기울여라.

당신의 새로운 출발점: 일시적 우위의 현실에 맞추자

『경쟁우위의 종말』에서 맥그래스는 '사업의 구축, 해체, 반복에 익숙한 기업'에서는 "시장에서 철수한다는 것은 아주 똑똑한 행동으로, 실패는 유용한 통찰력의 전조(前兆)로 본다"고 적었다. 또한 그녀는 이런 기업들은 수명주기에 맞추어 한 분야에서 다른 분야로 이동하기 위한 흐름을 개척한다고 말한다. 이것은 모든 잘못된 반작용을 만드는 '안정성의 추정'을 당연한 것으로 간주하고 있는 절대 다수의 조직들과 대조된다.

'안정성의 추정'은 기존 사업 모델에 따라 형성되는 관성과 힘을 허용한다. 그리고 사람들을 일상적인 마음의 습관으로 빠지도록 한다. 이것은 영역 전쟁과 조직적인 경직성을 위한 환경을 조성한다. 이것은 혁신을 억제한다. 이것은 전략적인 다음 단계에 대한 사전 설계보다는 거부 반응을 촉진하는 경향이 있다. 변화 관리를 특별한 관심과 훈련 및 자원

을 필요로 하는 정상적이지 않은 활동으로 본다.[15]

복잡성의 시대에는 이런 방향을 180도 전환해야 한다. 당신이 어떤 것을 개발하든, 이것으로 인해 단지 일시적인 우위에 있을 것이라고 항상 생각하라. 리더로서 묻고 있는 질문들을 바꿔라. '어떻게 예상치 못한 일을 처리할 것인가?'라는 질문 대신에 '예상치 못한 일에 항상 대비하기 위해 우리는 무엇을 해야 할까?'를 질문하라. '어떻게 자산을 보존할 수 있을까?' 또는 '어떻게 하면 충격적인 경험을 피할 수 있을까?'라는 질문 대신에 '어떻게 하면 손쉽게 재구성하고 변경할 수 있는 우리의 위치를 만들 수 있을까?'라고 질문하라.

근본적으로 시장은 매우 단순한 이유로 기업보다 우월하다는 것이다. 시장은 안정과 연속성을 추구하지 않는다. 시장은 역사의식, 기존 관계, 또는 그들 자사 제품의 자기잠식으로 인한 매출 감소에 대한 두려움 등 기업을 혼란에 취약하게 할 수 있는 요소들로 인해 영향을 받지 않는다. 그렇다면 리더는 무엇을 해야 할까? 전략 수립 과정의 중심에 '사업 중지의 가정(Assumption of Discontinuity)'을 세우고, 성벽을 경계하고, 그리고 일시적 우위라는 현실에 맞게 일을 추진하고 의사결정하라.

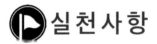 # 실 천 사 항

탐험가의 사고방식을 갖추었는지 평가하기

기회:

우리는 탐험가의 사고방식의 핵심 요소들, 즉 기업이 어떻게 성장을 추구하고, 이후의 행위를 지배하는지의 정신적 모델을 설명했다. 다른 말로 바꾸면 기업의 문화이다. 당신의 조직이 탐험가의 사고방식을 얼마나 잘 반영하고 있는지의 평가를 통해 잠재적인 기회의 영역이 드러날 수 있으며, 이는 보다 확고한 성장문화를 구축하기 위한 첫 단계이다.

핵심 토론 주제:

탐험가 정신	토론 질문
우리의 전략은 대담하고 우리의 독특한 신념을 반영한다.	• 우리의 독특한 신념은 무엇이며, 이 신념이 우리의 전략에 어떻게 구체화되는가? • 우리 사업은 어떤 불합리한 목표를 받아들여야 하는가?
우리는 몇 가지 일에 냉철하게 집중하고 있다.	• 리더로서, 우리는 단순화 원칙을 공유하고 있는가? • 몇 가지 핵심 전략적 우선순위에 어떻게 집중하고 있는가?
우리가 하는 모든 일에 속도가 중요하다.	• 우리의 마진 대체율을 경쟁사와 어떻게 비교할 것인가? • 우리 조직은 적응성, 대응성 또는 효율성을 위해 구성되어 있는가?
우리는 성공 확률을 높이기 위해 자주 실험을 한다.	• 우리는 얼마나 멀리, 넓게 성장의 근원을 찾고 있는가? • 얼마나 충분히, 빠르게, 자주 실험을 하는가?
우리는 새로운 기회를 잡기 위해 쉽게 사업의 방향전환을 한다.	• 우리는 일시적 또는 지속적으로 집중하고 있는가? • 어떤 관행과 믿음이 우리를 망설이게 하는가?(기존 제품의 자기잠식으로 인한 매출 감소 우려, 채널 충돌 등)

검토 대상 영역:

- 토론과 추가 검토 및 분석을 통해 당신이 탐험가의 사고방식 축의 어디에 위치하는지 표시하라(그림 참조).
- 당신과 비교해볼 때, 경쟁사는 어디에 위치하는지 추정하라.
- 목표한 개선점을 달성하기 위한 중점 분야를 파악하라.

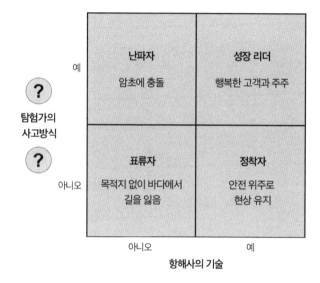

Part IV

항해사의 기술

The Navigator's Skill Set

Chapter 12

실제로 돈을 어디에서 버는지를 파악하라
Know Where You Really Make Money

"맹인이 다른 맹인을 인도하면, 둘 다 구덩이에 빠질 것이다."
- 마태복음 15장 13-14절

대부분의 기업들은 그들이 돈을 어디에서 어떻게 벌고 있는지를 정확히 알지 못한다.

충격적으로 들릴지 모르지만, 곰곰이 생각해보면 사실인 것을 눈치챌 것이다. 만약 당신의 기업이 다른 많은 기업들과 비슷하다면, 당신은 기업 전체의 원가는 알지만, 보다 세분화되고 실행 가능한 수준으로는 알지 못한다. 다시 말하면 당신은 기업의 전체 수익이 얼마인지 알고 있지만, 제품별 또는 고객별 이익을 명확하게 알지 못한다. 그리고 다른 사람들처럼 아마도 기업이 수행하고, 판매하고, 제공하는 많은 제품들의 원가가 당신이 알고 있는 원가보다 실제로 훨씬 더 높고, 따라서 이익을 적게 내고 있다고 믿고 있을 것이다.

만약 이것이 사실이라면, 그 반대의 경우도 사실이다. 즉, 당신의 기업이

하는 일 중 일부는 실제로 원가가 적게 들고, 따라서 당신이 알고 있는 것보다 훨씬 더 많은 이익을 낸다는 것이다. 우리는 이익을 만들어내는 제품, 고객, 부문, 활동 등을 '원가의 바다'에 떠 있는 '이익의 섬'이라 부른다.* 그러나 오늘날 대부분의 기업들에 일반적으로 존재하는 '교차보조금(cross-subsidization)' 때문에 대부분의 경우 섬과 바다가 안개 둑 뒤에서 함께 뒤섞여 불투명하고 희미하게 보인다.

많은 임원들이 회계 및 재무 부서에서 제공하는 표준원가와 이익 숫자가 정확하다고 믿지 않는다고 우리에게 말했다. 그들은 대규모 교차보조금 지급으로 인해 제품과 고객, 세부시장, 영업활동에서 실제로 발생한 원가와 그들이 거둔 이익이 제대로 반영되지 않는다는 것을 알고 있다. 그들은 특정 제품, 특정 고객, 특정 지역에 기업이 인식하는 것보다 훨씬 더 많은 원가를 지불한다는 강한 의혹을 품고 있다. 하지만 기업은 이러한 상황을 모른다는 듯이, 마치 신앙처럼 표준원가와 이익에만 근거하여 사업 경영을 지속하고 있다. 이러한 결과로 사업은 점점 더 짙어가는 안개 속에서 파도가 일렁이는 영해(領海)를 항해하고 있다.

과연 이럴 필요가 있을까? 만약 기업이 이 안개를 걷어내고 실제원가와 이익을 제품, 고객 및 세부시장별로 정확하게 알 수 있다는 것은 어떤 의미일까? 만약 당신이 돈을 실제로 어디에서 벌고 있으며, 어디에서 잃고 있는지 안다는 것은 무엇을 의미할까?

이 장에서는 당신의 이익이 지나온 궤적을 탐색하기 위한 다음의 3가지

---

* Chapter 2와 우리의 첫 번째 책인 『복잡성과의 전쟁』에서 소개한 고래곡선으로 돌아가서, 이익의 섬은 많은 회사에서 300% 이상의 이익을 창출하는 20~30%의 제품이다. 그리고 원가의 바다는 200% 이상의 이익을 파괴하는 나머지 70~80%의 제품들이다.

단계를 논의할 것이다.

1. 현재 어디에서 이익을 내고, 어디에서 손실이 발생하는지를 이해(예를 들어, 제품, 고객, 지역별로 '복잡성이 반영된 영업이익 (complexity-adjusted operating profit)'의 파악)
2. 수량에 변동이 일어났을 경우 제품별, 고객별 및 지역별 이익의 변화 예측에 대한 이해(예를 들어, '이익규모곡선'의 파악)
3. 복잡성 수준의 정도가 '이익규모곡선'을 어떻게 변경시킬 수 있는지의 이해(예를 들어, '이익규모곡선'이 어떻게 이동하는지의 파악)

무엇이 문제인가?

항해는 항해사가 지금 현재의 위치를 아는 것으로부터 시작하므로, 복잡성의 시대에서 성장한다는 것은 기업이 돈을 실제로 어디에서 벌고 있는지 그리고 어디에서 돈을 벌지 못하고 있는지를 아는 것으로부터 시작된다. 전통적인 원가계산과 대부분의 회계 및 재무 부서가 제공할 수 있는 자료보다 더욱 명확하고 세분화된 실제원가와 이익 관련 자료가 없다면, 기업은 맹인이 다른 맹인을 이끄는 것과 같다. 다음의 사항들이 의미하는 것을 생각해보자.

- 개별 제품이 실제로 얼마만큼 이익을 창출하는지 모르는 상태에서 제품최적화(합리화) 활동의 착수
- 제품 및 서비스의 실제원가를 알지 못한 상황에서 가격 책정
- 신제품 개발 결정으로 인해 발생할 수 있는 전체 원가의 영향과 다

른 제품의 수익성에 미치는 영향을 이해하지 못한 상황에서 신제품 개발의 추신

- 이익 창출의 동인 요소와 실제원가를 파악하지 못하고 결정한 자원 투자와 그러한 결정의 취소
- 달성될 수 없고 실제로 존재하지도 않았던 시너지에 기반한 기업 인수 결정
- 결코 실현되지 않는 규모의 경제를 기반으로 사업계획 수립

우리의 가정은 복잡성 시대에 (1) 대부분의 기업들이 실제로 돈을 어디에서 버는지 알지 못하고, (2) 어디에서 돈을 버는지 알지 못한다면 기업은 수익성 성장으로 안전하게 항해할 수 없다는 것이다.

물론 당신이 어디에 있는지, 즉 어디에서 돈을 버는지 알게 되면 이제 어디로 갈지 결정해야 한다. 하지만 이것을 알지 못하면 다른 것은 전혀 중요하지 않다. 따라서 바로 이곳이 '항해사의 기술의 출발점'이다.

표준원가와 이익을 경계하라

이 책의 주제는 '복잡성이 기업경영의 게임을 바꿔 놓았으며, 이로 인해 시대를 반영하지 못하는 구식이 되어버린 전통적인 방법들에 의존하는 것은 위험하다'는 것이다. 이 중 가장 중요한 것은 일반적으로 표준원가라는 전통적인 제품원가계산이다. (다음으로는, 우리가 나중에 논의할 공헌이익에 대한 잘못된 의존이다.)

표준원가는 전적으로 원가배분에 관한 것이다. 그러나 산업화 시대에

사용한 시대에 뒤떨어진 고정 및 변동원가 패러다임에 기초한 원가배분이며, 각 제품의 판매량에 비례하여 제품에 간접원가를 배분하는 것이다. 이는 복잡성원가의 영향을 인식하지 못함으로써, 표준원가에 교차보조금이 산재하여 남아 있게 된다. 또한 복잡성이 증가함에 따라 표준원가 및 이익의 수치와 실제원가 및 이익의 수치 차이는 계속 증가하였으며, 많은 기업의 경우 이 차이가 수용할 수 없는 수준까지 증가하였다.

린(Lean)에서 일부 용어를 빌리면, 모든 원가는 부가가치(VA, value-add) 또는 비부가가치(NVA, non-value-add)이다. 예를 들어 제품의 원자재는 부가가치일 가능성이 크다. 부품의 실제 가공 시간(또는 생산 라인에서 총생산율로 부품을 제조하는 시간)도 부가가치이다. 그러나 기업의 간접원가를 포함하여 설치 또는 공정 변경, 간접 노무비, 손실 및 비효율, 재고 및 재공품의 운송, 저장 및 처리원가, 제조 간접원가 등은 비부가가치이다. 표준원가계산은 일반적으로 유형(有形)이고, 측정과 배분이 용이한 부가가치 원가를 잘 처리하지만, 특정 제품에 배분하기 매우 어려워지면서도 점점 증가하고 있는 비부가가치 원가는 잘 처리하지 못한다.[*]

표준원가가 전형적으로 어떻게 계산되는지를 생각해보자. 예를 들어, 구리 1파운드당 2.65달러를 공급자에게 지급한다고 가정해보자. 제품 A를 만드는 데 구리 2파운드가 투입되기 때문에 제품 A의 단위당 원가에는 5.30달러의 구리 원가가 포함되고, 다른 재료와 다른 원가 항목에도 이와

---

[*] 복잡성원가는 복잡성 수준에 따라 기하급수적으로 증가하는 경향이 있음을 기억하라. 그리고 복잡성원가와 NVA는 반드시 같은 것은 아니지만, 복잡성은 NVA 원가를 매우 크게 만드는 요인이다. 실무적으로 큰 NVA 원가를 복잡성원가로 취급할 수 있다. 복잡성으로 인해 NVA가 어떻게 발생하는지에 대한 자세한 내용은 우리의 첫 번째 책 『복잡성과의 전쟁』을 참고하라.

같은 계산 방법이 적용된다. 이 부분은 매우 직접적이다.

그러나 공유된 사원과 원가 (간접 제조원가 및 공통원가)의 배부으로 제품에 적용되는 원가는 점점 더 많아지고 있고, 이처럼 특정 제품에 소비되는 자원의 배분은 2파운드의 구리를 계산하는 것처럼 명확하거나 구체적이지 않다. 비록 이러한 원가들이 제품이나 고객 수준에서는 구체적이지 않지만 현실적인 원가이며, 더 나은 원가계산 방법이 없는 상황에서 시대에 뒤떨어진 진부한 고정 및 변동원가 패러다임이 남아 있는 한, 우리는 어쩔 수 없이 그러한 원가를 훨씬 다루기 쉬운 단위원가로 계산하게 된다. 결과적으로, 이러한 원가들은 '땅콩버터(Peanut Butter)식 원가배분'을 적용하여 볼륨(매출, 제품수량, 중량 등)에 비례하여 배분하는 경향을 갖는다.

다른 계산 방법이 없으므로 올바른 방법이 아니더라도 우리는 모든 제품이 동등하게 간접원가를 소비한다고 가정하고, 모든 제품에 간접원가와 다른 공유된 원가, 그리고 많은 비효율들을 동등하게 배분한다. 예를 들어 우리는 수년간 가장 큰 양조장에서 소수 제품의 대용량 맥주를 생산해온 맥주 양조 대기업에 자문과 컨설팅을 하였는데, 그 기업은 이전에는 근본적으로 동일한 브랜드로 하나는 약간 강한 그리고 다른 하나는 약한 버전의 2가지 제품만을 생산했다. 따라서 생산 계획을 세우는 것은 매우 쉬운 일이었다. 이후 수제 맥주 성장과 그에 따른 결과로 생산 제품 개수가 증가하고 포장도 다양해지면서 생산 계획은 양조장의 복잡한 과학처럼 되어, 생산 계획을 관리하는 부서를 별도로 만들 필요까지 생겼다. 이 부서의 원가는 제조 간접원가를 증가시켰고, 나머지 제조 간접원가와 함께 각각의 제품에 생산량에 비례하여 배분되었다. 결과적으로 생산 계획 관리부서의 원가가 제조 간접원가로 합산되고, 이런 원가의 대부분이 제품 생산량의 대부분을 차지하는 기존의 제품에 배분되었으며, 당초 생산 계획 관리 부서를 만들게 한 주된 원인을 제공한 소량 수제 맥주에는 원가가 거의 배분되지 않았다.

당연히 표준원가계산에서 비부가가치 원가를 초래하는 제품과 서비스 활동 사이의 상당한 차이를 이미 고려하고 있을 수도 있다. 즉, 한 제품을 생산하기 위해 다른 제품보다 더 많은 설치 시간이 필요하거나, 어떤 제품은 느리게 생산되어 더 많은 시간을 사용하고, 어떤 제품은 생산 라인에서 더 많은 스크랩이 발생하며, 어떤 서비스는 제공하는 데 시간이 더 걸린다는 등의 사실을 이미 반영할 수도 있다. 그러나 수많은 다양한 제품과 원자재, 재공품, 그리고 완제품들은 공장에 더 넓게 사방으로 펼쳐지게 해야 하며, 이로 인해 이동시간이 증가된다는 사실은 원가에 반영하지 못하고 있었을 것이다. 또한 일부 제품(또는 고객, 세그먼트 등)이 다른 제품보다 간접지원, 기술지원, 고객 서비스 및 지원, 기타 공유 및 간접자원을 단위당 훨씬 더 많이 소비한다는 사실을 반영하고 있지 않을 것이다.

우리는 표준원가에 나타난 숫자들이 점점 더 현실을 반영하지 못한다는 사실을 더 이상 설득시킬 필요는 없을 것 같다. 우리의 경험에 비추어볼 때, 우리는 당신이 어느 정도 이미 이것을 알고 있다고 확신한다. 기업의 임원들은 이런 사실을 뼈저리게 알고 있을 것이다. 사실 지난 수년간 많은 용기 있는 경영진들은 이 복잡한 원가 문제를 해결하려고 시도했지만 이제는 거의 포기하고 있다. 그렇지만 아직 포기하기엔 이르다.

활동기준 원가계산은 충분하지 않고 실용적이지 않다

활동기준 원가계산(ABC, Activity based Costing)은 현실을 반영하지 못하는 현재의 원가계산의 문제점을 해결하는 만병통치약이 될 것으로 생각했다. 1970년대와 1980년대에 제조분야에서 발전하였고, 1987년에 출간된 로버트 카플란(Robert Kaplan)과 윌리엄 브런스(William Bruns)가 그들의 저서 『회계와 관리: 현장연구의 관점 *Accounting and Management: A Field Study Perspective*』에서 밝힌 정의에 따르면, ABC는 원래 전통적인 원가회계에서 고려하지 않은 간접 제조원가와 기타 간접원가를 회계 처리한 후, 특정 제품에 간접원가를 더 정확하게 배분함으로써 표준원가계산과 관련된 교차보조금의 증가를 정확하게 수정하기 위해 도입되었다.

하지만 ABC는 점점 부담스럽게 되었다. 비록 의도가 좋았고 다양하게 적용하기에 유용한 측면이 있었지만, ABC는 점점 복잡성이 증가하는 세상과 보조를 맞출 수 없었다. 실무적인 적용에 있어서 ABC는 그 자체의 무게로 인해 실패하기 시작했고, 운명적으로 복잡성의 먹이로 전락했다.

우리는 ABC를 '상향식' 접근법이라고 생각한다. ABC는 모든 간접 활동을 식별하고 각 제품의 실제 소비량에 기초하여 각각의 활동원가를 모든 제품(또는 고객)에 배분하며, 활동과 제품의 다양성, 즉 복잡성 수준이 아직 낮은 수준일 때에는 잘 작동했다. 즉, 복잡성의 수준이 많이 높지 않은 상황에서 복잡성원가 계산 방법으로 잘 활용되었다. 그러나 ABC는 임시방편일 뿐이었다. 복잡성이 증가함에 따라 식별해야 할 더 많은 소규모 활동과 원가배분이 필요한 더 많은 제품들이 생겨났다. 복잡성이 증가함에 따라 ABC를 적용하기 위해 필요한 노력 수준은 기하급수적으로 증가하였고, ABC 도입은 그 자체의 무게로 부담스럽고, 거대하고, 번거롭고, 자원 집약적인 프로젝트가 되었다.

또한 ABC는 매우 정적인 활동이지만, 시스템이 복잡할수록 더 능동적으로 되는 경향이 있다. 모든 '콩'을 하나하나 세듯이 모든 제품 또는 서비스에 원가를 배분하고, 모든 것을 합산한 후 계산된 결과와 해답은 상당한 시간이 지난 후에 얻어지므로, 당초 이런 모든 것을 처음에 고려했던 당시 조직의 모습 그대로 반영될 뿐이었다. 하지만 프로세스, 제품 및 서비스 포트폴리오가 계속 변경되면 새로운 원가의 전체적인 그림을 보기 위해 모든 것을 다시 계산해야 한다. 그리고 복잡한 시스템 내에서 많은 것들이 매우 복잡하게 얽혀 있어 어떤 것이 한 영역에 영향을 미치게 되면, 이는 파급효과를 만들어 다른 많은 영역에 영향을 미치는 경향이 있다.

ABC가 정보 제공 측면에서 뛰어날 수는 있으나, 오늘날 복잡한 세세에서의 이런 시도들은 너무나 다루기 불편하고 시간이 많이 소요되며 비실용적이기 때문에 경영진들은 종종 ABC 적용을 그냥 포기하거나, 또는 다시 반복하고 싶어 하지 않는다. 실제로 우리는 마치 전쟁 공포증처럼 ABC 방법을 다시 겪고 싶어 하지 않는 많은 고위 임원들을 만날 수 있었다.

그러나 오늘날의 원가계산의 위기 상황에 ABC가 실질적인 해결 방법이 아니라고 해서, 기업이 어디에서 돈을 벌고 있는지를 알아야 할 필요성과 가치가 줄어들었다는 것을 의미하는 것은 아니다. 오히려 이것은 여전히 중요하므로, 우리는 단지 다른 새로운 계산 방법이 필요했다.

제곱근 원가계산

제곱근 원가계산(Square Root Costing, SRC)은 지난 수년간 원가계산 관련하여 발표된 것들 중 가장 흥미로운 발견이다. 그것은 표준원가계산을 괴롭혀왔던 교차보조금을 수정하는 데 있어 ABC보다 빠르고 훨씬 간단하며, 자원을 적게 소비하는 실용적인 방법이다. 또한 SRC는 복잡성원가에 대한 정확한 이해를 기반으로 하는 유일한 원가계산 방법이다. 이것은 시대에 뒤떨어진 진부한 고정 및 변동원가 패러다임에 국한되지 않는다. SRC는 복잡성원가를 변동원가 또는 고정원가 중 하나에 강제로 분류하는 것이 아니라, 복잡성원가를 하나의 원가 분류로 인식하고 있다. 요컨대 SRC는 오늘날의 복잡한 세상에 적합한 원가계산이다.

SRC는 ABC처럼 상향식으로 '콩을 하나하나 세는' 방법이 아니기 때문에 쉽고 빠르다. 오히려 표준원가계산처럼 하향식 배분에 기반한 원가계산이지만, 중요한 것은 표준원가보다 더 폭넓은 배분 방법을 사용한다는 것이다.

우리의 많은 컨설팅 고객들은 SRC를 사용하여 제품과 고객의 수익성에 대해 훨씬 더 명확한 판단을 빠르게 할 수 있었고, 그들의 '이익의 섬'을 불명확하게 보이게 한 안개를 걷어내고 '원가의 바다'를 분명하게 드러냈다. 이러한 기업들은 제품 및 서비스 포트폴리오 최적화에 대한 노력과 제품 전략을 알리고, 제품과 제품군, 브랜드, 지역 등에 대한 최소한의 효율적 생산 단위를 포함한 제품 관리를 위해 새로운 제품원가 모델 및 사업규칙을 개발하였으며, 전략적인 결정사항을 폭넓게 공지하기 위해 SRC를 사용해왔다.

변함없이 그들은 SRC를 적용하여 소량의 제품과 서비스, 고객, 지역, 활동들에 표준원가계산에서 배분된 것보다 더 많이 원가가 배분되어 수익성이 더 낮다는 것을 알고 있다. 그렇다고 해서 이러한 제품과 서비스가 반드시 수익성이 없음을 의미하지는 않는다. 제품과 서비스의 가격이 원가를 보상할 만큼 충분히 높을 수 있지만, 거의 대부분의 제품과 서비스가 기존에 보여준 수치만큼 수익성이 높지는 않다.

이유는 간단하다. 복잡성은 규모와 반대로 작용한다. Chapter 3에서 설명한 바와 같이 복잡성은 규모의 경제에 분열을 일으켜, '수익성은 규모의 경제(매출)보다 밀도의 경제(매출을 복잡성으로 나눈 것)에 의해 더 영향을 받는다'는 점을 기억하라. 물량이 큰 제품은 상대적으로 더 큰 규모의 경제를 제공하고, 상대적으로 복잡성이 적게 발생(즉, 밀도가 높음)하는 반면, 물량이 적은 제품은 상대적으로 적은 규모를 제공하고 더 많은 복잡성이 발생(즉, 밀도가 낮음)한다.

그림 12.1은 우리의 컨설팅 고객인 대형 음료기업의 제품 부문별 '복잡성이 반영된 수정된 영업이익'을 보여준다. 제품군 C에는 기업의 전통적인 주요 브랜드가 포함되어 있다. 제품군 C가 여전히 기업 매출의 가장 큰 부분을 차지하고 있지만, 이 제품군의 총매출은 평이했고 가격은 서서히 하락해왔으며, 이로 인해 신규 시장을 찾아야 한다는 압박이 생겼다.

제품군 D는 새로운 그리고 성장하는 시장 가능성을 보여주었는데, 이 시장은 훨씬 더 높은 가격대의 특별한 제품으로 구성되어 있었다. 따라서 이 제품군에 많은 관심과 투자가 있었다. 당연하게도 기업의 표준원가 계산 방법상 제품군 D의 영업이익률은 26%로, 영업이익률이 14%에 불과한 제품군 C보다 훨씬 높은 것으로 나타났다.[1] 제품군 D의 특수한 제품과 훨씬 높은 가격대를 고려해보면, 흥미를 유발하는 새로운 제품인 제품군 D

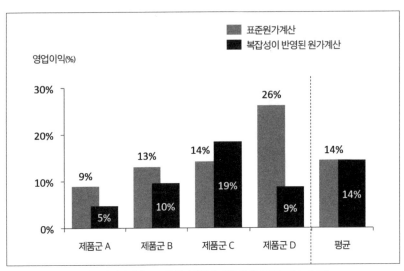

그림 **12.1:** 복잡성이 반영된 영업이익 vs 표준원가계산에 의한 영업이익(주요 음료 대기업)

가 오래되고 진부한 제품군 C보다 수익성이 높아야 하는 이유를 제공하는 것 같았다.

그러나 이러한 표준원가는 적극적인 시장경쟁을 위해 발생된 원가, 특수 제품 개발과 배송을 위해 발생한 모든 복잡성 관련 원가를 포함하지 않았다. 실제로 발생한 복잡성원가를 조정한 결과, 전통적인 제품군 C가 특수 제품군 D를 지원(교차보조금)하고 있었고, 제품군 C의 영업이익률이 가장 높게 나타났다. 즉, 제품군 C 및 D의 복잡성이 반영된 영업이익률은 각각 19% 및 9%이다.[2] 통제되지 않은 제품 확산으로 발생되는 모든 원가는 높은 가격이라는 잠재적 이점을 복잡성이 초과하여 잡아먹는 상황에서도 특수제품 생산에 집착하기 때문에 발생한다.

그러나 전통적인 제품군의 감소와 특수 제품군의 높은 가격 및 성장이 이루어지는 상황에서, 정답은 제품군 D에서 벗어나 다른 제품군에 집중하는 것이 아니라 보다 체계적으로 엄격하게, 정해진 목적에 따라 해당 제품군을 추진해 나가는 것이다. '여러 제품을 출시해서 고객이 어떤 제품을 좋아하는지 확인하는 방식' 같은 모호한 접근법에서 최소 유효 밀도, 제품 생산량의 특정 목표, 성공적이지 못한 제품의 식별 등에 대한 사업적 규정을 갖춘 보다 엄격한 제품 관리 접근으로 나아가는 것이 필요하다.

매출총이익 또는 영업이익

표준원가와 이익은 전형적으로 매출총이익 단계만 측정되고 그 이하 단계에서는 적용되지 않는다. 이러한 이유는 판매 및 일반관리비(SG&A)와 기업의 간접원가를 특정 제품에 배분하는 것이 너무 어렵기 때문이거나, 그런 원가가 제품과는 연결성이 떨어져 특정 제품에 단순히 배분시켜서는 안 되기 때문이라는 것이다. 그러나 이러한 논리에는 단점과 오류가 있으며, 결과적으로 수익성이 있는 제품과 서비스로 가득 찬 기업도 수익성이 없는 기업으로 전락한다.

우리는 제품 수익성이 영업이익 단계에서도 평가되어야 한다고 굳게 믿고 있다. 그리고 우리가 수행했던 컨설팅을 통해 여러 대기업에 도움을 주었던 우리의 경험은 이런 신념을 더욱 굳게 하였다. 복잡성은 흔히 과도한 SG&A와 기업의 간접원가를 발생시키는 가장 큰 주된 원인이며, 이런 원가를 복잡성과 연결하지 않으면, 원가가 발생해도 **'이익의 섬'**과 **'원가의 바다'**를 명확하게 구분하지 못하게 된다.

유사한 오류는 공헌이익에 대한 지나친 의존이다. 공헌이익에 근거한 사업관리의 가정에 따르면 모든 다른 원가는 고정되어 있으므로, 당신의 결정에 따라 고정원가는 변하지 않는다. 그러나 이런 간접원가는 숨겨진 복잡성원가이기 쉬우며, 가장 방심하기 쉬운 원가이다.

전술적 결정(Tactical Decision)을 내릴 때 공헌이익을 활용할 수 있지만, 전략적 결정(Strategic Decision)은 반드시 영업이익 정보를 활용해야 한다. 전술적 결정은 이미 이루어지거나 고정된 자원배분의 결정, 예를 들어 기존 제품에 대한 주문을 수락할 것인지 여부와 같은 결정이다. 전략적 결정은 어떤 제품을 시장에 출시할 것인지, 어떤 고객에게 서비스를 제공할 것인지, 어떤 국가나 지역에 진입할 것인지와 관련되거나 영향을 미치는 그런 자원배분의 결정을 말한다. 전략적 결정은 영업이익에 미치는 영향을 충분히 고려하여 이루어져야 한다. 그렇지 않으면 당신의 눈을 가려 더 많은 복잡성을 발생시키고, SG&A와 기업 간접원가를 고정원가로 착각하여 그릇된 원가 정보를 신뢰하게 되고, 나중에 이 원가들이 급증하는 것을 보고 당황하게 된다.

SRC를 좀 더 알아보자

SRC는 어떻게 작동할까? SRC는 오늘날 복잡한 세상에서 보다 충분한 원가구조의 이해를 기반으로 하는 하향식 배분 방법이다. Chapter 2에서 우리는 '변동원가, 고정원가, 복잡성원가'의 3가지 유형의 원가를 소개했다. 이러한 원가는 각각 수량에 비례하거나, 수량에 독립적이거나, 복잡성에 따라 기하급수적으로 증가한다. 이러한 원가들은 각각 '산업화 이전 시대, 산업화 시대, 복잡성 시대'를 지배하고 있다. 이러한 각 원가의 이면에 있는 역동성을 이해하는 것이 중요하므로, 먼저 복습을 해보자.

- **변동원가** 전통적인 변동원가는 단순히 수량(톤, 갤런, 달러, 시간 등)에 비례한다. 2파운드의 구리를 4파운드로 2배 늘리면 총변동원가는 2배로 늘어난다. 이 관계는 그림 12.2 a1에서 직선으로 나타나듯, 단가(예를 들어 구리 1파운드당 2.65달러)가 직선의 기울기를 결정한다. 단

가는 수량과 무관하여, 수량에 따라 변하지 않는다는 것을 의미한다. 따라서 단가는 그림 12.2 a2와 같이 일정하다.

- **고정원가** 고정원가는 대체로 변동원가와 반대이다. 고정원가는 단위원가가 아닌 총원가이며, 수량에 상관없이 일정하다(그림 12.2 b1 참조).

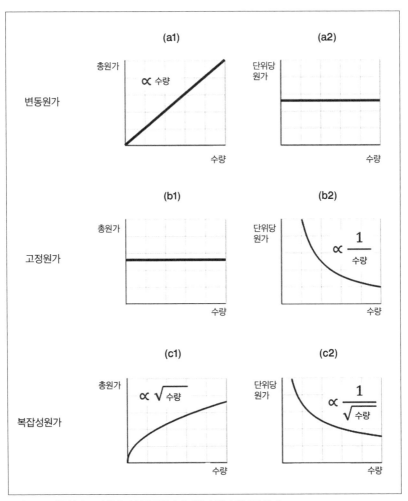

그림 **12.2**: 변동원가, 고정원가 및 복잡성원가에 대한 수량과 원가의 관계

제품의 설계 및 엔지니어링, 제품개발, 등록과 관련된 원가는 제품의 판매량과 무관하다. 일부 품질검사도 이 범주에 속한다. 예를 들면, 재료 탱크에 얼마나 많은 재료가 첨가되거나 사용되는지에 상관없이 매일 탱크의 재료에 대한 품질 검사를 수행해야 하는 경우, 그 검사비는 사용되는 재료의 양과 무관하다. 중요한 것은 원가가 수량과 무관한 고정원가의 경우, 수량이 많아질수록 고정원가는 더 많은 단위에 퍼지게 되어 각 단위당 고정원가는 급속하게 감소한다는 것이다(그림 12.2 b2 참조).

이러한 설명은 표준원가계산의 본질을 잘 보여준다. 즉, 표준원가계산을 통해 원가가 배분될 때, 원가는 고정원가 또는 변동원가로 처리되며, 원가가 어디에 속해야 하는지 애매할 때 고정원가는 다소 극단적인 요소를 갖고 있기 때문에, 우리는 이런 원가를 주로 변동원가로 구분한다. 모든 제품과 고객이 동일한 원가를 발생시킨다고 착각하는 것처럼 우리는 이런 원가에 '땅콩버터식 원가배분'을 적용하여 골고루 퍼지게 한다. 하지만 이런 방법은 관련 원가를 발생시키고, 교차보조금을 처리하는 과정에서 제품(또는 고객) 간의 진정한 원가의 차이를 감춘다.

그러나 점점 더 큰 비중을 차지하는 중요한 원가인 NVA와 복잡성원가의 대부분은 변동 또는 고정원가의 어느 범주에도 속하지 않는다. 이러한 총원가는 수량과 함께 증가하는 경향이 있지만 그렇다고 비례적으로 증가하지는 않는다.[3] 또한 단위당 원가는 수량이 증가함에 따라 감소하는 경향이 있지만, 그렇다고 진정한 고정원가만큼 가파르게 하락하지는 않는다. 우리가 수행한 컨설팅 용역과 조사에서 이러한 특징을 발견하였고, 우리는 이 세 번째 원가를 다음과 같이 분류하였다.

- **복잡성원가** 복잡성원가는 수량의 제곱근에 비례하는 경향이 있으며, 단위원가는 복잡성원가를 수량으로 나눈 것이기 때문에 단위원가는 수량의 제곱근에 반비례한다(그림 12.2 c1과 c2 참조).[4]

왜 수량의 제곱근인가?

우리는 원가가 수량의 제곱근에 비례한다는 것을 고안해낸 것이 아니라 발견했을 뿐이다. 몇 년 전 제약기업 컨설팅 업무를 진행하던 중 우리는 업무에 필요한 여러 개의 가상 공장을 수립한 적이 있는데, 이는 생산 계획, 공장부하, 생산능력 계획 등을 최적화하기 위해 실제 공장을 표현한 수학적 모델이다. 우리는 이 모델을 실행하면서 데이터의 패턴을 알게 되었고, 여러 가지 변수(제품설정시간, 제품수요, 재고보유원가 등)를 한 번에 하나씩 변경하여 모델에 미치는 영향을 분석했다. 우리가 우연히 발견한 것은 수량(즉, 수요)과 비례하지 않으면서, 수량에 독립적이었지만, 정확히 수량의 제곱근과 함께 변하는 원가들의 리스트였다.

예를 들어, MTS(Make to Stock) 환경에서 다양한 제품군(각각 고객 수요는 다르지만 제품설정시간, 공정운영속도, 수율 등 다른 부분은 동일한 제품)과 최적의 생산 계획에서는 제품별 평균주기 재고수준(average cycle stock inventory level)은 각 제품 수량의 제곱근에 비례한다는 것을 알게 되었다. 예를 들어 제품 A의 수요가 제품 B 수요의 4배라면, 제품 A는 2배의 평균주기 재고수준이다.

또한 제품별 설정에 소요되는 총시간도 수량의 제곱근에 따라 변한다는 것을 알아냈다. 그래서 우리는 이러한 현상에 대해 더 자세히 살펴보기 시작했고, 어쩌면 더 빨리 발견했을 수도 있었지만, 안전 재고와 수량 사이에도 동일한 관계가 형성된다는 것을 발견했다.

또한 수량으로 나눔으로써 수량의 단위당 재고수준 및 설정시간은 수량의 제곱근에 반비례했다. 예를 들어 제품 A의 수량이 제품 B의 4배라면 제품 A의 단위당 재고는 제품 B의 절반이었다. 다시 말해, 우리는 수량이 4배인 제품은 1/2이라는 변동계수(COV, Coefficient of variation)를 갖는다는 관계성을 발견했다.

우리는 다른 모든 조건이 동일할 때를 전제하고 있다. 하지만 다른 모든 조건이 동일한 경우는 거의 없다. 속도, 수율, 설정시간 등과 같은 것들은 2개, 3개 또는 아마도 10개 정도의 요소에 영향을 받아 변화하지만, 수량은 수천 개 요인의 영향을 받아 변화할 수 있다. 복잡성원가의 경우 수량(즉, 밀도)은 제품 또는 고객, 지역 간에 원가 차이를 유발하는 주요 요인이다. 이러한 관계를 이해하고 SRC를 원가계산에 도입함으로써 원가계산의 정확도를 현저하게 개선할 수 있다. 우리의 경험에 따르면, SRC는 약 75% 정도의 교차보조금이 발생하는 곳의 원가를 정정한다. 실제로 나머지 교차보조금의 10~15%를 차지하는 항목들은 직접 수작업으로 수정해야 하는 경우들을 발견하곤 했다. 이러한 관점에서, SRC를 활용한 정보는 사업적 결정에 도움이 되기에 충분한 논리의 명쾌함을 제시하며, 수확체감보다 한 발 더 나아간 관점을 제시한다.

원가계산을 이해하고 이를 고려하기 위해 수량과 제곱근의 관계를 아는 것은 매우 중요하다. 수학적으로는 복잡성원가가 마치 다른 두 원가 중간 즈음에 위치하는 것처럼 보일 수 있기 때문에, 아마도 SRC를 사용하지 않고 그냥 '평균을 내는' 경우에도 꽤 괜찮은 답을 얻을 수도 있다. 하지만 이것은 하나의 사례이다. 매출총이익 앞에서 발생하는 원가의 경우, 우리는 복잡성원가를 변동원가로, 매출총이익 이후에 발생하는 복잡성원가는 고정원가로 잘못 취급하는 경향이 있다. 이것은 은밀하면서도 복합적인 효과를 나타내게 된다.

첫째, 우리는 매출총이익 이전에 발생하는 원가, 즉 제품매출원가 (COGS)에서 복잡성원가를 변동원가로 잘못 구분하려는 경향이 있으며, 그런 원가에 '땅콩버터식 원가배분'을 적용하여 결과적으로 소량생산품, 저밀도의 제품, 고객, 활동 등을 '원가보다 낮게' 계산한다. 소량생산의 원가를 낮게 책정함으로써 복잡성원가가 실제 수치보다 적게 보이게 되고, 따라서 조직이 더 많은 복잡성을 대수롭지 않게 인식하도록 만든다. 우리의 첫 번째 책인 『복잡성과의 전쟁』에서 우리는 복잡성원가가 흔히 숨겨져 있는데, 그 이유 중 부분적으로 복잡성원가를 전통적인 변동원가로 취급하기 때문이라고 지적했다. 비록 복잡성원가들이 숨겨져 있을지라도, 이러한 원가는 여전히 그리고 분명하게 존재한다. 더 많은 복잡성을 용인함으로써 우리는 숨겨진 원가를 더 많이 부담하게 되는데, 그로 인해 진짜로 수익을 창출하는 제품군, 즉 이익의 섬이 다른 제품에 교차보조금을 지급하기 때문에 그 이익의 섬이 실제보다 더 작고 수익성이 낮은 것처럼 보인다.

둘째, 우리는 매출총이익 아래에 위치한 SG&A에서 복잡성원가를 고정원가로 잘못 구분하는 경향이 있으며, 이는 복잡성과 매출이 추가되더라도 고정원가는 증가하지 않음을 시사한다. 그러나 이렇게 처리하는 것이 문제가 있음을 우리는 경험적으로 알고 있다. SG&A에서 발생하는 복잡성원가를 고정원가로 잘못 처리함으로써, 우리는 고정원가 레버리지의 잠재적 가능성을 과대평가하고 있다. 다시 말하자면 이는 규모의 경제의 달성 가능성을 과대평가하고 있음을 의미한다(우리는 규모의 경제에 기초한 사업계획이 실현되지 못한 경우를 많이 보았다). 기업은 규모 경제의 약속을 과대평가함으로써 복잡성원가를 기꺼이 감수하려고 한다. 규모가 커지면서 함께 발생하는 복잡성원가를 예상하지 않기 때문이다.

복잡성원가를 변동원가 또는 고정원가 중 하나로 분류함으로써 두 경우 모두에서 복잡성원가는 과소평가된다. 그리고 그 원가가 과소평가됨으로써 기업은 더 많은 복잡성을 감수하게 되고, 숨겨진 원가가 추가되고, 이익의 섬은 안개 속에서 더욱 흐려지며, 기업이 실현되기 기대하고 있는 진정한 규모의 경제는 침식될 것이다.

반면 SRC는 복잡성원가를 올바르게 처리함으로써 실제원가를 그대로 보여주고, 이익의 섬과 원가의 바다를 가리고 있는 짙은 안개를 제거하고, 실질적으로 고정원가를 활용하여 규모의 경제를 얻을 수 있는 잠재력에 대한 현실적인 관점을 제시한다. 당신이 어디에 있는지 알면 어디로 가야 할 것인지 결정해야 한다. 사업이 성장함에 따라 원가와 이익은 어떻게 증가하는가? 원가와 이익이 동일한 속도로 성장하여 지금보다 커졌지만 더 큰 이익을 내지 못하는 기업이 될 것인가? 아니면 세상에 존재하는 모든 기업들의 절반이 그렇듯, 원가가 이익보다 더 빠르게 증가하여 지금보다 더 커졌지만 이익은 오히려 줄어드는 기업이 될 것인가?

최소효율수량

복잡성 관리는 흔히 복잡성원가로부터 얻은 정보로 사업 규칙을 수립한다. 표준원가계산은 소량 제품의 원가를 낮게 책정하는 경향이 있다. 즉, 큰 단위의 생산품(또는 고객, 지역 등)이 소량생산품에게 교차보조금을 지급하는 형태가 되는 것이다. 이러한 잘못을 정정하기 위해 SRC는 작은 단위의 제품에 원가를 더 많이 배분한다. 하지만 우리는 이런 질문을 던져봐야 한다. 그렇다면 소량 제품의 원가가 대량 생산 제품 원가보다 얼마나 더 비싸다는 말인가? 제품, 제품군, 브랜드 등의 '**최소 효율수량**(Minimum Efficient Volume)'은 무엇인가?

당연히 이것은 특정한 기업 및 산업, 제품 포트폴리오에 따라 다르다. 그림 12.3은 산업용 제품 제조기업의 제품별 복잡성이 반영된 전환원가(Complexity-adjusted conversion cost)와 표준전환원가(Standard conversion cost)를 비교한 그래프이다. 이 경우를 보면, 소량 제품의 경우 복잡성이 반영된 전환원가가 표준전환원가보다 6배나 생산원가가 더 높다. 또한 다음 그래프에서 연간 수량이 1만 개 이하일 때 단가가 크게 오르기 시작했다. 이는 연간 최소효율생산량이 1만 개라는 것을 말한다. 물론 이 사실이 생산량이 1만 개보다 적은 제품들은 생산하지 않아야 한다는 것을 의미하지는 않는다. 다만 이러한 제품들은 최소효율수량을 위한 문턱에 도달하지 못했다는 것을 의미한다.

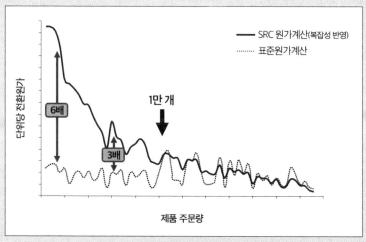

그림 12.3: 산업용 제품 제조기업의 제품별 단위당 SRC 및 표준원가계산에 의한 전환원가 비교

규모곡선(Scaling Curve)의 귀환

규모곡선은 기업의 매출이 증가함에 따라 원가나 이익이 어떻게 변화하는지를 보여준다. '원가규모곡선(Cost Scaling Curve)'은 매출에 따라 원가가 어떻게 증가할지를 보여준다. '이익규모곡선(Profit Scaling Curve)'은 이익 또는 수익성이 매출에 따라 어떻게 변화할 것인지를 보여준다. 산업화 시대에 규모곡선은 복잡하진 않았지만 중요했다. 예를 들어 어떤 기업이 200만 달러의 매출을 올리고, 각각 50%씩 고정원가와 변동원가로 구성된 200만 달러의 원가가 발생한다면, 이익은 0(zero)일 것이다. 그러나 만약 매출이 2배로 증가하여 400만 달러가 된다면, 변동원가는 200만 달러로 2배로 증가할 것이다. 고정원가는 100만 달러로 유지되기 때문에 100만 달러의 이익이 발생할 것이다. 따라서 기업의 매출이익률은 매출 200만 달러일 때의 0%에서 400만 달러일 때 25%로 증가할 것이다. 규모의 경제는 이렇게 작동한다.

오늘날에는 상황이 훨씬 더 복잡하지만, 여전히 기업들에게 이러한 규모곡선을 관리할 필요성은 존재한다. 그러나 이러한 필요성에도 불구하고 대부분의 기업들은 규모에 따라 원가와 이익이 어떻게 변화할 것인지에 대한 명확한 견해를 갖고 있지 않으며, 예상했던 규모의 경제가 실현되지 않을 때 실망하곤 한다. 전통적인 원가계산은 여러 이유로 제대로 된 규모곡선을 제공하지 못한다. 표준원가와 표준 이익 산출 방식에 내재된 오류는 심화되어 이러한 수치로부터 도출된 규모곡선은 더욱 신뢰하기 어렵게 된다. 표준원가 방식은 기업 이익의 궤적을 관리하기 위한 원가곡선의 중요한 부분을 차지하는 SG&A를 포함하지 않으며, ABC는 너무 복잡하고 번거롭고 분석의 결과가 수량의 범위에 따라 해석하게 만들어져 있지 않다. 그러나 SRC는 원가배분의 방법이기 때문에, 산업화 시대에 표준원가에서 규모곡선을 쉽게 개발한 것처럼 SRC를 이용하여 규모곡선을 개발해 내는 것은 어렵지 않다.[5]

그림 12.4는 산업용 제품 공급업체가 제공하는 다양한 제품에 대한 이익규모곡선을 보여준다. 표준원가를 기준으로 했을 때 모든 제품(A~G)은 양의 영업이익을 보였다. 그러나 SRC를 적용했을 때는 이 중 2개 제품(A와 C)에서만 실제 양의 영업이익을 나타냈다. 하지만 규모곡선은 이보다 훨씬 더 많은 정보를 보여준다. 제품 B와 D를 조금 더 세분화하면, 각기 30%, 20% 이상 매출을 늘릴 경우 각각의 영업이익은 양으로 돌아선다는 것을 보여준다. E의 경우 매출이 충분히 늘어난다면 약간의 영업이익이 발생할 수 있다. 또한 이익규모곡선은 수익성이 없는 제품(또는 제품군, 제품 라인, 브

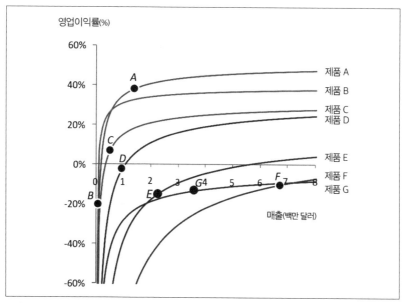

그림 12.4: 이익규모곡선

랜드 혹은 고객)의 매출이 얼마나 증가해야 수익성이 있게 되는지 보여준다.

반면에 F와 G 제품은 본질적으로 영업이익이 양이 되지 않는 구역에 자리하는데, 이는 제품 매출을 늘리더라도 합리적인 매출수량 구간에서는 영업이익이 발생하지 않는다는 것을 의미한다. 그러므로 기업은 B, D, E 제품의 매출을 성장시킬 기회를 찾는 반면, F, G 제품은 변경하거나 제거해야 한다.

이익규모곡선은 매출을 발생시키는 어떠한 제품이나 제품군에도 적용시킬 수 있다. 즉, 제품, 제품군, 제품 카테고리, 시장 세그먼트, 고객, 국가 및 지역에 대한 이익규모곡선을 나타낼 수 있다. 이러한 여러 측면의 이익규모에 대한 이해는 기업이 수익적 성장을 하기 위한 항로를 선정할 때 그 길을 훨씬 더 명확하게 할 것이다. 이제 다음 단계는 복잡성을 추가하거나 제거할 때 곡선들의 모양을 어떻게 변화시키는지 이해하는 것이다.

규모곡선의 이동

만약 우리가 여러 제품을 하나의 제품으로 통합하면서도 총매출을 동일하게 유지한다면, 우리는 같은 매출에 대해서 복잡성은 줄이고 밀도는 높일 수 있을 것이다. 복잡성을 줄임으로써 밀도의 경제를 실현하고 수익성을 높일 수 있다.

예를 들어 제품 라인을 정리하는 것과 같은 복잡성 제거는 이익규모곡선을 위로 이동시킨다. 반대로 복잡성을 추가하면 이익규모곡선이 아래로 이동한다(그림 12.5 참조). 우리는 매출과 이익을 증가시키기 위해 복잡성, 즉 제품을 추가한다. 우리는 더 많은 매출뿐만 아니라 더 큰 수익성도 누릴 수 있을 것으로 기대하면서 이익규모곡선을 따라 행진한다. 그러나 복잡성을 가중시킬수록 곡선은 가라앉고, 이 순환이 계속되면서 가라앉는 곡선 위에서 달리고 있는 우리 스스로를 발견하게 된다. 만약 가라앉는 것보다 더 빨리 곡선을 올라갈 수 있다면, 수익성을 높일 수 있을 것이다. 반면에 오르는 것보다 곡선이 더 빨리 가라앉으면 수익성은 떨어질 것이다. 이러한 사실은 Chapter 3에서 소개된 경험법칙을 상기시킨다. 매출이 복잡성보다 빠르게 늘어나면 기업은 더욱 수익성이 증가하게 되고, 그 반대라면 수익성은 줄어들 것이다.

진정한 기회는 상승하는 곡선을 따라 올라가는 것이다. 즉, 밀도와 수익

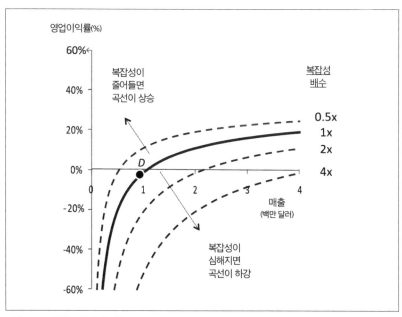

그림 12.5: 이익규모곡선의 이동

성을 높이는 방식으로 매출을 늘리면서, 전체적인 복잡성을 줄이는 것이다. 어떻게 하면 이렇게 할 수 있을까? 우리는 이 대답을 다음 장에서 찾아보도록 하겠다.

Chapter 13

핵심 브랜드를 재점화하라 Reignite Your Core Brands

"당신의 경쟁력은 사실… 어떤 고객을 마치 이 세상에서 유일한 사람인 것처럼
대하는 것이 가치 있는 일이라고 믿는 것이다. 우리는 한순간에 평범해지지
않으며, 일부러 평범하게 되는 경우는 거의 없다. 규모가 커지면 더 효과적이고
효율적으로 될 것이라 생각한다. 하지만 거기까지 가는 길은 당신에게
익숙한 일을 하는 것이 아니고, 잘하는 일은 더욱 아니다."[1]

-세스 고딘

오늘날 우리가 돈을 어디에서 버는지를 안다는 것은 아주 좋은 첫걸음
이다. 이것은 고객들이 기꺼이 돈을 지불할 활동영역을 나타내는 일종의
스코어카드이다. 이것은 다른 기업보다 더 잘할 수 있는 것들에 집중하도
록 조직을 재정비하는 데 도움을 준다. 또한 기업을 처음 설립하는 데 도
움을 주었던 중심 브랜드, 제품 및 서비스, 즉 핵심 브랜드의 잔존가치를
강조한다. 그리고 이것은 과거의 제품 확산 프로그램이 기업을 어떻게 복
잡성의 홍수로 가득 차게 이끌었는지를 알려준다. 이러한 복잡성은 사업
과 성장의 방해물이기 때문에 용의주도한 포트폴리오 최적화는 상당한
성과를 가져올 수 있다. 그러나 복잡성 시대의 중요한 기술인 핵심 브랜드의

성장을 재점화하기 위해서는 포트폴리오 세분화, 마케팅, 혁신 및 운영 모델에 대한 추가적 조치가 필요하다.

이 장에서는 복잡성이라는 방해물로부터 어떻게 핵심 브랜드를 자유롭게 하고 성장과 가치 창출을 핵심 브랜드에서 캐낼 수 있는지에 초점을 맞출 것이다.

이번 장에서 설명하려는 것을 가장 잘 보여주는 사례인 소비재 산업은 포트폴리오 확장의 사이렌에 일제히 굴복했던 산업으로, 최근이 되어서야 핵심 브랜드에 다시 집중하는 모습을 보이고 있다. 이것은 P&G가 매출이 약간씩 증가함에도 불구하고 성장과 수익성에 다시 집중하기 위해 브랜드의 절반 이상을 정리하고 사업을 재정비하게 만든 생각과 본질적으로 동일하다. 에이 지 래플리(A. G. Lafley)는 2013년에 잠깐 동안의 은퇴를 번복하고 CEO로 다시 돌아와 포트폴리오에 집중하기 위해 앞장섰다. 그가 돌아올 당시 포트폴리오는 배터리부터 애완동물 사료, 세제, 전기 면도기, 탈취제, 칫솔 및 화장지에 이르기까지 다양했다.

자회사의 매각을 위한 기준을 제시하며, 그는 "나는 크기에 전혀 관심 없다. 나는 우리 제품이 고객이 선호하는 제품인지에만 관심이 있다"고 말했다.[2]

이러한 그의 행동은 소비재 거대 기업인 P&G에 상당한 이익을 가져왔다. 반려동물 음식 브랜드는 마스(Mars), 듀라셀 건전지는 버크셔 해서웨이, 43개의 뷰티 사업들은 코티(Coty)에게 매각하는 등 주요 사업들을 처분했다. 그럼에도 불구하고 나머지 브랜드로 기존 P&G의 연간 매출 830억 달러의 90%에 달하는 매출과 기존 영업이익의 95% 이상을 기록했다. 다시 말하면 P&G가 매각한 50%의 브랜드는 기존 매출의 10%, 이익의

5%만을 창출하고 있었다. P&G가 매각하지 않고 유지한 제품들에는 공통점이 있었는데, 그것은 소비자가 차별화를 느끼게 하는 제품 기술이라고 정의될 수 있으며, 매일 사용되는 제품이라는 특징이다.

CFO 존 모엘러(Jon Moeller)는 P&G의 새로운 접근방식이 "고객 선호도가 가장 강하고 성장과 가치 창출을 위해 최상의 균형을 이루는 핵심 브랜드와 핵심 사업"에 초점을 맞추었다고 설명했다.

성장 동력인 핵심으로 복귀하는 가치에는 2가지가 있다. 즉, 핵심에서 벗어난 활동과 제품으로 인해 손실되는 이익을 되찾고, 고수익영역 집중이라는 목표를 세움으로써 가능해진 '투자'와 '집중'이다. P&G의 경우 핵심으로 복귀하기 위해서 연구개발 기능의 재편, 소비자에 더 가까이 있는 '제품 카테고리 리더'에게 권한 이동, 사람들의 생활에 실질적인 영향을 미칠 수 있는 획기적인 기술에 집중하는 것이 필요했다. 과거에는 획기적인 혁신에 반대했기 때문에 화장품 업그레이드에 몰두했다.

최고기술경영자(CTO) 캐시 피시(Kathy Fish)는 "우리는 소비자에게 가치를 더하지 않는 많은 일들을 해왔다. 문제는 우리가 해온 이러한 일들이 소비자들을 우리 제품 진열대에서 멀어지게 했다는 것이다"고 말했다.[3] 현재는 핵심 브랜드의 지원 및 신제품 출시에 투자를 하고 있다.

전반적으로 P&G 경영진은 새로운 포트폴리오를 통해 조직의 성장률이 1% 증가하고 수익성은 2% 포인트 높아질 것으로 예상한다.[4] 이러한 전략의 결과는 일찍 나타나고 있다. 현재까지 이런 활동은 상당한 원가절감 효과를 가져왔다. P&G는 최근 2017년에서 2021년 사이에 원가를 100억 달러 절감하겠다는 계획을 발표했는데, 이는 2012년에서 2016년 사이에 제거한 70억 달러보다도 더 많은 금액이다.[5]

그리고 2017년 2분기 실적, 즉 브랜드 매각의 영향을 볼 수 있는 첫 번째 분기의 매출은 (한윤, 이수, 자회사 매각의 영향을 배제하고 면밀히 관찰된 지표) 예상보다 2% 증가해 그해 매출 전망이 상향 조정되었다.[6]

P&G의 이야기는 특이한 것이 아니다. 우리는 업계 전반에 걸쳐 여러 공통된 이야기를 알고 있다. 성장을 위해서 소비재 기업들은 SKU 확장과 점진적 혁신의 물결을 일으켰다. 예를 들어 허쉬(Hershey)는 제품 급증에 힘입어 수년간 지속적으로 강한 성장을 누렸다.

"수년간의 성장과 성공 후에 우리는 어려운 시기를 맞았다"고 당시 허쉬의 북미지역 사장이었던 제이 피 빌브레이(J. P. Bilbrey)는 말했다.[7] 또 그는 "고위 경영진은 우리가 어떻게 경쟁력을 갖출 것인지에 대해 의견이 일치하지 않았고, 사업의 결과는 우리가 예상했던 것보다 좋지 않았다"고 말했다.

허쉬의 팀은 면밀한 조사를 통해 3가지 근본 이슈를 발견했다.

- 기업의 주요 소매업체와 경쟁 업체들은 중대한 통합 단계에 들어섰고, 시장에서 그들의 영향력은 변화하고 있었다.
- 소비자들이 모든 새로운 맛에 반응하는 것은 아니었다.
- 허쉬가 포장을 변형하여 성장을 이끌려고 했지만, 이는 성장이 아닌 복잡성을 유도하는 데 그친 반면 경쟁사들은 브랜드에 집중했다.

다시 말해서 허쉬는 사업을 밀어붙이는 방식으로 운영하고 있었다. 허쉬는 소규모 재고, 높은 선반 활용성, 심플한 제품과 포장에 대한 소매상들의 증가된 요구에 적절히 대응하지 않았다. 대신 마케팅을 위해 전통적인 브랜드들에 더 다양한 포장과 향료를 확장적으로 추가했다. 상황을 반전시키기 위해 사업을 공급 중심에서 수요 중심으로 전환하여 고객의 취향과 기대의 중심에 다가가고자 했다.

핵심 쟁점은 복잡성 시대에 단순히 SKU를 늘리고 생산 라인을 증설한다는 기본 전략은 기업을 성장시키기에 충분하지 않으며, 결국 위대한 기업을 만들겠다는 목표에 해가 된다는 점이다. 이러한 현실을 알고 사업의 핵심을 재활성화하는 가치를 인식하는 것은 매우 중요한 첫걸음이다.

성장 동력을 평가하고 핵심 성장에 집중하라

물론 이렇게 말하기는 쉬워도 실행하기는 어렵다. 콘아그라 푸드(ConA-gra Foods)의 CEO 숀 코놀리(Sean Connolly)는 어떤 것을 실행할 때 과거의 방법들을 '배우지 않는 것'이 필요하다고 한다(그림 13.1 참조).

코놀리는 2017년 2분기 실적 발표에서 "사업의 성공을 위해 많은 나쁜 습관들을 부숴버려야 한다는 확신이 있으며, 우리는 이미 의미 있는 진전을 보고 있다"고 말했다. "우리는 어떤 원가를 치르더라도 수량에 초점을 맞추는 것에서 벗어나, 가치 창출에 집중하는 방향으로 나아가고 있다. 무역 중심의 밀어내기 방식에 의존했던 것에서 강력한 브랜드, 강한 혁신, 소비자를 끌어당기는 방식에 의존하는 것으로 변화하고 있다. 우리는 지속 가능한 수익에 초점을 맞추어 SKU 확장에서 SKU의 최적화로 전환하고 있다. 그리고 광고 및 프로모션(A&P)에 대한 접근방식에서 계속 진전을 보이고 있는데, 이 방식은 이제 좀 더 집중적이고, 일관적이며, ROI와 밀접하게 관련되어 있다."

현재	➡	향후
수량에 집중	➡	**가치 창출**에 집중
트레이드 및 밀어내기(push)에 의존	➡	브랜드 경쟁력 및 **끌어당기기**(pull)에 의존
SKU **확장**	➡	SKU **최적화**
불규칙한 A&P 지원	➡	**집중적이고 일관된** A&P 지원

그림 13.1: 콘아그라는 수익적 성장을 촉진하기 위해 주요 접근방식을 변화시키고 있음

　전형적으로 낡은 관습을 멈추는 것이 새로운 것을 시행하는 것보다 어렵다. 관습이 기업의 운영 모델, 인센티브, 문화에 새겨져 있기 때문이다. 콘아그라는 그 이슈들에 대해 얘기하는 데 이례적으로 솔직했다. 효과가 없는 것에 대한 분명한 질책 없이 미래를 설계하는 것은 매우 어렵다. 코놀리는 이러한 사실적 기반에 도달하기 위해 3개월이라는 기간 동안 분석을 진행했고, 큰 변화를 맞이할 준비가 되어 있음을 선언했다.

　Chapter 4에서 언급했던 치키타의 경우와 마찬가지로 이 같은 노력을 기울이기 위한 자극은 핵심 제품의 현저한 매출 감소에서 기인한다. 그러나 자극은 이익 중심적인 인식에서도 나올 수 있다. 이 책의 앞부분에서 우리는 고래곡선에 대해 설명하면서 대부분의 기업에서 20~30%의 제품이나 서비스가 수익성의 300%를 차지한다는 개념을 공유했다. 이는 수익과 성장 문제로서, 수익성이 없는 70~80%의 제품에 묶여 있는 자원을 어떻게 더 성장성이 높은 분야에 잘 배치할 수 있는지에 대한 내용이다. 이러한 원동력은 핵심을 다시 활성화할 기회가 얼마나 광범위한지를 보여준다. 또한 '원가의 바다에서 이익의 섬'을 해방시키는 것이 얼마나 어려운지를 보여주기도 한다. 이익을 얻기 위해서는 포트폴리오뿐만 아니라 지원 프로세스를 변경해야 하며 기업의 운영 모델 변경도 요구된다. 그렇기 때문에 전면에

서 경영진 전체의 협력을 얻어내고, 분석 기간을 통해 성장 동력의 상태를 평가하고, 핵심에 집중하며 활력을 불어넣을 수 있는 기회를 평가하는 것이 중요하다.

P&G가 변화에 힘을 쏟은 계기는 복잡성이 통제되지 않고 증가하여 결과적으로 엄청난 이익집중 현상이 발생했고, 경영진이 희망하는 것보다 성장률이 낮아졌다는 인식 때문이었다. 신임 CEO 데이비드 테일러(David Taylor)가 설명한 것처럼 변화의 계기는 "단순화하고 생산성을 개선하면 궁극적으로 수익적 성장을 견인하는 혁신과 확장을 위한 자원을 확보할 수 있다"는 통찰에서 나왔다.[8] 세계적으로 약 2,000개의 브랜드를 가지고 있는 네슬레(Nestlé)의 경우에는 34개의 '10억 달러 브랜드'가 이익의 83%를 차지하고 연간 5.2%의 성장을 보이는 반면, 나머지 사업들은 1.9% 성장에 그쳤다는 인식이었다.[9]

우리의 컨설팅 고객인 또 다른 소비재 기업의 경우, 에너지와 새로운 성장 분야에 대한 모든 투자에도 불구하고, 이익의 대부분은 여전히 기존 핵심 브랜드에서 나온다는 것을 발견했다. 그림 13.2는 이 기업의 핵심 브랜드 A가 SKU의 12%, 매출의 27%를 차지했지만 영업이익의 50%를 차지하고 있음을 보여준다. (그림을 명확히 보기 위해 대규모의 교차보조금에 가려져 있는 것들을 제기해야 했다.)

이 숫자들을 보면 기회가 엿보인다. 가장 먼저 다음과 같이 질문을 던져야 한다.

- 핵심 브랜드의 현재 상태는 어떠하며 이에 대해 어떻게 인식하고 있는가? 각각에 대한 경쟁적 위협은 무엇인가?

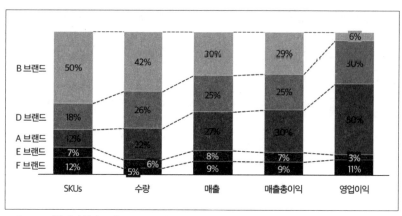

그림 13.2: 전통적인 핵심 브랜드(브랜드 A)가 다른 브랜드를 보조(subsidization)하고 있음

- 포트폴리오 안에 의사결정을 이끄는 명확한 카테고리/브랜드 역할 이 있는가?
- 포트폴리오의 복잡성으로 인한 고객, 운영 및 재무적 영향은 무엇인 가?
- 너무 많은 브랜드와 제품으로 마케팅 지출과 효과가 어느 정도까지 희석되고 있는가?
- 혁신에 대한 노력은 핵심들을 지원하는가, 혹은 쇠퇴시키는가? 소비 자들이 제품을 어떻게 사용하는지 이해하고 있는가?
- 현재의 소비자들에게 다가갈 수 있도록 용도에 맞는 운영 모델을 어 떻게 업그레이드하고 있는가?

전체적으로 이러한 질문에 대한 답변들은 '핵심을 재점화하라'는 전략이 필요한 근거를 알려줄 것이다. 이 장의 후반부에서 핵심을 재점화하기 위해 어떻게 해야 하는가에 대해 중점을 둘 것인데, 이는 상당한 노력이 수반되는 변화의 여정이라는 것을 알아둘 필요가 있다. 이 여정의 요소들은 매우 다양하겠지만 대체로 그림 13.3과 유사할 것이다.

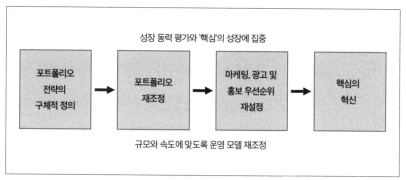

그림 **13.3**: 핵심의 성장을 재점화하기 위한 구성 요소

포트폴리오 전략의 구체적 정의

수많은 조직에서 볼 수 있는 두드러진 특징은 효과적인 포트폴리오 전략과 세분화가 부족하다는 것이다. 즉, 특정 제품이나 세그먼트가 기업의 포트폴리오 내에서 어떤 역할을 하는지 잘 모른다는 것이다. 많은 경우 이러한 문제의 해결은 제품이 고객에게 어떤 역할을 하는지, 그리고 제품이 사업적으로 어떤 가치를 가지는지(현금 제조기 또는 새로운 시장 진입을 위한 교두보)를 확인하는 것에서부터 시작한다. 이런 불명확한 포트폴리오 역할은 처음부터 조직에 축적되어온 복잡성의 주요 원인이다. 따라서 역할을 조기에 바로잡는 것은 핵심을 재점화하기 위한 전략적 틀을 제공한다.

예를 들어, 우리의 고객 중 하나인 포장식품 제조 및 유통업체 '푸드코(FoodCo)'는 인수로 인해 와인 포트폴리오를 많이 보유하고 있다는 것을 알게 되었다. 수요 고객들은 독립적인 와인과 주류판매점, 대형식료품점, 그리고 와인을 제공하는 식당들이었다. 그러나 와인 선택의 범위는 기업의 신중한 전략적 선택에 의한 것이 아닌, 판매량의 대부분을 구매하는 몇몇의 대형 공급자들의 영향에 의한 것이었다. 명확한 포트폴리오 전략의 부재로 인해 수익률이 낮은 와인의 종류가 많아 제품 포트폴리오는 비대해 있었다. 푸드코는 이 사업을 접을 것인지, 아니면 고객과 시장에 대한 이해를 활용하여 사업을 재창조할 것인지 결정해야 했다. 기업은 후자를 선택했고, 힘든 도전이겠지만 와인 포트폴리오를 2개의 구별된 사업 기회에 나누기 위해 평가했다. 첫 번째는 고급 호텔 및 식당에서 음식과 함께 제공되는 고급 와인으로 판매량은 적지만 빠른 판매 회전을 보이는 것이 특징이다. 두 번째는 현재 기업이 공급하는 식품점 와인으로, 포트폴리오와 그 목적이 잘 맞지 않는 것들이다. 사실 기존의 포트폴리오들은 어느 분류에도 맞지 않았다. 포트폴리오는 넓은 범위의 제품군을 보유하고 있었지만, 역설적이게도 올바른 제품군은 아니었다. 그러나 이러한 제품 분류법을 적용하여 제품에 필요한 역할과 카테고리를 정의한 결과, 기업은 두 부문에 제공할 수 있는 2개의 고유하고 적절한 포트폴리오를 생성할 수 있었다(그림 13.4 참조).

통상적으로 다음의 2가지 방법으로 포트폴리오 전략을 세운다.

- **세그먼트를 상향식 또는 하향식으로 관리한다** 좋은 제품 카테고리 관리자는 자신의 각 영역 내에서 제품조합을 최적화하는 방법을 찾으려 하며, 최적화할 수 있는 자원을 차지하기 위해 노력할 것이다. 그러나 어

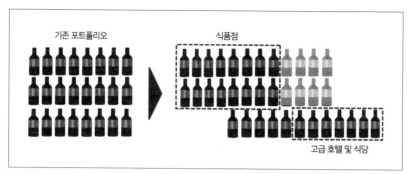

그림 **13.4**: 2가지 뚜렷한 기회를 제공하기 위한 포트폴리오 재분류

느 시점에서 (1) 다른 세그먼트에서 발생하는 자원 요구와의 경쟁과 (2) 어디서 경쟁하고 어떻게 승리할지를 제시하는 하향식 기업 전략과 싸워야 할 것이다. 이것은 세그먼트 전략에 명백한 영향을 미친다.

- **세그먼트를 산업(또는 하위 산업)의 정의 또는 포트폴리오 역할에 따른다** 여러 산업에 제품과 서비스를 제공하는 기업들은 자연스럽게 이러한 방법을 사용하여 세분화하기 시작할 것이다. 산업 진입과 특정 산업의 역학을 이해하는 것은 도움이 될 수도 있다. 그러나 이것은 너무 많은 분야에 걸쳐 자원을 분산시킬 수 있으며, 종종 실행 가능한 명확한 목표로 전환되지 않는다.

반대로 좋은 포트폴리오 전략은 당신이 무엇을 하는 데 도움이 되는가? 푸드코의 경우와 같이 전략은 포트폴리오 최적화에 크게 도움을 줄 수 있다(이 내용은 잠시 후에 논의될 것이다). 그것은 또한 혁신 결정에도 정보를 제공한다. 즉, 향후 몇 년 동안 높은 성장률을 보이는 하위시장에 혁신을 위한 투자의 가장 큰 부분을 배분할 것인가, 또는 단순히 현재 매출을 기준으로 투자를 배분할 것인가에 대한 결정이다. 무엇보다도 그림 13.5에

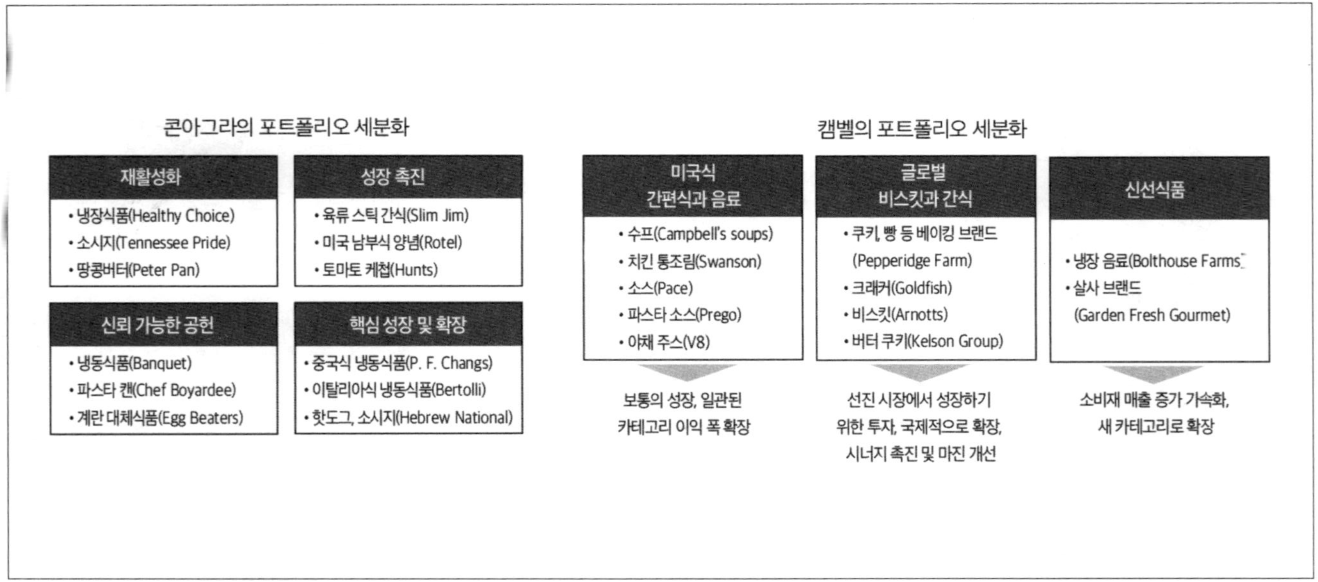

콘아그라의 포트폴리오 세분화

재활성화
- 냉장식품(Healthy Choice)
- 소시지(Tennessee Pride)
- 땅콩버터(Peter Pan)

성장 촉진
- 육류 스틱 간식(Slim Jim)
- 미국 남부식 양념(Rotel)
- 토마토 케첩(Hunts)

신리 가능한 공헌
- 냉동식품(Banquet)
- 파스타 캔(Chef Boyardee)
- 계란 대체식품(Egg Beaters)

핵심 성장 및 확장
- 중국식 냉동식품(P. F. Changs)
- 이탈리아식 냉동식품(Bertolli)
- 핫도그, 소시지(Hebrew National)

캠벨의 포트폴리오 세분화

미국식 간편식과 음료
- 수프(Campbell's soups)
- 치킨 통조림(Swanson)
- 소스(Pace)
- 파스타 소스(Prego)
- 야채 주스(V8)

보통의 성장, 일관된 카테고리 이머 목 확장

글로벌 비스킷과 간식
- 쿠키 빵 등 베이킹 브랜드 (Pepperidge Farm)
- 크래커(Goldfish)
- 비스킷(Arnotts)
- 버터 쿠키(Kelson Group)

선진 시장에서 성장하기 위한 투자, 국제적으로 확장, 시너지 촉진 및 마진 개선

신선식품
- 냉장 음료(Bolthouse Farms)
- 샐러드 브랜드 (Garden Fresh Gourmet)

소비재 매출 증가 가속화, 새 카테고리로 확장

그림 13.5: 콘아그라와 캠벨의 포트폴리오

서 설명한 대로, 포트폴리오 전략은 사업의 우선순위와 시장에서 승리하기 위해 무엇이 필요한지를 조직과 시장에 알려준다.

레킷벤키저(Reckitt Benckiser)의 경우 잘 정의된 포트폴리오 전략은 기업의 실적을 산업 수준 이상으로 올려놓았다(그림 13.6 참조). 이 기업은 매출의 80%를 차지하는 19개의 '파워 브랜드'에 집중한다. 배니시(Vanish), 칼곤(Calgon), 스트렙실(Strepsils) 같은 잘 알려진 브랜드들도 포함된다. 이 기업은 높은 시장 점유율로 매출을 증가시키고 있는 인지도 높은 브랜드에 대한 인수 결정을 신속하게 내릴 수 있음을 보여줬다. 이러한 빠른 결정은 명확한 포트폴리오 전략에 의해 가능했다. 특색 있는 여러 틈새 브랜드를 인수하고 그 브랜드를 중심으로 글로벌 성장을 추구해온 것은 지난 10년간 기업의 매출 및 순이익을 모두 성장시키는 데 도움이 되었다.

좋은 제품 관리는 여전히 중요하다!

비록 우리는 파괴가 가능한 시대에 살고 있지만, 파괴라는 단어는 거의 종교적 중요성만큼의 의미를 가지고 있으며 남용되고 있다.

와튼(펜실베이니아 대학교 경영대)의 칼 울리히(Karl Ulrich) 교수는 진정한 파괴의 조건을 2가지로 정리한다. (1) 시장의 상당 부분이 새로운 기업의 제품이나 서비스를 선호해야 한다. (2) 기존 기업들은 이에 대해 대응할 수 없다. 따라서 그는 진정한 파괴는 드물다고 말하며 다음과 같이 밝힌다.

사업계획을 가지고 경쟁적으로 엘리베이터 피치(짧은 시간에 기업이나 제품을 홍보하는 것)를 하는 스타트업의 얘기를 들어봐도 그들이 사용하는 형식은 너무나

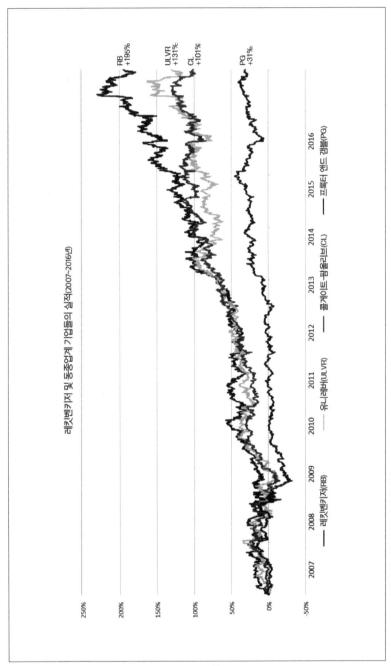

레킷벤키저 및 동종업계 기업들의 실적(2007~2016년)

RB
+195%

ULVR
+131%

CL
+101%

PG
+31%

250%

200%

150%

100%

50%

0%

-50%

2007   2008   2009   2010   2011   2012   2013   2014   2015   2016

—— 레킷벤키저(RB)   —— 유니레버(ULVR)   —— 콜게이트-팜올리브(CL)   —— 프록터 엔드 갬블(PG)

그림 13.6: 동종업계와 비교한 레킷벤키저의 실적

지루하게도 표준에 맞춰져 있다. 새로운 기업은 새로운 기술 또는 비즈니스 모델로 기존 산업을 뒤흔들어야 한다. 하지만 새로운 기업의 대부분은 그러지 않을 것이다. 만약 그들이 성공적이라면 서비스가 부족한 세부시장을 찾을 것이고, 훌륭한 제품을 내놓고 어느 정도 시장 점유율을 차지하며, 흑자를 이룩할 것이다. 그것은 가치 창출로 귀결되는 엄청난 결과물이다. 하지만 이것은 파괴가 아니다.[10]

위험한 상황은 혁신의 빈도와 가능성을 고려할 때 안정적인 제품 관리 및 개발에 투자하는 것이 시간 낭비라는 의미를 뜻하는 **'임박한 파괴의 오류**(fallacy of impending disruption)**'**에 빠져 기업이 희생되는 것이다. 사실 이것은 한 지하철 노동자가 세상의 종말을 믿고 지금까지 저축한 모든 금액을 2011년 5월 21일 물속에 던져버린 일만큼이나 타당해 보일지 모른다.[11] 우리에겐 다행스럽게도 세상이 끝나지 않았으며, 불행하게도 그는 5월 22일에 파산하고 말았다. 이것이 주는 교훈은 우리가 계속해서 혁신을 주시해야 한다는 것이다. 그러나 혁신은 예측하기 어려우며 안정적인 제품 및 개발 관행을 아예 배제시키고 혁신만 추구하는 것은 좋은 전략이 아니라는 점 또한 인식하기 바란다.

포트폴리오 재구성

많은 기업들은 포트폴리오 최적화를 단순히 '꼬리 자르기' 활동처럼 접근하는 경향이 있지만, 포트폴리오를 진정으로 재구성하려면 좀 더 사려 깊고 전사적인 접근법이 필요하다. 우리는 다양한 관점에서 포트폴리오를 평가하는 다면적인 접근방식을 사용한다. 다면적 접근방식이 필요한 이유는 다음과 같다. 예를 들어 단일 관점은, 현재의 수익성 또는 고객이 원하는 범위를 기준으로 포트폴리오를 최적화하는 결과를 낳을 것이다. 하지만 이상적인 포트폴리오는 광범위한 원인들을 충족하는 포트폴리오이다.

예를 들어, 대형 가전 제조기업인 컨슈머 듀러블(Consumer Durables Co., CDC)을 생각해보자. 이 기업은 새로운 라인 도입과 확장을 통해 몇 년 동안 매출을 증가시켰지만 EBITDA(법인세, 이자, 감가상각비 차감 전 영업이익)가 정체를 보이고 있다. SKU는 25% 이상 늘어났고, 엔지니어링은 제품 교체에 필요한 성능 속도를 간신히 유지할 수 있었다. 이전의 포트폴리오 합리화는 꼬리 자르기에 성공했지만 엔지니어링과 이익에 대한 이점은 실현되지 않았다. 경영진은 추가 감산이 득보다 실이 더 많은 것은 아닌지 의문을 품기 시작했고, 더 적어진 포트폴리오가 경쟁력에 악영향을 끼칠 것을 우려했다.

동시에 그들은 현재의 복잡성 수준에서는 기업을 지속하기 어렵다는 것을 알았다. 따라서 팀은 우리가 제안한, 주요 관점에서 포트폴리오를 평가하는 우리의 방식을 활용함으로써 포트폴리오를 새롭게 조명했으며, 궁극적으로 생산적이고 수익성 있는 포트폴리오를 구성했다.

- **이점** 포트폴리오 최적화를 시작할 많은 이유들이 존재하며, 최적화의 실행은 많은 이점을 제공할 수 있다. 그러나 최적화 실행을 통해 당초에 달성하고자 하는 목표를 일치시키는 것은 매우 중요하다. 예를 들어, 최적화의 목적이 운전자본을 향상시키는 것인가, 또는 EBITDA를 높이는 것인가, 아니면 이용 가능성 또는 정시 배송과 같은 주요 간접적인 동인을 통해 성장을 이룩하는 것인가?

- **포트폴리오 전략 및 세분화** 제품을 보유하거나 추가해야 할 이유는 항상 있을 것이다. 오히려 제품을 목록에서 빼기 위해 사람들의 동의를 얻는 것이 훨씬 어렵다. 따라서 그러한 반대를 잘 헤쳐 나가기 위해 전략적인 측면이 매우 중요하다. 많은 기업들은 기업이 가진 자원을 어떻게 효율적으로 배분할 것인지에 대한 사려 깊은 결정보다도 개별 고객의 요청과 시장에서의 증가하는 기회에 반응하는 데 맞추어 전략을 발전시켜왔다. 이는 진정한 경쟁우위를 희석시키는 사실상의 '모두에게 모든 것을'이라는 전략으로 이어질 수 있다. 그러나 포트폴리오 세분화를 명확히 한 결과 포트폴리오의 재구성이 훨씬 쉬워졌다.

  CDC는 신제품을 개발할 때 시장에 없던 첫 제품이라는 개념에 초점을 맞추었고, 이를 위해 'good, better, best' 전략을 사용했다. 그러나 시간이 지나면서 새로운 에어컨 모델은 추가되는 반면 구형 모델은 제거되지 않았다. 그 결과 3개 등급의 제품이 6개 등급으로 늘어나게 되었고, 중복되는 제품이 많아졌으며, 신제품 개발 속도가 엄청나게 느려지는 등 기업의 전략과는 극명한 대조를 나타냈다.

- **경쟁 요건** 전통적인 시장 접근법은 일반적으로 경쟁 지형을 받아들여 경쟁자의 포트폴리오와 일대일로 일치시켜 경쟁하는 것을 당연하게 받아들인다. 그러나 경쟁은 시장에서 벌어지는 일부일 뿐이다. 거시경제적 역풍은 포트폴리오 내에서 제품이 수행하는 진정한 역할에 영향을 미칠 수 있으며, 제품에 대한 규제는 종종 계산에 넣지 않았던 원가를 발생시키고 부담이 추가될 수 있다.

  CDC에서 이전의 포트폴리오 최적화 노력은 대부분 시장 상황을 간과했다. 왜냐하면 이 팀은 기업의 현재 시장에서의 위치를 알고 있다고 생각했다. 그러나 추가 분석 이후, CDC 다음으로 큰 경쟁사의 매출은 비슷하지만 SKU는 20% 더 적다는 사실을 발견했고, 경영진은 CDC가 경쟁 업체보다 사실상 20% 낮은 수준의 규모의 경제를 실현하고 있음을 인식했다. 또한 이 팀은 변화하는 산업 표준과 고객 요구로 인해 가까운 미래에 제품개발과 엔지니어링이 더욱 강조되면서, SKU가 심각하게 증가할 확률이 높다는 것을 발견했다.

- **고객 범위 및 대체 가능성** 수익성이 없는 제품을 유지하려면, 기업은 상당한 연계 수익(한 제품의 판매가 다른 제품과 연계되어 있음) 또는 대체 가능성 부족(고객은 한 제품을 다른 제품과 교환할 의도가 없음)에 대한 설득력 있는 증거를 확보해야 한다. 우리가 발견한 것은 시작 단계에서 100%의 연계 수익과 0%의 제품 대체 가능성을 가정한다는 것이다. 이로 인해 수익은 과대평가되고, 제품 대체 가능성은 과소평가된다.

  CDC의 추가 조사에서 고객들은 대부분의 에어컨들이 가진 미묘한 차이를 잘 인식하지 못하고 있으며, 제품에 대한 높은 수준의 고객 혼동이 나타났다고 결론을 내렸다. 한때 상호 간에 대체성이 없다고 여겨졌던 제품도 고객 인터뷰와 과거 판매 분석을 통해 재평가되었다. 그 결과 에어컨을 사용하는 고객의 2/3는 다른 제품으로 바꾸는 데 거부감이 없기 때문에, 복잡성을 없애고 수익을 유지할 수 있는 기회가 있다는 것을 알게 되었다.

- **운영과 공급망에 영향** 다른 어떤 기능보다도 운영과 공급망은 복잡성에 강하게 영향을 받는다. CDC는 예전에 포트폴리오를 검토할 경우

운영적인 측면을 고려하지 않았지만, 사실 복잡성의 감소로 인해 가장 큰 이익을 도출할 수 있는 곳이 바로 운영이다. 처음으로 CDC는 어떤 제품이 가장 큰 운영상의 복잡성을 야기하는지 질문을 던져보았다. 분석 결과 에어컨 제품 라인의 물량 기준 하위 25% SKU는 전체 물량의 5% 미만을 차지하는 반면에 엔지니어링 자원의 50%를 소비하는 것으로 나타났다. 이러한 정보를 알게 된 팀은 엔지니어링 자원을 확보하기 위해 포트폴리오를 재편하는 데 주력할 수 있었으며, EBITDA에 미치는 영향을 최소화하면서 시장 출시 시간을 단축할 수 있었다.

- **복잡성이 반영된 원가 및 진정한 수익성** 재무적 관점은 제품 수익성에 대한 중요한 정보를 제공하는데, 앞에서 설명한 제곱근 원가계산 방식을 활용한다. 포트폴리오 최적화를 시행하는 동안 모든 제품이 재무적으로 매출총이익 단계에서 이익을 나타낸다고 분석된 반면, CDC의 추가 조사는 매우 다른 결과를 보여주었다. 영업이익과 복잡성을 적용한 수익성에 대한 평가에 따르면 에어컨 SKU의 거의 80%가 영업이익의 25% 이상을 갉아먹고 있는 것으로 나타났다.

- **원가 및 서비스 수준의 브레이크포인트** 포트폴리오 최적화의 이익은 계단형 패턴을 따르는 경향이 있다. 원가 측면에서는 제거할 수 있는 원가 덩어리(고정자산)와 제품 통합을 이루기 위해 필요한 사항이 무엇인지 이해해야 한다. 서비스 측면에서는 고객들이 획기적이라고 인정(예를 들어, 당일 배송 서비스)할 수 있노록 포트폴리오와 프로세스를 변경하고 조합해서 평가할 필요가 있다.

모든 면에서 CDC에게 이러한 결과는 중요했다. 이러한 다면적인 접근 방식은 고객 혼란, 겹치는 고객층, 그리고 수익성이 없는 제품을 확인했다. 포트폴리오에 대한 보다 포괄적인 시각으로 무장한 경영진은 이제 중요한 합리화 의사결정을 내릴 수 있었다. 그 결과 SKU는 30% 감소하고 엔지니 어링 자원의 15%를 신규 제품 개발에 집중할 수 있게 되어 영업이익이 7% 증가했다.

마케팅, 광고 및 홍보의 우선순위 재설정

투자 기회는 어디에 집중할 것인지 정하는 것으로부터 온다. 콘아그라 는 광고 및 판촉에 대한 지출을 활용하기 위해 보다 체계적이고 집중적인 접근방식으로 전환했다. 네슬레는 현재 홍보의 80%를 자사 34개의 10억 달러 브랜드에 집중시키고 있다. 네슬레의 CFO 프랑수아 사비에르 로저 (François-Xavier Roger)는 "매출 크기에 비해 마케팅에 사용하는 금액이 그 렇게 큰 규모는 아니며, 해당 제품들은 다른 제품들보다 훨씬 급속한 성장 세를 보이고 높은 수준의 수익성을 이끌고 있어, 우리는 마케팅 지원에 매 우 집중하고 있다"고 말했다.[12]

이것은 단지 재무적 자원을 더 잘 사용하는 문제가 아니다. 또한 집중 은 당신이 핵심 브랜드와 더 많은 것들을 할 수 있도록 해준다. 크로락스 (Clorox)의 최고마케팅책임자(CMO) 에릭 레이놀즈(Eric Reynolds)는 "브랜 드가 무엇을 의미하는지, 심지어 왜 존재하는지 스스로 확실히 알기 전에 나아지는 것은 아무것도 없다. 어느 순간 누군가는 이렇게 말해야 할 것이다. '멈춰봐. 우린 이 모든 것들을 하고 있어. 그런데 왜? 왜 이것이 중요하지?' 레이놀즈는 데이터 및 스토리텔링을 사용하여 핵심 제품인 버츠비 입술용 크림의 판매 활성화와 성장에 중점을 두었다. 그 방법에는 자동 날씨 기반 미디어를 이용한 구매를 포함하고 있다.[13]

규모와 속도에 맞게 운영 모델 재조정

핵심 브랜드를 재점화하기 위한 중요한 요소에는 운영 모델을 업데이트하거나 잠재적으로 변화하는 것이 포함된다. 이것은 심도 있는 논의가 필요한 만큼 Chapter 15에서 설명할 것이다.

핵심의 혁신

이 장에서 인용한 모든 기업의 경우, '핵심을 재점화하는 전략'이 필요한 근본적인 이유는 2가지이다. 수익성 향상과 성장을 가속화하기 위해 자원을 자유롭게 하는 것이다. 이는 핵심 브랜드를 어떻게 혁신할 것인가에 대해 다시 한 번 생각해야 함을 의미한다. 점차적인 라인 확장으로 하루를 보내는 날들은 이제 지났다. 소비재 기업들은 더 이상 제품을 시장에 '밀어넣을' 수 없다. 대신 소비자들을 '끌어당길' 수 있느냐의 문제이다. 결과적으로 그들은 고객의 생각을 보다 근본적으로 이해하고, 소비자들이 어떻게 제품을 사용하고 있는지, 그리고 어떤 요구사항이 아직 남아 있는지를 발견하기 위해 자원의 사용에 변화를 주고 있다.

크로락스는 새로운 인구 집단과 제품의 새로운 소비 패턴, 새로운 채널을 찾기 위해 '새로운 얼굴, 새로운 공간, 새로운 장소'에 중점을 두고 있다. 이를 적용하여 소독용 물티슈 제품군의 성장을 촉진하려 한다.

크로락스의 연구에 따르면, 70%의 소비자들은 표면의 소독이 가족들을 더 건강하게 유지시켜줄 수 있다고 생각하지만, 사실 절반도 행동으로 이어지지 않는다고 한다.[14] 이러한 생각과 행동의 차이는 4억 달러라는 잠재적 매출액을 의미한다. 또한 대부분의 구매자들은 예방 건강 제품들을 함께 구매하는 것을 선호하며, 약국이나 약국 근처에 이러한 제품이 비치되기를 기대한다는 것을 알게 되었다. 그래서 크로락스는 '예방하기, 보호하기 그리고 진정시키기'라는 매장 진열 프로그램을 개발했고 소매업체와 협력하여 관련 제품을 진열했다. 그 제품 조합은 예방, 보호, 진정에 필요한 크로락스 소독용 물티슈, 캠벨의 수프, 브리타 정수 필터, 그리고 다이얼 비누로 구성되어 있었다. 결과는 매우 좋았다. 프로그램에 참여한 크로락스 브랜드의 매출은 16% 상승했으며, 크로락스 위생 물티슈의 매출 154% 증가가 전반적인 매출 상승을 이끌었다.

제품 이외의 고객 경험(CX, Customer Experience)은 무엇이 있는가?

스타벅스는 삶에서 집과 일터를 제외하고 스타벅스가 가장 중요한 장소라고 주장해왔다. 그러기 위해서는 커피 이외에 체험과 공간이 중요하다. 자랑스러운 제품 전통을 가진 많은 기업들에게 제품을 뛰어넘어 사고하는 것은 힘든 일이다. 그러나 제품을 뛰어넘는 사고는 새로운 비즈니스 모델이라는 기회를 여는 데 도움이 된다.

이를 위한 한 가지 방법은 '**고객 여행 지도**(Customer Journey Map)'를 그려보는 것이다. 이 지도는 기업의 제품, 소매점, 서비스 또는 웹사이트를 가리지 않고 기업과 관련된 고객의 상호작용을 그래픽으로 나타낸 것이다. 요점은 가치를 정의하는 것이 단순히 제품인 경우는 드물며, 그것을 둘러싼 경험이라는 것이다. 따라서 그러한 경험을 이해하는 것이 바람직하며, 이를 통해 비즈니스 모델 혁신의 기회를 얻을 수 있다.

이러한 유형의 결과를 얻기 위해서는 과거와 다른 시각에서 접근해야 한다. 이러한 접근법은 다음을 포함한다.

- **디지털과 다채널 세상의 수용** 소비자 충성도를 높이고 소비자에 대한 통찰력을 높이기 위해 소비자들의 구매방식이 브랜드와 어떻게 교류하는지 이해해야 한다. 여기에는 소비자에게 편리한 앱 개발, 구독 기반 제품, 소셜 미디어에 노출 증가, 소매업체와의 통합 확대 등이 포함될 수 있다.
- **분석과 결합된 실험에 더욱 집중** 새로운 디지털 플랫폼을 활용하여 실험하고 학습해야 한다. (실험에 대한 자세한 내용은 Chapter 10 참고)
- **현지 국가의 문화 연구에 더욱 큰 중점**

마지막에 소개한 요점은 래플리가 그의 저서 『승리의 경영전략 *Playing to Win*』에서 밝힌 P&G가 인도 시장의 제품개발을 위해 이러한 기술을 어떻게 활용했는지를 상기시킨다. 당시 P&G의 남성 용품 부문 사장이었던 칩 버그(Chip Bergh)는 질레트와의 합병과 인도 시장 확장을 감독했다. 버그가 그의 팀에게 내린 첫 번째 지시사항은 단순했다.

> *내가 여러분에게 바라는 첫 번째는 인도에서 2주일을 보내는 것이다. 나*
> *는 여러분이 소비자들과 함께 생활하기를 원한다. 나는 여러분이 그들*
> *의 집에 들어가보길 바란다. 여러분은 그들이 어떻게 면도를 하는지, 그*
> *리고 그들의 삶에 맞는 면도는 어떤 것인지 이해해야 한다.*

그의 팀은 저항했다. 왜 인도로 가야만 하는가? 여기 미국에도 인도인들은 차고 넘친다. 이렇게 동료 중 한 명이 저항해왔지만 버그는 전혀 움직이지 않았다.

나중에 인도 여행 이후, 저항했던 동료가 혁신 검토 회의에서 그를 찾았다.

> *이제야 나는 완전히 이해할 수 있다. 책에 있는 사진을 보고 이야기도*
> *들을 수 있지만, 그곳에 가서야 비로소 이해할 수 있었다. 나는 한 남성*
> *과 3일을 함께 지내면서 함께 쇼핑을 했고, 함께 이발소에 가서 그가 면*
> *도하는 것을 지켜봤다… 나는 영감을 얻었으며 동기부여를 받아 런던*
> *으로 돌아오는 비행기 안에서 냅킨에 첫 번째 면도기를 디자인했다.*

새 면도기는 이처럼 여행 중에 발견한 통찰력을 바탕으로 만들어졌다. 그가 발견한 것은 인도 대부분의 남자들이 단지 작은 컵에 차가운 물을 담아 면도를 했고, 면도날을 닦을 흐르는 뜨거운 물이 없기 때문에 수염이 칼날에 그대로 붙어 면도를 방해한다는 사실이었다. 새 면도기는 이러한 사실에 착안하여, 피부에 상처가 나지 않도록 보호하면서 헹구기 쉽도록 카트리지를 보완하는 디자인이 반영되었다.

우리는 이번 장에서 넓은 주제를 좀 더 분명히 그리고 일상생활을 활용하여 설명하기 위해 소비재 기업에 초점을 맞췄다. 사실 우리와 많은 관련이 있는 산업이고, 평소 소비재를 사용하며 생활하고 있기 때문에 소비재 산업은 우리와 쉽게 연관 지을 수 있다. 하지만 여기에서 말하는 요점은 다른 산업들에도 적용될 수 있다. 우리는 이러한 역동성을 여러 산업에서 보아왔다. 제조업체가 무수히 많은 제품을 출시해 '펌프를 혁신할 기존 전문성을 약화시키는 것에서부터, 대형 식료품점 운영에는 뛰어나지만 해외 편의점 시장을 공략하면서 궤도에서 이탈한 소매업자, 그리고 복잡성원가는 없다고 잘못 생각하며 서비스를 확장한 금융기업에 이르기까지' 여러 산업을 살펴봤다. 이 모든 기업들은 자신이 가장 잘할 수 있는 것에서 벗어났으며, 실적이 저하되는 것을 경험했고, 이후 핵심 분야를 회복하기 위해 노력해야 했다.

많은 이들에게 사이렌의 유혹은 포트폴리오 확장이었다. 오랫동안 제품 확장은 수익을 창출하기 위한 기본 수단이었지만, 사실 그것은 기업이 추구할 수 있는 많은 인접 수단들 중 하나에 불과하다. 요점은 인접성이 본질적으로 해를 끼친다는 것이 아니라, 오히려 복잡성의 시대에 이러한 인접 기회가 너무나 풍부해 보이기 때문에 그 진입 기준이 어느 때보다 높을 수밖에 없다는 점이다.

어디로, 그리고 어떻게 확장할 것인지에 대한 것이 바로 다음 장에서 다룰 내용이다.

Chapter 14

M&A와 새로운 시장의 함정을 피하라
Avoid the Pitfalls of M&A and New Market Entry

> "나는 저 멀리 있는 사물에 대한 끊임없는 갈망으로 몹시 괴롭다.
> 나는 금지된 바다를 항해하고 야만적인 해안에 상륙하고 싶다."
>
> **- 허먼 멜빌의 소설 『모비딕』에서**

모든 기업의 리더는 '더 푸른 초원'의 사이렌이 유혹하는 노래를 들어왔다. 조직이 원래 가진 핵심 사업을 넘어 확장하는 것은 점점 실현 가능해졌으며 매력적으로 느껴진다. 신제품 카테고리, 시장 진출 채널 증가, 해외 확장 등 '인접영역에서 성장(growth by adjacency)'이라는 용어와 전략은 지난 10년 동안 흔한 일이 되었다. 오늘날 대부분의 대기업에는 사내 인수합병(M&A) 팀이 있으며, 이 팀은 인수 대상을 찾아 나서는 데 매우 적극적이다.

그러나 이러한 유혹으로 인해 많은 조직이 할 수 있다는 것과 해야 한다는 것이 엄연히 다르다는 일반 상식에 주의를 기울이지 않는다. 인접영역 진출 및 기업의 인수는 성장을 위한 좋은 방법이 될 수 있지만, 결과적으로 많은 조직들이 이러한 방법을 과도하게 적용하거나 잘못 적용하고 있다. 제품 확장으로 증가하는 이익을 과대평가하고 증가하는 원가를 과소평가하는 것이 통상적이기 때문에, 확장의 이익이나 시너지를 과대평가하고 '생각 없는' 확장으로 인한 복잡성의 영향을 과소평가하는 것이 일반적이다.

「전략+비즈니스*Strategy+Business*」의 기고 편집자인 켄 파바로(Ken Favaro)에 따르면 이러한 문제가 발생하는 이유는 우리가 이미 '인접영역의 중독자'이기 때문이다.1 그는 자동차 렌탈 기업 및 저가 브랜드로 확장한 항공사, 건설 사업에 참여한 철강기업, 개인 건강관리 시장에 진출하는 제약기업을 예로 들고 있다.

파바로는 "이런 각각의 사업에서, 인접영역으로 이동하려는 동기가 핵심 사업의 성장 속도를 늦추고 있다"고 적었다.2 기업에게 인접영역으로 이동하는 것이 핵심 사업의 논리적인 확장으로 간주되었기 때문이다.

이런 중독의 영향은 분명하다. 핵심은 무시되고, 원가와 복잡성을 증가시키는 새로운 제품군이 추가되며, 기업이 가진 기존 이점은 희석된다. 파바로는 '핵심을 무시하는 것이 가장 큰 과오'라고 지적한다.

그는 이렇게 말했다. "앞에서 언급한 큰 인접 시장으로 이동한 모든 기업들은 상황을 되돌려야만 했다. 성장 약속은 환상에 불과하다고 입증되었으며, 결국 성장하기 위해 원래의 핵심 사업으로 되돌아와야 했고, 많은 경우 이 핵심 사업의 위치는 전보다 훨씬 약해졌다."

파바로가 언급한 내용은 안젤라 아렌츠가 원래의 기업을 그만두고 명품 브랜드인 버버리를 턴어라운드하기 위해 자리를 옮기려 할 때 알게 된 버버리의 상황과 정확히 같은 것이었다. 버버리는 풍부한 역사와 왕실 조달 허가증을 보유하고, 1차 세계대전 당시 영국 군인이 입었던 트렌치코트와 같은 대표적인 제품도 갖고 있었으나 현명치 못한 사업 확장으로 인해 사업은 초점을 잃었고, 브랜드 또한 그 빛을 잃고 있었다.

그녀는 당시를 다음과 같이 회상한다. "전 세계에 버버리 브랜드를 사용하는 23개의 라이선스 사용자가 있었는데, 그들은 조금씩 다르게 사업을 했다. 어느 매장은 애완견 옷과 가죽끈과 같은 제품도 판매했다. 런던 본드가에 있는 가장 유명한 매장 중 하나에는 온갖 종류의 킬트 제품을 판매하는 공간이 있었다. 제품들은 개별적으로는 아무런 문제가 없었지만, 보기에 너무나 과하게 만든 것들이었다. 모두에게 모든 것을 제공할지는 모르지만, 차별점이 있거나 경쟁력이 있어 보이지는 않았다. 명품 브랜드를 추구한다면, 어디에서나 찾을 수 있는 흔함은 브랜드를 죽일 것이다. 그렇다면 이 브랜드는 더 이상 명품이 아니며, 사고 싶을 때 언제 어디서든 구매할 수 있는 그런 브랜드가 되는 것이다."[3]

명석한 머리로 확장 전략을 추구하는 것이 이 장의 주제이다. 우리는 왜 M&A를 올바르게 해야 하는지, 그리고 얼마나 많은 기업이 잘못된 M&A를 했는지 알아보고, 성장의 리더가 되기 위해 '인접영역에 대한 회의론자', 즉 기업이 행하는 모든 것에 대해 확신을 갖기 위해 테스트하는 사람이 되는 것의 이점에 대해 논의할 것이다.

'더 푸른 초원'인 M&A

'더 푸른 초원'의 사이렌은 M&A에 특별히 더 적극적이다. 기업의 인수는 자생적 성장(Organic Growth)이 오래 걸리는 상황에서 성장의 목적지로 도약하는 데 도움이 될 수 있다. 그러나 역설적이지만, 기업의 인수를 통해 새로운 시장에 빠르게 진입할 수 있다는 가능성은 기업의 부족한 역량과 핵심 사업에 미칠 영향을 간과할 수 있음을 의미한다.

이러한 생각은 M&A가 '성장이 아닌 원가 시너지를 통해 수익성과 규모를 추구'할 때 보다 확실히 건설적인 방안이 된다는 사실을 반영한다. 우리가 2014년 보고서 〈성장이 아닌 이익을 위한 다각화Diversify for Profits, Not Growth〉에서 강조한 바와 같이, '수익성 추구를 위한 인수'는 새로운 시장에서 사업을 추진하기 위한 원가를 줄이기 위해 기존의 자산과 역량을 최대한 활용하는 데 집중한다. 이런 방식의 인수합병은 추가매출로 인해 더 큰 R&D 투자, 가격 경쟁력, 마케팅 우위라는 이점을 가능하게 할 수 있기 때문에 거의 모든 경우 매출 성장으로 이어진다.[4] 반면 '성장 중심의 인수'는 사업의 복잡성을 증가시키고, 주요 달성 목표 또는 고객 만족도에 예상치 못한 부정적인 영향을 미친다. 이것은 경영의 초점을 또한 약화시킬 수 있다.

이러한 점을 설명하기 위해 그림 14.1에 보여준 2가지 예시와 최종 결과물을 생각해보자. 기업은 점점 더 정교하게 실사를 실시하면서도 거래를 평가할 때 복잡성에 대한 회계처리를 자주 건너뛴다. 일본의 한 대기업은 기업가치와 시너지 목표가 종종 기대에 미치지 못했기 때문에 우리에게 이러한 자문 및 컨설팅을 요청했다. 이 대기업에서 우리가 발견한 것들은 다음과 같다.

	스탠리 웍스(Stanley Works)의 블랙앤데커(Black & Decker) 인수 (이익 중심 M&A)	실드에어(Sealed Air)의 다이버시(Diversey) 인수 (성장 중심 M&A)
딜	• 2010년 스탠리 웍스는 45억 달러에 공구 제조사인 블랙앤데커를 인수함	• 2011년 포장제품 공급사인 실드에어는 43억 달러에 다이비시를 인수함
공식 이유	• 스탠리의 인수 이유는 원가에 집중됨. 거래로 인해 총 3억 5천만 달러의 연간 원가 시너지가 발생할 것이라고 발표함	• 실드에어는 원가 시너지 효과와 고객 서비스 원가절감에 대한 언급 없이 인수가 어떻게 성장을 촉진할 것인지에 대해 논하는 것으로 딜을 정당화함
결과	• 2013년까지 스탠리는 3억 달러의 매출 시너지를 달성하였으며, 5억 달러를 초과하는 원가 시너지를 초과 달성함 • 블룸버그 통신은 "강력한 신제품을 출시하면서도 인수 이후 PMI 기간에 원가를 절감하는 데 집중하여 이러한 결과를 얻을 수 있었다"고 보도함	• 실드에어는 인수 후 불과 1년 만에 예상보다 낮은 성장과 이익으로 인해 12억 달러의 평가절하를 기록함 • 2016년 실드에어의 CEO는 사업부의 매각이나 퇴출 방안을 검토하겠다고 밝힘(2017년 32억 달러에 인수됨)

그림 14.1: 이익 중심과 성장 중심 M&A

- **매출 시너지의 과대평가** 위에서 언급한 바와 같이 매출 시너지(성장)를 목표로 추진된 M&A는 원가절감 항목의 확인을 통한 이익 중심의 M&A보다, 고객의 행동 예측 등 어떤 가정에 따라 거래를 진행하는 경향이 있다. 맥킨지 조사에 따르면, M&A를 진행한 기업의 70%가 예상했던 매출 시너지를 달성하지 못했다는 사실이 그렇게 놀라운 것만은 아니다.[5]

- **복잡성원가를 고정원가로 잘못 분류하여 원가 시너지의 과대평가** 이 문제를 설명하기 위해서는 기업이 전통적으로 간접원가를 고정원가로 분류하고 근본적으로 어떻게 원가상승 효과를 예측하는지 고려해봐야 한다. 실제로 제품이나 서비스를 생산하는 데 드는 원가는 잘 이해되지만 간접원가는 알기 쉽지 않은 범주이다. M&A 가치평가와 관련하여, 많은 기업들은 매출을 기준으로 비율에 맞추어 간접원가를 배분

하여 예측하는 반면, 간접원가는 매출 규모보다 복잡성에 의해 발생히는 경향이다. 이런 배분방식은 부정확하며, 잘못된 재무 예측과 가치평가를 초래한다. 간접원가는 실제로 고정된 것이 아니라 내제로 사업의 복잡성 때문에 발생한다. 많은 경우 이러한 간접원가는 특정 제품군에 직접 귀속되어야 한다. 따라서 간접원가가 각 제품 라인의 성장 예상에 따라 어떻게 변하는지를 이해하면 정확하게 간접원가를 예측할 수 있다.

- **시너지를 얻기 위한 조직의 도전 과제에 대한 과소평가** 이 문제는 인수합병이 익숙하지 않은 기업에서 일반적으로 발생한다. 이것은 흔히 빠른 시너지 효과를 얻기 위한 제한된 일정 스케줄에 영향을 준다. 기업의 인수합병 팀은 불완전한 데이터를 갖고 빠르게 거래를 평가해야 하기 때문에 인수 후의 통합(PMI, Post-Merger Integration)에 대한 조직의 어려움이나 문화적 차이가 어떻게 영향을 미칠지에 대해 신경을 쓰지 못할 수도 있다. 이럴 경우 경험의 법칙에 의한 가장 좋은 방법은 시간대별로 이익의 민감도를 점검하는 것이다. 만약 민감도 분석 결과 예상한 이익을 얻는 데 2배 정도 오래 시간이 걸린다면, 과연 이 거래는 합리적인가? 물론 통합 기간이 길수록 나쁜 결정을 내릴 위험은 줄어든다. 이전에 했던 M&A 이후 완전한 통합에 실패한 것이 우리 고객에게 큰 복잡성을 유발한 근본적 원인이라고 지적할 수도 있을 것이다.

이런 모든 요소를 볼 때, M&A로 인한 최종 결과를 비교해보면 결과에서 큰 차이가 발생할 수 있는 가파른 학습곡선들이 있다. 연중 행사로 가는 카지노 여행과 크게 다르지 않게, 1년에 한 번 M&A 테이블로의 여행이 당신에게 큰 부를 안겨주지는 않을 확률이 높다.

데이터를 보면 이것은 명확하다. 이러한 학습곡선 효과를 평가하기 위해, 대형 상장사들의 M&A 활동과 주가와의 관계를 살펴보았다(그림 14.2 참조).[6] M&A 활동 수준별로 나누었을 때, 가장 낮은 그룹인 5분위 기업(M&A 활동 거의 없음)의 평균 주가 상승률이 가장 높았다. '절제가(Temperate) 그룹'에 속한 기업들은 보통 M&A 게임을 자제하고 게임의 승자들을 멀리한다. 다른 쪽 끝인 꼭대기에 위치한 '전문가(Professional) 그룹'에 속한 기업들은 인수를 가장 활발하게 진행했다. 그들 또한 강한 주가 상승이라는 결과를 내어 놓았다. 이 그룹에 있어서 M&A는 그들의 성장전략의 중추적인

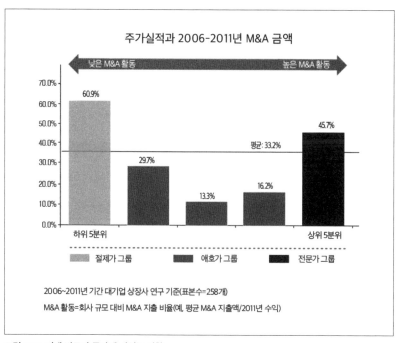

그림 14.2: 거래 빈도가 주가에 미치는 영향

부분이고, 그들은 시간이 지남에 따라 성공하는 방법을 터득했다.

그리고 중간에 위치한 니머지 그룹들은 가끔 인수를 하는 기업들로, 평균 주가가 크게 하락한 것을 볼 수 있다. 이들은 이른바 '애호가(Dabbler) 그룹'이며, 드물게 M&A를 하고 평균 이하의 결과를 보여준다.

일반적으로 우리는 절제가 그룹과 전문가 그룹이 2가지 면에서 두드러진 특징을 보인다는 것을 발견했다. 첫째, '직원당 이익률(profit-per-employee ratio)'이 크게 향상되었다는 것을 알 수 있는데, 이는 시간이 지남에 따라 효율성이 높아지고 있음을 의미한다. 둘째, 이 기업들은 이러한 효율성 향상을 상당한 마진 증가로 전환할 수 있었다(1달러의 매출로 더 많은 이익을 창출할 수 있었다). 그림 14.3에서 볼 수 있듯이, 가장 오른쪽에 있는 전문가 그룹은 시간이 지남에 따라 마진을 상당히 증가시킬 수 있었다(평균

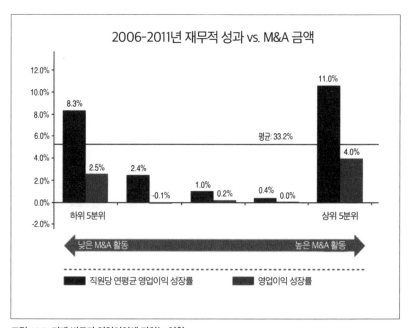

그림 14.3: 거래 빈도가 영업이익에 미치는 영향

400베이시스 포인트 증가).

가장 놀라운 점은 전문가 그룹이 수행하는 큰 금액의 M&A 활동(그리고 이론상 복잡성이 가중됨)에도 불구하고, 실제로 직원당 영업이익 성장률 11%를 기록하여 5개 그룹 중 가장 높은 영업이익 상승률을 보인다는 점이다. 그들은 M&A 통합 과정에서 뽑아낼 수 있는 시너지 때문에 시간이 지날수록 훨씬 효율적이 된다.

또한 흥미롭게도 이 그룹들의 실적만큼 인상적인 것은, 전문가 집단의 주가 상승률이 사실 인수활동이 적은 절제가 집단의 주가 상승률보다 낮았다는 점이다. 이는 전문가가 인수 전략과 관련하여 큰 금액의 자본(현금 및 주식)을 투자하기 때문에 시너지 효과로부터 얻는 이익이 부분적으로 상쇄되기 때문일 것이다.

연구의 다른 쪽 끝에 있는 절제가 그룹은 M&A 활동을 전혀 또는 거의 하지 않지만 전문가 그룹과 유사한 결과를 보였다. 그들은 평균 250베이시스 포인트의 꽤 괜찮은 마진 상승을 보였다.

그들은 또한 유기적으로 성장함에 따라 규모의 경제를 실현할 수 있는 능력을 나타내는 직원당 이익률에서 매우 바람직한 향상을 보였다. 그리고 위에서 언급했듯이 절제가 그룹의 재무성과가 전문가 그룹보다 약간 낮더라도 주가에 대한 높은 상승은 절제가 그룹에게 만족스러운 보상(報償)이 된다.

끝으로, 중간 부분에 위치하고 있는 애호가 그룹이다. 이들 기업은 중간 정도의 M&A 활동을 하고 있으며, 실제로 강한 매출 성장률을 보였다(5.5%의 연평균 성장률). 그러나 이러한 성장에도 불구하고 실적은 크게 저조했다. 그들의 마진은 대상 기간에 걸쳐 오르지 않았고, 오히려 축소되었다.

이들 기업 중 상당수는 실제로 직원당 이익률이 낮아짐에 따라 효율성이 널어졌다.

여기서 우리가 배울 것은 두 그룹에 속한 기업들은 철저히 서로 다른 M&A 접근법으로 성장할 수 있었다는 점이다. 이는 어떻게 관여했는지 또는 어떻게 '더 푸른 초원' 사이렌을 피했는지와 연결된다. 전문가 그룹은 선도적인 역량을 개발하여 안전하게 항해하는 법을 배운 반면 절제가 그룹은 더 안전한 정박 지점을 찾을 때까지 이 바위로 둘러싼 해안선으로부터 멀리 떨어져 있었다.

세 번째 그룹인 애호가 그룹은 (전문가 그룹과 달리) 항해 도구가 부족하고, 심지어 (절제가 그룹과 달리) 위험에 대해서도 인지하고 있지 못하기 때문에 M&A와 가장 힘든 싸움을 하는 그룹이다. 불행히도 우리 자료에 따르면 60%의 기업이 이에 속한다. M&A가 중요한 전략적 수단으로 남아 있지만 자주 활용하지는 않는 상황이 주어질 때, 이제 질문은 '애호가 그룹이 인수를 더 성공적으로 하기 위해 전문가 그룹과의 격차를 줄이려면 무엇을 해야 하는가'가 된다. M&A 전문가 및 사모펀드 리더에 따르면, 그들의 행동을 모방하기 위해 채택할 수 있는 여러 모범 사례들이 있다.[7]

- **사후 대응이 아닌 사전 대응의 투자 발굴로 전환하라** 명확한 M&A 전략이 없는 기업들은 거래에 대해 사후 대응적으로 반응하여, 나쁜 거래에 시간을 낭비하거나 더 안 좋은 경우 나쁜 거래를 완성시킨다. 반대로 M&A 전략이 뚜렷한 기업은 성공 가능성이 가장 높은 M&A 대상을 선제적으로 파악하고 접근할 수 있다. 그리고 그들의 전략에 맞지 않는 형편없는 거래들을 빠르게 포기할 수 있다. M&A에 모든 시간을

쏟을 필요는 없지만, 정기적으로 관심 있는 인수 목표가 어떤 모습일지 파악해보고 당신의 사업에 매력적인 인수 기회에 대한 리스트를 만들어본다.

- **예상 시너지 효과를 보수적으로 낮춰라** 만약 당신이 새로운 지역의 새 일자리에 차를 몰고 간다면, 지난 수년 동안 해왔던 일상적인 출퇴근 시간보다 더 많은 여유 시간을 갖고 미리 출발할 것이다. M&A도 같은 식으로 접근해야 한다. 즉, 다음의 몇 가지 주요 관점에 따라 시너지 목표에 대해 다시 질문을 던지고, 심지어 시너지 목표를 보수적으로 낮추는 식으로 접근하는 것이다:

  - 이익을 얻는 데 필요한 시간
  - 총원가에 관한 시너지 효과: 잠재적 복잡성원가를 전액 계산에 넣었는지, 그리고 거래를 통해 달성할 수 있는 고정원가 레버리지에 대한 정확한 관점을 발전시켰는지 확인해야 함.
  - 총매출에 관한 시너지 효과: 인수합병 후 서비스 수준의 충돌이 발생할 경우 고객 감소에 대한 현실적인 예측과 성장에 대한 확고한 가정을 설정해야 함.
  - 일회성 원가: 드물게 M&A를 하는 기업에게는 특히 일회성 원가를 과소평가하는 취약성을 보이는 영역임.

- **통합을 위한 조기 계획 수립 및 최종 상태를 명확히 정의하라** 전문가 그룹은 시간의 경과에 따라 가장 높은 수준의 효율성 향상을 창출하며, 이는 특히 새로 인수한 기업을 통합하는 데 특별히 능숙하다는 것을 의미한다. 다나허(Danaher)와 이튼(Eaton), 코크 인더스트리를 포함한 많은 기업들이 피인수 기업에게 그들의 경영 시스템과 문화를 도

입하도록 요구한다. 이 기업들이 깨달은 것은 동일한 캠프에서 2개의 서로 경쟁하는 문화가 유지될 수 없다는 것이다. 따라서 M&A를 통해 달성하고자 하는 목표가 무엇이든, 피인수 기업에 시스템과 문화를 강요하든 안 하든, 대체적으로 최종적인 성공과 원하는 이익을 달성하기 위한 시간표는 인수 기업이 만든 문화와 관리 시스템의 일관성에 달려 있다. (우리는 이 부분에 대해 Chapter 16에서 상세히 논의할 것이다.)

- **외부 전문가의 도움을 충분히 받으라** 가장 큰 위험한 상황은 당신이 모르는 어떤 것들이 있다는 것이다. 하지만 당신은 근면함, 법률적 지원, 통합 계획의 격차를 보완할 수 있는 경험을 외부로부터 얻을 수 있다. "싸구려 변호사보다 더 비싼 것은 없다"는 옛 격언처럼, 전문가를 고용함으로써 얻는 이익은 이 분야에서 특히 그렇다. 대부분 거래의 규모와 범위를 고려할 때, 전문적 서비스에 투자하는 것은 단 한 번의 성공적인 인수를 통해서도 투자의 몇 배로 보상될 것이다.

인접영역 진출에 대한 회의론자의 핸드북

성공적인 M&A 거래에는 필요조건이 있다. 그러나 인수, 자체 방법을 통한 새로운 시장 또는 인접영역의 진출 여부는 복잡성 시대의 성장에 근본적인 문제로 남아 있다.

많은 기업들이 인접영역의 진출을 통해 큰 성공을 거두었다. 1989년 나이지리아에 설립되어 현재 싱가포르에 본사를 둔 올람 인터내셔널(Olam

International)은 인접영역을 활용하여 단일 제품, 단일 국가 기업에서 130억 달러 규모의 거대 기업으로 성장했다. 올람은 글로벌 소비재 기업에 상품을 공급하는 기업으로, 견과류, 향신료, 콩, 커피 등 한 가지 일반 상품에서 다음 상품으로 진출하기 위해 기업의 역량, 판매 채널, 관계를 활용했다. 상품 카테고리에 포함되면 가치 사슬의 위아래로 움직이며 매출을 증가시켰다. CEO 비벡 베르마(Vivek Verma)는 인스턴트 커피로의 구체적인 진출에 대해 이야기하면서 인접 제품의 확장 논리를 다음과 같이 제시했다.[8]

> 커피 수요를 충족시키기 위해서 세계적으로 더 많은 커피를 생산해야 한다는 사실은 커피 공급망에 우리의 존재를 포함시키려는 올람의 전략을 뒷받침한다. 가치사슬의 상위 활동으로 이동하여 추적 가능하고 지속 가능한 방식으로 커피를 생산하기 위해 자체 커피 단지를 설립했다. 핵심 공급망 운영 내에서 로스터들이 탁월한 인증된 커피를 찾을 수 있도록 조달 및 마케팅 전문 지식을 지닌 특수 커피 사업부를 만들었다. 가치사슬 상위에서의 위치와 전문 커피 마케팅 분야에 점점 더 잘 맞춰가고 있다.
>
> 또한 신흥 아시아와 중부 및 동유럽의 수요 증가에 부응하기 위해 인스턴트 커피 사업을 통해 가치사슬의 하위 활동으로도 이동했다. 이유는 간단했다. 2007년에 인스턴트 커피 사업에 진출한 것은 고객, 원가, 채널을 공유하는 인접한 고부가가치 활동영역으로 한발 나가는 것 이외에도, 커피콩 공급망 전체 이익(Profit Pool)의 1/3에 해당하는 영역으로도 진출하는 것이었다.

많은 다른 기업들이 M&A에서 성공을 거두기 위해 이와 유사한 논리를 수용했다. 베인 앤 컴퍼니의 크리스 주크(Chris Zook)는 나이키가 인접영역 활성화를 통한 성장 패턴을 활용하여 리복보다 어떻게 우위를 점했는지에 대해 강조했다. 골프를 예로 들면 먼저 골프화를 통해 목표 시장에서 포지션을 확보한다. 그런 다음 타이거 우즈와 같은 유명한 운동선수들의 상품에 대한 지지와 함께 의류 라인을 출범시키고, 새로운 카테고리로 확장한다. 그리고 마침내 (골프채와 같은) 운동기구 시장에 진출한다.

디즈니(애니메이션에서 소매상으로 이동)와 아마존(서점에서 '모든 것을 파는 만물상'과 아마존 웹 서비스로 이동), 애플(맥 컴퓨터에서 아이폰, 애플 스토어 등으로 이동)과 같이 잘 알려진 이름들은 모두 매출을 높이는 데 인접 사업영역을 활용했다. 특히 이러한 인접영역들은 모두 자체적으로 강화된 제품과 서비스 생태계를 구축했다. 예를 들어 디즈니 영화를 보고, 디즈니 상품을 구입하고, 디즈니 상점에 가서 영화에 대해 학습하는 식이다.

이 책의 앞부분에서 예로 들은 대부분의 기업들은 인접영역으로 진출한 후 실적이 점점 나빠졌다. 컴퍼스 그룹은 해외 확장을 올바른 인접영역으로 판단했지만, 오직 기업의 규모를 약화시키는 결과를 가져왔다. 치키타는 브랜드를 활용하기에 적합한 인접 제품인 소비재 제품으로 이동했으나, 오히려 투자 및 활동의 결과는 핵심 제품인 바나나의 경쟁력을 약화시켰다.

그렇다면 무엇이 좋은 인접영역과 나쁜 인접영역을 구분짓는가? 난파의 위험이 있는 바위 해안에서 이길 수 있는 새로운 시장을 어떻게 알아낼 수 있을까? 자칫 '확실히 할 수 있어'라는 확신 편견이 생기기 때문에, 지나치게 신중할 때에는 이들을 서로 구별하는 것은 어려울 수 있다.

이때 인접영역 진출에 대한 회의(懷疑)가 생기면 다음의 6가지를 포함한 핵심적인 질문이 생길 것이다.

- 인접영역으로의 확장이 핵심 사업을 강화시키는가, 또는 약화시키는가?
- 인접영역은 경쟁할 만한 규모를 제공하는가, 아니면 단지 복잡성을 만드는가?
- 이 전략을 성공적으로 실행할 수 있는 역량과 운영 모델이 있는가?
- 다른 대안적 인접영역은 어디인가?
- 이런 진출의 확신을 위해 어떤 실험을 진행할 수 있을까?
- 결국 '노력할 만한 가치'가 있는가?

이러한 핵심 질문들에 대한 해답이 인접영역의 진출 여부에 대한 결정에 도움이 될 것이다.

질문 1. 인접영역으로의 확장이 핵심 사업을 강화시키는가, 또는 약화시키는가?

이 질문의 가장 중요한 부분은 결국 핵심 사업이다. 이것은 단순히 활동과 제품, 고객이라는 과거의 집합이 아니라, 조직이 오늘(내일과 다를 수 있음) 어디에서, 어떻게 가치를 창출하는가에 관한 것이다.

많은 사람들이 "우리는 소비재 기업이다"라는 식으로, 전통과 틈새 시장을 일반적인 용어로 사업을 설명함으로써 문제를 일으킨다. 그러나 대부분은 그들이 가치를 창출하는 곳에 대해 깊이 생각하지 않는다. Chapter 12에서 논의한 실제로 돈을 버는 곳을 파악하지 않는다면 어떤 인접영역으로의 확장도 위험할 수 있다.

가치 창출 요소를 확인하는 데 필요한 작업을 수행했다고 가정해보자. 그렇다면 사업 확장이 그들을 강화시키는가, 또는 약화시키는가? 여기서 '강화시킨다는 것'은 전체 네트워크에 이익이 되는 지리적 확장, 경쟁 기업이 당신의 영역으로 이동하는 것을 방해하는 기업의 인수, 또는 고객이 완전히 만족할 수 있는 선별된 제품 라인 확장 등과 같은 이익을 포함한다.

강화 또는 약화의 가능성을 평가하는 한 가지 방법은 인접영역이 이미 보유한 독특한 역량을 활용하는지 여부에 대해 질문해보는 것이다. 모든 조직은 일반적으로 그들이 잘하는 한두 가지 분야가 있다. 역량에 중점을 두면 단순히 산업 인접성으로의 확장에 동의하지 않아도 된다. 예를 들어 할인 소매업체와 고급 소매업체는 모두 소매점이지만 기술, 사람 및 마케팅 전략이 매우 다르다. 월마트가 '인접 기회'로 니만 마커스(Neiman Marcus)를 인수했다면 어느 쪽도 도움이 되지 않았을 것이다. 지리적, 기술적 또는 틈새시장 등 목표가 된 인접영역에서 성공하기 위해 조직이 이미 보유한 기능과 근본적으로 다른 기능이 필요하다면, 인접영역에서 의미 있는 결과를 얻기 어려울 것이다.

질문 2. 인접영역은 경쟁할 만한 규모를 제공하는가, 아니면 단지 복잡성을 만드는가?

우리가 회의실에 앉아서 다음과 같은 이야기를 고객으로부터 듣는 것은 드문 일이 아니다: "매출은 증가했지만, 판관비는 매출보다 2배나 빠르게 증가하고 있다." 이는 기업의 규모가 증가하는 것보다 복잡성이 더 빠르게 증가하고 있음을 나타내는 지표이다.

어떻게 이러한 상황을 바로잡을 수 있을까? 1907년부터 시작해 풍부한 역사를 가진 텍사스주 브렌햄(Brenham)에 본사를 둔 비상장 아이스크림 기업인 블루벨 크리미어(Blue Bell Creameries)의 경우를 보자. 블루벨의 가장 주목할 만한 특징 중 하나는 지리적 확장 및 포트폴리오 확장에 대한 아주 잘 통제된 접근법이다. 사실 매출 규모를 보면 미국에서 3위 기업이지만, 이 기업의 아이스크림은 여전히 20개 주에서만 구입할 수 있다. 이는 수익성 관점에서 경쟁 기업들을 앞서고 있다는 의미가 된다.

블루벨의 CEO 폴 크루즈(Paul Kruse)는 "우리는 시장 점유율의 노예가 아니다. 우리는 우리의 시장에서 무엇을 할 수 있는지 알고 있지만, 다른 시장에 대해서는 그렇지 않다"고 말한다. 그들이 확장을 선택할 경우는 일반적으로 인접한 주(州)로의 확장이며, 그 이유는 설치비와 유통비를 낮게 유지하면서 인접 시장에 대해 이해할 수 있기 때문이다. 블루벨은 전체 규모 면에서는 최고의 위치를 차지하고 있지는 않지만, 경쟁 기업들과 비교하여 가장 높은 밀도, 즉 경쟁할 만한 규모를 가지고 있고, 이는 이익으로 귀결된다.

블루벨은 추가적 매출을 얻기 위해 서서히 증가하는 복잡성을 최선을 다해 회피한다. "우리는 아이스크림을 만들고, 아이스크림을 판다. 그리고 아마도 우리 같은 기업은 없을 것이다. 왜냐하면 다른 기업은 또 다른 기업과 함께 공동 포장을 하거나 다른 제품을 같이 판매하기 때문이다"라고 크루즈는 말했다.

질문 3. 이 전략을 성공적으로 실행할 수 있는 역량과 운영 모델이 있는가?

전통 맥주의 매출이 저조하자, 우리는 맥주기업들이 강한 성장률과 높은 가격대를 보이는 수제 맥주 시장으로 뛰어드는 것을 보았다. 그러나 최근 우리 고객들을 대상으로 실시된 제품 수익성 연구에 따르면 복잡성원가를 반영한 주요 맥주기업들의 수제 맥주 부문의 수익률은 기존 브랜드인 전통 맥주 수익률보다 훨씬 낮은 것으로 나타났다. 이것은 양조업자들에게 난제를 안겨준다. 그들은 가장 빠르게 성장하며 가장 높은 가격대를 보이는 카테고리를 단순하게 무시할 수는 없다. 그러나 이들의 운영 모델과 기능은 다른 특성(높은 물량과 낮은 다양성)을 가진 제품을 중심으로 이미 구축되어 있다.

'맥주는 맥주다'라고 생각할 수 있다. 실제로 이러한 반응은 그리 특이한 것은 아니다. 카테고리 확장(겉보기에 인접해 있지만)을 통한 기회를 실행하기 위해 기존과는 근본적으로 다른 역량과 다른 운영 모델을 필요로 할 수 있다. 높은 물량과 낮은 다양성의 특성을 가진 제품을 위해 설계된 공급망에 피인수 기업의 낮은 물량과 높은 다양성의 특성을 가진 제품을 배치하려고 하는 것은 두 사업 모두에게 부정적인 영향을 줄 수 있다.

그렇다면 확장을 하면서 현재 비즈니스의 어떤 요소를 활용하려고 하는지 스스로에게 물어보자. 동일한 고객, 동일한 자산, 동일한 채널, 동일한 역량 중에 어느 하나라도 없다면 당신은 사이렌의 노래를 좇고 있는 것일지도 모른다.

질문 4. 다른 대안적 인접영역은 어디인가?

만약 이 질문이 긴 침묵에 부딪힌다면, 바로 그때가 일시 정지 버튼을 눌러야 할 때일 수도 있다. 예를 들어 고객의 행동을 관찰함으로써 인접영역 아이디어가 우발적으로 생겨날 수도 있다. 그러나 이렇게 움직이기 위해서는 제품, 고객, 채널 및 지리적 확장이라는 잠재적 기회에 대해 철저한 매핑을 실시해야 한다. 이런 단계를 거친 이후에 심층 평가를 하기 위해 최종 후보(Short List)를 작성하는 것이 좋다. '전략적 대안들'이 개발되면 이익과 위험에 대한 엄격한 논의가 이루어지고 특정한 진출에 전념함으로써 고려하지 않았던 많은 다른 경로들을 조명하게 된다.

질문 5. 이런 진출의 확신을 위해 어떤 실험을 진행할 수 있을까?

Chapter 10에서 우리는 복잡성 시대에서 실험의 중요성에 대해 논의했다. 실험이라는 방법을 적용하기 좋은 때는 바로 새로운 시장 진입을 고려할 때이다. 즉, 학습을 위한 실험과 심지어 2~3개의 인접영역 기회를 평가하기 위한 실험이 바로 그것이다. 또한 이 실험은 운영에 대한 통찰력으로 이어질 수 있으며, 출시 전략을 안내하는 데에도 도움을 줄 수 있다.

블루벨의 크루즈는 "매장에서 오는 반응에 따라 오프닝 규모가 결정된다. 그러나 우리는 반응을 사는 것이 아니라 그것을 얻는다. 우리는 소비자를 얻었기 때문에 많은 소비자를 유인할 수 있다"고 말했다.

이것은 지리적 확장을 고려할 때 더욱 중요하다. 베스트바이(Best Buy)의 경우를 생각해보자. 베스트바이는 중국에 진출했다가 빠르게 철수했다. 일부는 베스트바이가 중국 소비자에 대한 이해, 즉 일련의 실험을 통해 얻을 수 있는 데이터가 부족했다고 지적한다.

> 베스트바이는 제품군 차별화에 실패한 것 이외에도, 미국에서 했던 방식대로 편리한 위치에 있는 소규모 소매점보다 대형 플래그십 매장을 만드는 데 주력하는 실수를 했다. 중국은 세계에서 자동차 사용률이 매

우 높은 나라 중 하나일 수도 있지만, 지속적인 교통 혼잡과 주차 부족
은 소비자들이 그들의 집에서 가까운 곳에서 자주 쇼핑하는 것을 선호
한다는 것을 의미한다. (CNBC.com)[9]

질문 6. 결국 '노력할 만한 가치'가 있는가?

여러 번 언급했듯이, 우리가 경험을 통해 발견한 것은 대부분의 조직들
이 인접영역 확장으로 인한 매출 증가를 과대평가하고 원가상승을 과소평
가한다는 사실이다. 전자는 기존 상품의 매출 감소, 즉 자기잠식 효과를 간
과하고, 경쟁사의 대응을 과소평가하며, 고객 확보의 지연을 초래한다. 후
자는 새로운 비즈니스의 복잡성을 과소평가하고, 더 시간이 걸리는 높은
원가의 실행방식과, 원가 시너지 효과의 부정확한 추정치에 의존한 M&A
에 의해 추진된다. 향후 사업의 시나리오에 추가적인 복잡성원가를 반영
하고 있는가?

새로운 시장에 진출하는 것은 눈에 잘 안 띄는 위험으로 가득 차 있으
며, 많은 미지의 것들을 다루게 된다. 더욱 안 좋은 것은 이런 위험들을 완
전히 예상할 방법이 없다는 점이다! 심리학은 도움이 되지 않는다. 흥미진
진한 모험은 위험과 대안에 대한 정확한 관점을 흐리게 한다. 우리는 다음
과 같은 사이렌의 노래를 듣게 된다. "우리 홈에서 통했으니, 저쪽에 가서
도 잘할 것이야."

물론 M&A와 인접영역 확장에 대한 가장 큰 잠재적 위험 중 하나는 그
것이 핵심 사업의 내부적 기회에 집중할 수 있는 기회를 약화시킬 수 있다
는 것이다. '더 나은 일을 하는 것'보다 '더 많은 일을 하는 것'이 쉬운 경우
가 많다. 더 많은 일을 하는 것은 복잡성을 만들고, 더 나은 일을 하는 것

은 가치를 만든다. 그러나 불행하게도 기업들이 값비싼 대가를 지불한 후에야 비로소 핵심 사업으로 돌아오고, 그들의 독특한 능력을 활용하여 새로운 기회를 발굴하는 힘든 길을 가는 경우가 드물지 않다.

우리는 인접영역으로 확장하는 것을 단념하게 하거나 만류하고 싶지는 않다. 그것들은 성장을 위한 강력한 지렛대가 될 수 있다. 그러나 확장을 시작하기 전에, 조직이 탐험가와 균형을 맞출 수 있는 충분한 능력의 항해사를 가지고 있는지 확인할 것을 추천한다. 가장 좋은 방법은 2가지 모두와 함께하는 것이다. 새로운 시장에 진출하고 안전성만을 추구하지 않으려는 탐험가의 사고방식(리더십)과 항해사의 기술(역량)이 함께하는 것이다. 핵심 사업의 안전을 보장하면서 새로운 사업의 차이점과 유사점을 모두 검토하고, 심도 있게 고민하고 다른 대안들에 대해 완전히 평가한 후, 이 사업으로 확장하는 것이 가장 좋은 생각인지에 대해 질문해본다면, 당신의 목적지에 안전하게 도착할 수 있을 것이다.

Chapter 15

운영 모델을 변경시켜라 Transform Your Operating Model

데이비드 토스와 함께*

> "우리가 관리라고 부르는 것의 대부분은 사람들을 일하기 어렵게 만든다."
>
> -피터 드러커

누구도 이렇게 부진한 상황에 주의를 기울이지 않는 것 같았다. 이 문제의 40억 달러 기업은 지난 몇 년 동안 성장 목표를 달성하지 못했으며, 많은 기간 중 지난 몇 분기만 이익 목표를 달성했다. 이에 대한 대응으로 몇 가지 조치가 제안되었다. 글로벌 공급망 기능을 구축하고 글로벌 판매 구조를 배치하는 등 기업의 구조조정이 시작되었다. 연말 발표에서 증가하는 SG&A 절감, 운전자본 개선, 가격 책정 개선 등 주요 사업 이슈에 초점을 맞춘 여러 프로그램이 발표되었다. 사실 같은 이슈에 대해 8년 연속

---

* 데이비드 토스(David Toth)는 윌슨페루말의 파트너이며 윌슨페루말의 운영 모델 및 프로세스 변화 작업을 지원한다. 윌슨페루말에 입사하기 전에 그는 조지 그룹 컨설팅에서 윌슨페루말의 설립자인 우리와 함께 일했다. 그전에는 산업, 컨설팅, 그리고 스타트업에서 다양한 리더십 역할을 했다. 데이비드는 퍼듀 대학교(Purdue University)에서 산업공학 학사 및 석사 학위를 받았다.

으로 같은 프로그램을 발표했다. 달라진 것은 없었다.

운영 모델은 변경하기 전까지는 어떤 영향도 없을 것이다. 매출로 보면 대기업이지만, 사업의 규모는 사실상 대기업만큼 크지 않다. 사업은 세분화되었고, 실제로 100개의 소규모 사업들이 각자의 자체적인 손익 계산서와 함께, 지역적 최적화에 초점을 맞추고 있었다. 글로벌 기능 및 제품 리더십 역할로 이동했음에도 불구하고, 사실 리더들은 의사결정 권한, 자본 및 역량에 많은 제한을 갖고 운영했다. 모든 기반 조직, 프로세스, 정책 및 기술은 여전히 지역적이고 독립적이었으며 상이했다. 운영 모델의 복잡성과 책임의 모호성으로 인해 그들은 상당한 이익과 영업자본 이익을 실현하지 못했고, 시장 사이클에 맞추어 사업을 효과적으로 성장시키고 확장하는 것이 어려웠다.

이러한 상황에 어떠한 시도도 엉망이 되는 것은 당연했다. 통제가 잘 안 되는 1만 개 이상의 가격 리스트 앞에서 가격 최적화 노력은 실패했다. 사업이 보유한 100만 개 이상의 SKU에 맞서 앞으로 나아가려면 포트폴리오 합리화를 해야 하고, 이를 위해서는 500명 이상의 이해 당사자들의 동의가 필요했다.

황당하게 들리겠지만, 기업의 운영 모델은 지역의 기업가정신이라는 믿음에 뿌리를 두고 있었다. 수년 전까지만 해도 이 신념은 고객의 반응을 이끌어낼 수 있었기에 사업이 성장하고 번영하는 데 도움이 되었다. 그러나 사업은 지난 몇 년 동안 아무도 예측하지 못한 방향으로 흘러갔고, 예전에는 타당하다고 여겨졌던 이 운영 모델이 지금은 비생산적인 모델이 되었다.

요점은 **상황이 변하면 사업에 적합한 운영 모델도 변한다**는 것이다. 하지만 많은 기업들이 그들의 10년, 20년, 심지어 100년 전 운영 모델을 아직도 활용하고 있다. 상황이 바뀌었으니 이제 운영 모델을 재창조할 때이다. 너무 오래 기다리면 경쟁에서 상당한 불이익을 받을 수 있고, 너무 많은 운영 모델의 시도는 조직도에서 이름이 오르내리며 무시될 수 있기 때문에, 방법(로드맵)뿐만 아니라, 운영 모델의 재창조를 언제 착수할지 안다는 것은 항해사 기술의 중요한 요소이다.

이 장에서는 운영 모델이 무엇인지 정의하고, 어떻게 모델이 시대에 뒤떨어지게 되는지를 논의하며, 변화의 로드맵을 강조할 것이다.

운영 모델의 이해

기업의 운영 모델은 시장 전략과 전략의 실행 사이에서 중요한 연결고리의 역할을 한다(그림 15.1 참조). 운영 모델은 고객에게 가치를 제공하기 위

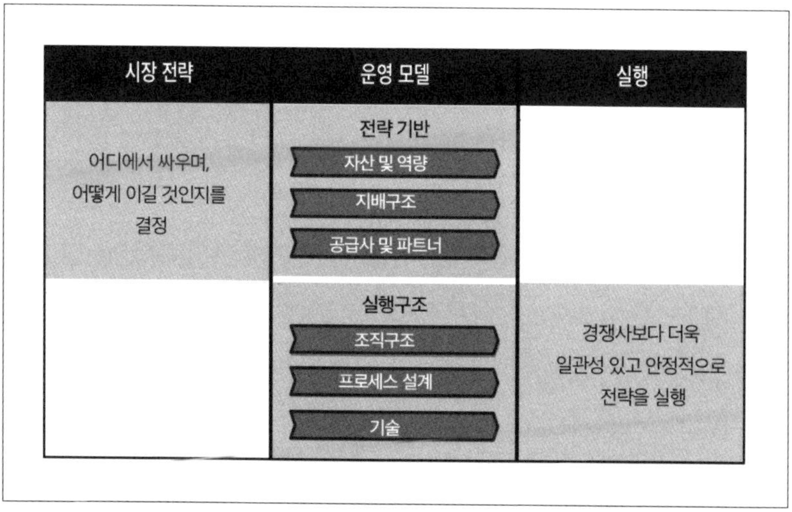

시장 전략	운영 모델	실행
어디에서 싸우며, 어떻게 이길 것인지를 결정	**전략 기반** 자산 및 역량 지배구조 공급사 및 파트너	
	실행구조 조직구조 프로세스 설계 기술	경쟁사보다 더욱 일관성 있고 안정적으로 전략을 실행

그림 15.1: 좋은 운영 모델이 전략과 실행에 미치는 영향

해 기업이 의사결정, 자산 및 운영을 어떻게 조직하고 배치하는지를 정의한다. 이것은 기업이 전략 기반이자 실행구조로 작용한다. 이것은 누가 어디에서 무엇을 하고, 어떻게 자산을 가장 잘 배치하고, 어떻게 의사결정 하는지에 대한 문제를 다룬다. 잘 설계된 운영 모델로 부족한 실행력을 극복할 수 없듯이, 뛰어난 실행력으로 결함이 있는 구조 및 지배구조를 극복할 수 없다.

운영 모델은 6개 요소들로 구성되어 있다.

- **지배구조** 경영상의 결정이 이루어지는 장소와 방법, 그리고 궁극적으로 제품, 지리적, 기능적 기반에서 비즈니스가 조정되는 방식, 즉 집행부의 역할을 설정하고, 정책과 프로세스의 소유 권한을 명확히 함.
- **자산 및 역량** 기업이 소유 또는 임대한 사무실 및 공장, 장치, 창고, 연구소를 포함한 기업의 시설과 장비의 식별 및 배치, 수익을 창출하거나 운영을 특수하게 관리하기 위한 특허 및 지적 재산권, 데이터 및 특정 역량.
- **파트너** 기업이 의존하는 조직 외부에 존재하는 장소와 대상, 프런트 오피스와 운영 파트너 역할, 대안적인 백 오피스 아웃소싱.
- **프로세스 설계** 비즈니스에서 가치사슬과 관리 프로세스를 지속적으로 실행하는 방법, 비즈니스 전반에 걸쳐 표준화할 프로세스 범위, 예상되는 프로세스 성과지표 및 목표(예: 순환주기 등).
- **조직구조**[*] 지배구조와 함께 전략 및 운영 목표를 전달하는 데 필요한

---

[*] 사람들이 운영 모델을 생각할 때, 흔히 조직구조를 생각하며, 조직도상에 이름을 넣는 것에만 초점을 맞추고 있다. 그러나 이는 운영 모델의 한 요소일 뿐 사람들의 작업방식의 변경에 가장 큰 차이를 만드는 요소는 아니다.

운영 및 보고 구조, 사업 규모 및 요구되는 특정 역량에 기초한 그룹 또는 부서 조직에 대한 설계, 역할과 통제 범위 및 직급 결정, 조직 내부 및 조직 간 관계.

- **기술** 의사결정과 운영 및 절차 준수를 지원하는 인프라, 애플리케이션 및 데이터 설계, 시간에 따라 규모와 변화의 필요성을 고려.

운영 모델의 각 요소는 기업의 구조와 의사결정 방법의 특정 측면을 다루지만, 가장 중요한 것은 요소들이 서로 조화롭게 어울리는 것이다. 예를 들어 자산을 가장 잘 활용할 방법에 대해 고려하지 않고 조직구조를 설계하면, 고객 반응 이슈 또는 비효율로 이어질 수 있다. 최근 우리는 운영을 집중화하기 위해 런던에 새로운 조직을 만든 한 은행에게 자문과 컨설팅 용역을 제공했다. 이 은행은 아시아에 주요 고객과, 자료와 분석 역량 등을 포함한 몇 가지 중요한 자산이 있었다. 결과적으로 다른 대륙과 시간대를 맞춰야 하는 높은 수준의 프로세스 비효율성으로 인해 중앙집권화된 조직은 고객을 지원하는 데 있어 어려움에 봉착했다.

올바른 운영 모델의 결정을 통해 전략은 힘을 얻게 된다. 잘못된 운영 모델의 결정 또는 오래된 운영 모델을 지속하는 것은 마치 바다 밑바닥으로 가라앉게 하는 무거운 납을 가지고 항해하는 것과 같다. 한 소프트웨어 기업의 중역은 "우리는 새로운 전략을 구현할 수 있는 방식으로 구조화되지 않았기 때문에 꽤 오랫동안 고생을 했다"고 말했다.

운영 모델이 어떻게 쓸모없게 되는가?

조직이 오래된 운영 모델로 인해 고생하는 이유 중 하나는 문제를 인식하는 데 적지 않은 시간이 소요되기 때문이다. 특정 운영 모델이 한 시점에서 잘 작동하는 모델이었다면, 성과가 저하되기 시작할 때는 그 모델 때문이라고 의심할 확률은 매우 낮다.

운영 모델은 몇 가지 주요한 이유로 인해 더 이상 쓸모없게 된다. 기업이 새로운 기회와 조건에 반응하면서 점진적으로 이런 상황이 발생하기 시작하며, 시간이 지남에 따라 운영 모델은 서서히 적합하지 않게 되고, 실행과 원가에 있어 문제가 발생하며, 궁극적으로는 성장의 문제를 일으킨다. 그것은 집을 지을 때 건축 청사진을 놓고 시작하는 것과, 한 번에 방 하나씩을 만드는 방식으로 집을 짓는 것을 비교하는 것과 비슷하다.

이런 상황은 기업이 새로운 제품을 출시하거나, 새로운 세그먼트와 판매 채널에 진입하거나, 인접영역의 새로운 고객으로 확장을 추구하는 등의 내적 성장을 통해 발생한다. 매출은 증가할 수 있지만, 이러한 새로운 매출을 제공하기 위한 운영 모델의 영향은 흔히 잘 드러나지 않으며, 원가는 예기치 않게 증가한다. 예를 들어 우리는 많은 양의 제품 화물을 전국에 배송하는 고객에게 컨설팅 용역을 제공했는데, 우리의 역할은 그들의 사업에 맞는 공급망과 유통 시스템을 설치해주는 것으로 주로 풀트럭로드(Full Truckload, 화물트럭 단위당 물량), 포인트 투 포인트(point to point, 출발지와 목적지를 직접 연결하는 방식) 등의 체계였다. 시간이 지나면서 많은 새로운 틈새 제품이 추가되었고, 제품을 생산하는 공장들은 고객 요구에 맞도록 혁신함으로써 제품의 배합을 바꾸었고, 유통 시스템은 진화되었다. 제품이 다양해지면서 한 제품으로 트럭을 모두 채우지 않고 부분을 나누어

적재하는 것이 일반화되었고, 한 곳에 제품을 내리는 것이 아닌 서너 곳에 정차하여 제품을 나눠 내리는 것으로 변화하였다. 대용량과 낮은 다양성을 위해 설계된 자산의 활용, 조직, 프로세스, 기술은 소량과 다양한 유형의 제품에서는 원가가 많이 들고 속도가 느리다.

이러한 어긋남은 기업 인수를 통해서도 발생할 수 있다. 독특한 문화, 프로세스, 조직 단위, 기술, 지배구조 체계가 하나로 합쳐지면서 기업 인수 직후에는 전형적인 과도기가 발생하게 된다. 합병 후 통합이 마무리되는 시점은 일반적으로 시너지로 인해 예상했던 절감효과가 충족된 때이며, 이러한 절감은 일반적으로 직원 및 사무실의 축소, 제품의 합리화 및 공장 폐쇄, 직접 및 간접원가의 통합을 통해 이루어진다. 그러나 이러한 원가절감이 통합의 실질적인 목표는 아니다. 우리의 경험으로 볼 때, 계획했던 과도기가 지난 후에도 오래도록 남아 있는 기존 작업방식이 흔히 있어 사업의 중복성, 모호성 및 시간 지연을 초래한다.

더욱 나쁜 것은 현재의 운영 모델이 계속 유지될 때, 변화하는 시장상황에 따라가지 못할 때, 그리고 더 이상 기업의 목표에 적합하지 않을 때, 즉 당신의 '성벽'이 높을 때일 것이다. 예를 들어 소매업체이지만 통합된 온라인 역량을 개발한 적이 없거나, 또는 고객이 진정으로 원하는 것은 소수의 제품을 빠르고, 믿을 만하고, 저렴하게 제공받는 것일 때에도 당신이 폭넓은 제품 제안을 사업의 가치로 설정한 경우이다. 현재의 사업구조가 경쟁 환경에 뒤처지면 운영 모델을 다시 개발해야 할 필요가 시급해진다.

로드맵 재설계

운영 모델을 재설계할 때 첫 번째 요점은 일반적으로 산업 내에 여러 가지 전형이 존재하지만, 모든 기업에 적용되는 하나의 청사진은 없다는 것이다. 심지어 같은 산업 내에서도 전략, 가치 제안, 제품, 자산 또는 역량이 다르면 운영 모델이 다를 수 있다.

운영 모델이 서로 다르더라도 모든 조직(및 사업 또는 기능)은 동일한 운영 모델 설계 과정을 따를 수 있다. 이러한 과정은 현재 비즈니스 상황에 대한 철저한 이해에 바탕을 두는 체계적인 접근으로, 전략에 맞추고 재무 및 운영의 성과 목표를 충족해야 한다.

그림 15.2에 설명된 것처럼 운영 모델을 재설계할 때 고려할 많은 요인들이 있다. 우선 현재 상태의 운영 모델에 대한 명확한 이해가 필요하다.

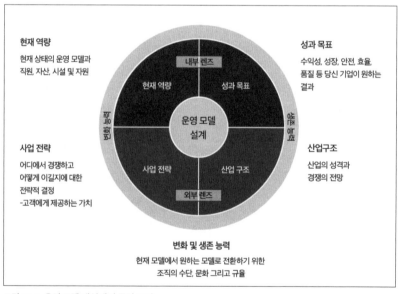

그림 15.2: 운영 모델 재설계의 투입 요인

현재의 모델을 명확하게 펼쳐보면 단점이 드러날 수 있고, 변화 과정의 기초를 제공할 수 있다. 또한 새로운 운영 모델이 달성할 성과 목표를 잘 이해하고 설정해야 한다. 이러한 이해가 바탕이 되어야 운영지표를 측정할 때 도움이 되며, 이 모든 것은 사업 전략과 산업구조의 맥락에서 실행되고 반영되어야 한다.

사업 또는 기능 수준에서 한 단계 더 나아가면, 유사한 다음의 3단계 접근방식을 따른다.

1단계: 비전에 맞춰 현재 상황 분석하기
2단계: 새로운 모델 및 지배구조에 대한 윤곽 정하기
3단계: 세부 설계 완료 및 추진 계획

각 단계에 대한 자세한 내용은 다음과 같다.

1단계: 비전에 맞춰 현재 상황 분석하기

- 운영 모델 설계의 전반적인 기준이 되는 비전과 원칙에 맞추라.
- 전략, 재무 및 달성할 운영 목표를 정의하거나 개선하라.
- 변화가 필요한 곳과 그 이유를 파악하라(프런트 오피스, 백 오피스, 운영).
- 궁극적인 추진 전략 및 접근방식을 고려하라.

첫 번째 단계는 운영 모델 재설계를 위한 목록(표)을 작성하는 것이다. 그것은 조직의 가장 상부에서 시작된다. 운영 모델 설계는 하향식 접근방식이 필요한데, 그 이유는 운영 모델이 조직의 우선순위에 부합되도록 하며, 이러한 설계 노력이 효과적으로 계단식으로 하향 전달되기 위함이다.

원칙에 대한 지침을 통한 진행은 조직에 대한 명확한 그림을 그릴 수 있게 하며, 공통적인 기준 점이 무엇인지를 알려주고, 시작부터 실행 팀이 참여하게 한다.

다음으로, 전략 목표를 운영 목표로 전환하여 명확한 설계 변수와 성공의 의미를 조직에 제공한다. 예를 들어 신제품 개발 중심의 성장 전략을 가진 기업을 생각해보자. 이 기업은 시장 출시 시기 및 총매출 대비 신제품 매출 비율과 같은 특정 목표를 설정할 것이다. 이러한 목표를 통해 제품관리 팀과 제품개발 팀이 처음부터 제품과 역량, 그리고 지리적 장소에 따라 조직하고 조성하는 방법을 고려한다.

이 기간 동안 현재의 이익률과 성과를 명확하게 이해하는 것이 매우 중요하다. 예를 들어, 한 성공적인 엔지니어링 제품 기업은 성공을 독려하기 위해 프런트 오피스의 운영 모델을 업데이트하려 했다. 사업을 보면 1개의 영업부에서 3개의 제품 세그먼트를 건설 산업에 제공하고 있었다. 초기 설계에 대한 가정은 단지 운영 모델을 합리화하고 교차 판매 기회를 계속 활용하는 것이었다.

그러나 성과 기준을 확정하기 위한 분석에 따르면, 실제로 구매 고객의 1%만이 3개의 세그먼트 제품을 모두 구매했으며, 10%만이 2개의 세그먼트 제품에 걸쳐 구매한 것으로 나타났다. 따라서 기반이 되는 고객의 89%는 단 하나의 제품 세그먼트 내에서 구매했으며, 교차 판매를 활용하기 위한 광범위한 작업의 이점을 얻지 못할 것이라는 결론에 도달했다. 또한 예상과 달리 유통망에서의 판매가 직접판매보다 평균적으로 규모가 크고 수익성이 높지만, 아직까지 공식화되거나 중앙 집중적인 유통 관리 기능이 없음을 발견했다.

이 기간의 분석에 따라 기업의 운영 모델을 재정의했다. 제품 부문별 영업 인력 재배치, 새로운 영역 정의, 유통 판매를 공식화하고 추진하기 위한 새로운 조직 도입과 함께 효율화를 위한 노력이 전면적인 리엔지니어링으로 전환되었다. 제품 세그먼트에 따라 영업 인력을 재배치했으며, 새로운 지역을 재정의하고, 유통 판매를 촉진하고 공식화할 새로운 조직을 도입했다.

2단계: 새로운 모델 및 지배구조에 대한 윤곽 정하기

- 집행부(Corporate Center)의 역할을 정의하라.
- 프런트 오피스, 백 오피스, 운영의 적절한 역할을 정의하고 합의하라.
- 기능 레벨에서 구체적인 차이와 역량을 정의하라.
- 교차가치(Cross-value) 흐름의 영향을 평가하라.
- 변화의 규모와 그에 따른 도전 과제를 파악하라.

이번 단계에서 요구되는 운영 모델의 변화 모습이 드러나기 시작한다 (그림 15.3 참조). 반복해서 말하지만 운영 모델은 조직의 최상층부에서 시작하여, 집행부의 역할과 범위를 설정한다(2.1단계). 비록 목표를 지시(指示)하지만, 각 사업단위와 지역으로 책임이 분산되는 운영 모델의 집행부인가, 아니면 기능적인 리더십과 지원의 역할 등을 하며 사업 전반에 걸친 결과에 대한 명확한 책임과 의무에 훨씬 더 적극적으로 참여하는 운영 모델의 집행부인가? 이 같은 높은 수준의 범위에 대한 명확한 결정이 이루어지면, 프런트 오피스, 백 오피스, 운영의 기능은 통제 및 자산 전개, 파트너 활용을 위한 가장 좋은 방법이 구체적으로 정리되기 시작한다.

프로세스 영역 L-2 역량	가치흐름			현재 책임부서	현재 격차
	출시 시긴	해질 룬세	구축일 니사빈		상/중/하
1.0 전략 인프라 및 제품		하		제품 관리	◗
1.1 시장 전략과 정책		상		제품 관리	◑
1.2 제품 및 제품 포트폴리오 계획	중		하	제품 관리	◗
1.3 제품 및 제공 역량	중			제품 관리	◐
1.5 판매 개발	하	하	상	사업 단위별 판매	◐
1.6 제품 개발 및 폐기			중	제품 관리	◗
1.7 제품 마케팅 커뮤니케이션 및 프로모션			하	마케팅	◗
2.0 고객 관계 관리	하	중	하	판매	○
2.1 CRM 지원 및 준비 상태			상	재무	◑
2.2 고객 인터페이스 관리	상	하		고객 서비스	◗
2.3 판매	중		하	사업 단위별 판매	◗
2.4 주문 처리		하		주문 접수	○
2.5 마케팅 이행 대응		상		마케팅	●
2.6 ... 인터페이스					

그림 15.3: 가치흐름의 영향을 평가하기 위한 프로세스-역량 매핑 및 평가

이 단계에서 중요하지만 자주 누락되는 과정은 핵심적인 교차 기능의 가치흐름이 어떻게 영향을 받는지를 잠시 생각하고 이해하는 것이다. 궁극적으로 전반적인 기업의 성과는 이런 가치흐름(말하자면, 주문에서 현금입금까지, 생산에서 시장으로, 이슈에서 해결방안으로)이 지속적으로 어떻게 수행되는가에 의해 좌우된다. 우리는 천연가스 기업이 이러한 단계를 밟을 수 있도록 도와주면서, 주문-설치 프로세스가 지리적 요인에 따라 관리되는 단일 현장 인력의 결정에 어떻게 영향을 받는지 살펴보았다. 우리가 발견한 것은 지리적 요인에 의한 관리는 상당한 복잡성을 발생시키며, 효과적인 렌치 타임을 유지하려면 새로운 기술 투자가 상당히 필요하다는 것이다. 따라서 기업은 먼저 고객 세그먼트별로, 그리고 나서 지역별로 현장 인력을

구성하기로 결정했다. 이와 같은 예를 보면, 이 단계에서 약간의 어떤 재작업이 필요할 수 있지만, 이런 작업은 앞으로 나아가기 전에 반드시 수행되어야 하는 것이다.

이 단계가 끝나면 필요한 변경의 규모가 명확해지고, 변경을 위한 역량과 자원이 제한되어 있는 상황에서 조직은 하부조직의 변경에 대한 가장 좋은 전개 방법을 고려할 수 있게 된다.

3단계: 세부 설계 완료 및 추진 계획

- 각 기능 영역에서 프로세스, 조직 및 기술을 정리하라.
- 새로운 역할, 인력 수준 및 역량 요구사항을 파악하라.
- 기술 차이와 지원할 대안을 구체화하라.
- 기능 및 조직의 측정 기준을 1단계에서 정의된 목표에 맞추라.
- 모든 노력에 대한 포상의 크기 및 투자 요구사항을 재평가하고 정리하라.
- 실행 로드맵을 상세히 구축하라.

이 단계에서 설계 작업은 마침내 기능 내 부서 수준으로 내려간다. 이 단계는 일치된 접근법, 자산 배치 전략과 외부 파트너(아웃소싱)의 역할이 결정된 후에 실행하는 것이 타당하다. 이때 세부적인 조직 설계가 이루어지고 직함과 이름으로 구성된 조직도가 제작된다.

그러나 우리는 1단계가 아닌 3단계에서 시작되는 여러 운영 모델 프로젝트들을 너무나 자주 발견하게 되는데, 이는 조직이 운영 모델의 변화에 수반되는 것들과 이에 따른 변화들이 왜 중요하거나 희석되는 결과를 가져왔는지 이해하지 못하고 있다는 신호이다. 운영 모델의 6가지 구성 요소를 모두 인식하고 이들을 제대로 고려하지 않으면, 조직 재설계는 실질적인 혁신적 변화를 가져오지 못한다.

사례 연구: 다수의 지역 시장에서 글로벌로 도약

TMF 그룹은 암스테르담에 본사를 둔 다국적 전문 서비스 기업으로, 글로벌 기업에 회계, 세금, 인사, 급여 서비스 및 기업 규정 준수 검토 서비스를 제공한다. 이 기업은 지난 29년 동안 50개가 넘는 기업의 인수를 통해 다국적기업이 되었다. 실제로 그룹 운영 책임자인 알레한드로 페나스(Alejandro Peñas)는 기업의 인수 활동을 '논스톱 머신'이라고 표현했다. 현재 이 그룹은 80개국 이상에서 100개 이상의 사무소를 운영하고 있다.

페나스는 "우리는 아직까지 사업을 하고 있지 않던 국가에서 사업을 인수하곤 했다. 당시에는 공통된 운영 모델을 갖고 있지 않았기 때문에 표준 모델로 전환하지 않았다"고 말했다. 그 결과 각지에 흩어진 사무실들은 조금씩 다른 방식으로 일을 하였으며, 조금씩 다른 방식으로 고객에게 서비스를 제공했다.

이로 인해 운영 및 전략에 관한 몇 가지 문제가 발생했으며, TMF의 운영 모델을 재구성하는 데 어려움을 겪었다고 그는 말했다. 운영상에서 역할과 시스템, 프로세스, 표준이 달라 이러한 네트워크 방식은 비효율성과 운영비 증가를 불러왔다. 전략적으로, 여러 사무실에서 더욱 많은 서비스를 제공하면서 다국적 고객들에게 더 많은 가치를 제공할 것으로 생각되었으나, 이런 네트워크 구조는 기업의 가치를 약화시켰다. 사실 고객들은 네트워크를 일관성 있게 운영할 TMF가 필요했기 때문이다.

그래서 TMF는 자사의 운영 모델의 재창조에 착수했고, 변화를 추진하기 위한 구조를 수립했다(그림 15.4 참조). 그런 다음 운영 모델의 요소와 각각의 요소에 어떻게 접근해야 하는지를 정의했다. 정의된 구성 요소는 다음과 같다.

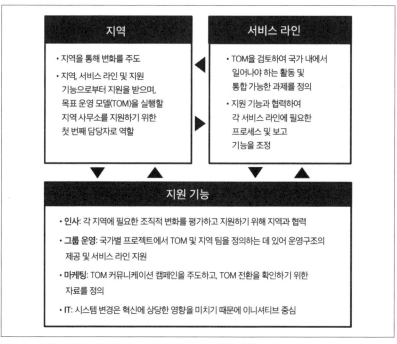

그림 15.4: TMF가 목표 운영 모델(TOM)을 실행하기 위해 조직한 방법

- 조직 구성: 각 사무실에서의 역할 및 구조
- 지배구조: 사무실의 성과와 조직의 여러 계층이 상호작용하는 방식을 측정하는 데 사용되는 핵심성과지표(KPI)

- 프로세스, 절차 및 운영 표준: 회계 또는 급여와 같은 다른 기능적 영역에 있는 사무소의 내부 운영 정책
- 시스템: 사무실 내에서 다양한 기능의 기반이 되는 기술 시스템

사무실의 조직 구성은 기업에서 가장 먼저 다루었던 요소이다. 각 사무실 내의 역할과 구조를 변경하면 다른 운영 모델이 보다 원활하게 진행될 수 있다고 믿었기 때문이다. 그것은 복제할 수 있는 모범 사례를 파악하기 위해 가장 큰 사무실을 살펴보는 것으로 시작되었다. 목표는 고객 서비스를 제공하는 데 있어 TMF를 가장 잘 지원할 수 있는 사무실 내의 역할과 구조에 대한 지침을 만드는 것이었다. 예를 들어 그러한 지침 중 하나는 모든 국가는 관리이사(Managing Director)를 두어야 하고, 보고 팀은 팀 리더 아래 '단위'로 구성되어야 한다는 것이었다. 다른 역할들에는 유연성이 분명히 필요해 보였다. 예를 들어 모든 사무실에 현지 영업 담당자가 필요한 것은 아니었다. 일부 국가에서는 더 많은 인바운드 매출이, 다른 국가에서는 더 많은 아웃바운드 매출이 있었다.

이런 시도를 하던 중에도 많은 관심을 끌지 못하자, 해당 팀은 다른 사업의 상황을 관찰하기 위해 더 다양한 사무실을 살펴볼 필요가 있다는 것을 깨달았다. 팀은 너무 적은 사무실을 관찰하였고, 결과적으로 너무 좁은 범위의 첫 번째 조직설계 초안을 내놓았기 때문에 조직 내에서 큰 변화를 일으키지 못했다. 비교적 독립적으로 운영된 지 수년이 지났기 때문에, 각각의 사무실은 권고사항 내에 고려해야 할 넓은 범위의 다양성이 존재했다. 페나스는 많은 사무실에서 사용할 수 있는 해결책을 찾는 것이 완벽한 해결책을 찾는 것보다 더 중요하다고 말했다. "만약 회사 직원들이 만족하

는 것이라면, 그저 문서로 남아 있을 '완벽한' 해결책보다 훨씬 더 가치 있는 것이다."

스폰서십은 개정된 가이드라인을 더욱 성공적으로 만든 또 다른 요인이었다. 페나스의 팀이 가이드라인을 반복하여 적용하기 시작하면서, 유럽, 중동, 아프리카 지역 책임자들이 가이드라인을 받아들이기 시작했으며, 이들은 이후 추진의 협력 파트너가 되었다. 유럽에서의 이행은 다른 지역에서도 따라야 할 참고가 되었다.

다음으로 그 팀은 지배구조를 다루었는데, 간단한 노력만으로 해결되었다. 그들은 리더십 팀과 협력하여 어떤 KPI가 사용될 것인지를 정의하고 조직 전체에 걸쳐 배포된 KPI에 대한 보고서를 작성했다. 각 사무실 내에서 이미 리더십의 역할을 조정했기 때문에 이러한 표준의 도입이 더 간단해졌다. 이런 TMF를 위한 KPI를 만드는 것은 조직 전반적으로 측정 대상 및 성공 사례가 어떤 모습인지를 명확히 보여줌으로써 성공적인 운영 모델의 발판을 마련했다.

운영 모델 변화에서 마지막으로 다룬 분야는 사무실 내의 프로세스, 절차 및 지원 시스템이었다. TMF는 회계와 세금, 인사와 급여, 기업 총무의 3가지 주요 서비스 라인을 운영하고 있다. 이들 각각은 고유한 프로세스, 절차, 시스템을 필요로 했고, 각각은 특별한 특성에 의해 형성되었다. TMF는 한 번에 몇 가지를 다루었는데, 리더십 팀의 파트너에 대한 의지, 조직의 알려진 도전 과제, 그리고 명확한 재정 기회를 바탕으로 최고의 기회를 제공한 영역에 중점을 두었다.

변화의 영향을 정량화하는 것은 어렵지만, TMF 그룹은 지금까지 운영 모델 작업이 조직 전체에 걸쳐 EBITDA의 약 5%에 영향을 미쳤으며, 규모에 따라 지역 사무실에 미치는 영향은 사무실의 규모와 성숙도에 따라서 2~3%에서 10%에 달했다. 페나스는 재무적 영향 이외에도 위험 원회, 고객 유지 및 비즈니스 연속성과 같은 또 다른 이점도 있었다고 말했다.

그리고 어떤 교훈을 얻었을까? 페나스의 2가지 교훈은 다음과 같다. 첫째, 완벽함은 선(善)의 적(敵)이라는 것을 기억해야 한다. "모든 운영 모델에는 약간의 유연성이 필요하다. 반드시 정리되어야 할 항목과 다른 옵션이 있는 항목을 차별화해라." 둘째, 의사소통에 많은 시간을 할애하고 조직의 하단에서 충분한 의견을 얻도록 준비해야 한다. 글로벌 운영 모델로 전환할 때 모든 수준에서 스폰서십은 매우 중요하다. 페나스는 지역 회의에 참석하기 위해 시간을 투자하고 상무 이사와의 관계를 구축했다. 페나스는 그들의 경험을 듣고 그의 팀이 무엇을 하고 있는지를 설명했으며, 이는 빠른 실행을 해 나아가는 데 큰 진전을 이루게 했다.

운영 모델 재설계의 계기

성과 부진의 이유를 구식 모델이 아닌 다른 이슈 탓으로 돌리는 것은 흔한 일이다. 그래서 운영 모델 구조를 재검토하는 계기를 정확히 찾아내고 이해하는 능력은 항해사 기술의 중요한 부분이다. 이를 염두에 두고, 우리는 운영 모델 재설계의 전형적인 계기가 되는 몇 가지 사항을 다음과 같이 정리했다. 다음에 제시되는 것은 조직에서 최소한 스스로 평가해볼 것을 추천하는 상황들이다.

- **지역(또는 다수 지역)에서 글로벌로 확장** TMF의 경우, 글로벌 운영 모델

은 고객을 위해 글로벌 지원 전략을 여는 것이 핵심이었다. 기업은 종종 '더 푸른 초원'의 사이렌과 같은 새로운 수익을 추구하며 해외로 확장하고 있으며, 한 국가에서 다른 국가로 점점 더 확장하는 경향이 있다. 이전에는 많은 새로운 지역에 걸쳐 동일한 원가와 인프라를 복제하듯 활용했지만, 프로세스를 근본적으로 조정하지는 않았었다. 결과적으로 낭비적이고 비효율적인 운영 모델이 되었다.

- **가치 제안 및 제품 믹스의 상당한 변화** 운영 모델이 비교적 변화하지 않더라도 시장이 변하고 제품들이 제품수명주기를 거치면서, 제품 믹스가 변화하는 것은 자연스러운 일이다. 예를 들어 빠른 응답과 높은 수준의 서비스를 요구하는 고객 집단을 위한 프로세스의 통합, 중앙 집중 및 표준화는 타당하지 않으며 결국 상당한 프로세스 복잡성을 불러올 수 있다. 사업은 많은 비표준화된 요구들로 인해 어려움을 겪기 때문이다. 반대로 좀 더 원가 중심적인 시장에서 고도로 분산된 현장 기반 조직을 유지하는 것은 최고의 프로세스와 기술을 갖추더라도 극복하기 어려운 구조적 장애물일 수 있다. 물론 제품이나 서비스가 하나의 형태(자문형 판매)로 시작된 것이 시간 경과에 따라 다른 것(거래형 판매)으로 이동하는 경우는 드문 일이 아니다.

- **사업의 큰 요소인 새로운 채널** 온라인은 지난 15년 동안 대부분 소매점들의 전략 중심이 되었으나, 실제 매출로 연결되는 것은 골치 아픈 과제였다. 초기에는 백 오피스에 별도의 전자상거래 팀이 숨어 있는 경우가 드물지 않았다. 시간이 지나면서 오프라인과 온라인 채널에 걸쳐 중요한 고객 접점, 공급망 및 재고 관리를 통합해야 할 필요성이 명백해졌다. 그러나 소매점들과 실제로 디지털 채널을 원하는 모

든 기업들에게 분명한 것은 운영 모델에 대한 근본적인 재고가 필요하다는 것이다. 이것은 손쉽게 '끼워 붙일 수 있는' 것이 아니기 때문이다.

- **기업 인수** Chapter 14에서 논의한 대로, 인수를 드물게 하는 기업과 빈번히 하는 기업 사이에 커다란 성과 차이가 있다는 것을 알았다.[1] 이러한 차이의 일부는 새로운 사업을 신속하게 통합하고 흡수할 수 있는 확장 가능한 운영 모델을 보유하고 있는가에 있다. 기업들은 흔히 인수에 수반되는 추가적인 복잡성을 과소평가한다. 기업들이 핵심을 벗어난 성장을 추구하면서 이런 현상은 더욱 커진다. 그러나 핵심과 관련된 기업을 인수하더라도, 제품과 서비스의 증가와 다른 지역에서 증가된 신규 고객이 현재의 프로세스와 조직에 부담을 주기 때문에 운영 모델의 조정이 필요할 수 있다.

- **최근 몇 년간 크게 성장** 성장을 추구하기 위해 많은 기업들이 새로운 조직적 추가 기능, 새로운 프로세스, 새 지역, 새 기술을 받아들인다. 지역에서 운영 속도를 유지하기 위해 의사결정 책임은 느려지고 분산된다. 당신이 1억 달러 사업에 대해 결정을 내리고 운영 모델을 설계하는 방식은, 5억 달러 또는 10억 달러 사업과는 다르다. 사업이 지난 몇 년 동안 큰 성장세를 보였으나, 수익성이 같은 속도로 증가하지 않았다면 운영 모델을 재검토하라.

물론 전략과 경쟁 조건의 중대한 변화는 운영 모델 검토의 계기가 된다. 그러나 이런 상황은 가끔 대외적으로 강하게 발표되어 필요한 주목을 받게 된다. 거시경제적 변화와 규제 변화도 운영 모델에 대한 검토를 촉발시킬 수 있다. 그리고 새로운 인접영역의 기회를 추구할 때, 예상보다 훨씬 더 많은 운영상의 복잡성을 불러올 수 있기 때문에 운영 모델 검토가 요구된 다. (이런 것들과 다른 함정들은 다음 장의 주제이다.)

TMF가 보여주듯이 운영 모델을 재창조하는 것은 작은 일이 아니지만, 2년의 기간 동안 사업이 수행하는 변화와 주요 과제의 수를 고려할 때, 이를 회피해서는 안 되는 일이다. 또한 이 장에서 지적한 바와 같이, 운영 모델의 변경은 흔히 전략의 가치나 신흥 시장 기회를 여는 핵심 역할을 할 수 있다.

Chapter 16

복잡한 세상에서 실행을 마스터하라
Master Execution in a Complex World

"행동 없는 비전은 백일몽이다. 비전 없는 행동은 악몽이다."

이 책의 많은 부분은 경쟁환경에서 이기기 위해 올바른 옵션을 파악하고 자원을 배분하는 전략에 초점을 맞추고 있다. 그러나 전략만으로는 결과가 나오지 않는다.

탁월한 성과 = 안전한 전략 × 실행효율(Execution Excellence)

실행은 성장을 가능하게 한다. 올바른 전략 없이는 바위에 부딪힐 수도 있다. 그러나 실행할 능력이 없으면, 표류하며 아무데도 갈 수 없다. 리더들은 이 차이를 인식한다. 글로벌 CEO 400명을 대상으로 한 최근 연구에서 혁신, 지정학적 불안정, 매출 성장 등이 포함된 80여 개의 이슈 중에서 '실행효율'이 1위를 차지했다.[1] 실제로 어떤 면에서는 뭔가를 해내는 것이 그 어느 때보다 어려워지는 것 같다. 기업들은 더 많은 프로젝트에 더 많은

자원을 집중하고 있지만, 실제 효과는 낮다. 복잡성은 중요한 것을 수행할 수 있는 실행력을 약화시켰다

역설적이지만, 실행효율 또는 운영효율(Operational Excellence)은 점점 달성하기 어려워짐에도 그 어느 때보다 중요하다. 지난 10년간 경쟁의 증가, 세분화된 고객 요구, 공급망 연장, 정부 규제 강화, 시장 확대가 결합하여 사업 운영의 복잡성을 극적으로 증가시켰다. 이러한 증가된 복잡성, 즉 더 많은 제품, 더 많은 프로세스, 세계적으로 분산된 인력으로 인한 더 큰 조직으로 인해 실행은 더욱 어렵게 되었다.

또한 업무의 악순환이 존재하기 때문에 복잡성에 대한 자연스러운 반응은 더 많은 복잡성을 증가시켰다(그림 16.1 참조). 부족한 실행력으로 인해 기업들은 점점 더 많은 시스템, 프로그램, 방법, 그리고 사람을 촘촘히 배치하여 대응하고 있는데, 이것은 흔히 복잡성을 증가시키고 실행을 더욱

그림 16.1: 복잡성의 악순환

어렵게 한다.

문제의 일부는 현재 도입되고 있는 많은 방법들과 프로그램들이 오늘날의 이슈에 적합하지 않다는 것이다. 린 식스 시그마(Lean Six Sigma), 전사적 품질경영(Total Quality Management), 도요타 생산방식(Toyota Production System) 등은 훨씬 덜 복잡한 시대에 두각을 나타냈다. 이러한 많은 방법과 접근방식은 조직에 가치를 배가할 수 있고, 효과적일 수 있지만, 일반적으로는 정해진 프로그램과 '선형적'인 환경에서만 가능하다. 이들은 다음과 같은 문제를 해결할 수 없다.

- **길고 복잡한 공급망을 가진 조직** 자동차 산업처럼 핵심 부품(또는 원재료)의 부족이라는 잔물결을 일으키는 공정 초기의 사소한 지연으로 인해 전체 생산공정의 중지 및 개시의 부정기적인 반복과 추가적인 과도한 운송비 등의 부가비용의 증가.
- **꽃 배달 서비스** 날씨 문제로, 수천 건의 발렌타인데이 꽃 주문의 배달 실패 및 이후 소셜 미디어에서의 부정적인 반응 그리고 브랜드 가치 하락으로 3,100만 달러의 시장 가격 하락(또는 배달 실패 건당 약 3만 1,000달러씩 하락).
- **딥워터 호라이즌(Deepwater Horizon)의 시추장비 폭발 또는 후쿠시마 원자로 누출사고** 치명적인 결과를 낳는 대재앙으로 확대되는 일련의 낮은 수준의 프로세스 운영 실패.

더욱 안 좋은 것은 실행과 위험 관리의 전통적인 접근방식도 별로 소용이 없다는 것이다. 전통적인 접근방식은 잠재적 고장의 예측에 기반하여 위험을 방지하거나 완화하기 위한 조치가 가능하게 한다. 그러나 복잡계에서는 선형적 또는 예측 가능한 방식으로 상호작용하지 않는 다수의 상호 의존적 변수가 있어 나음과 같은 결과를 초래한다.

- **사건이 너무 복잡해서 예측할 수 없다** 실행을 위협하는 문제는 예기치 못한 사건의 조합으로 인해 발생하므로 예측하기 어렵다. 복잡성이 증가하고 잠재적인 사건의 조합이 많아질수록 이런 사건이 더 자주 발생한다는 점은 주목할 필요가 있다.
- **사건이 너무 빨리 전개되어 이것을 해결할 시간이 없다** 이런 문제들은 우리를 '위험관리의 역설'에 빠뜨리기도 한다. 문제점을 빨리 찾아낼수록 그것을 고칠 수 있는 더 많은 선택사항이 있으나, 더 빨리 찾으려고 할수록 찾기 힘들다.
- **사건이 너무 간헐적으로 발생하여 이해하기 어렵다** 각 사건의 전개가 다르기 때문에 반복적 피드백이 이루어지지 않는다. 이는 잠재적 위험을 식별하기 위해 패턴 분석과 같은 기법에 의존해온 항공 산업과 같은 분야에 특히 어려움을 준다.

실행효율이 최고경영진의 높은 관심사인 점은 전혀 놀라운 것이 아니다!

분명히 우리는 실행관리를 위한 새로운 접근방식이 필요하다. 분산된 업무, 더 빠른 시장, 더 높은 복잡성 수준에 대응해 나가야 하며, 원가효율적으로, 안전하고, 빠른 속도를 유지해야 하는 지속적 요구사항을 관리해야 한다. 고객과의 업무에서, 우리는 복잡성을 줄이고 복잡한 세상에 실행 기반을 제공하는 접근법을 고안하고 다듬었으며, 이는 다음 2가지로 요약할 수 있다.

- 매일 일어나는 업무에 작동하는 기본 구조인 단순화된 **통합관리 시스템**(IMS, Integrated Management System) 개발.
- 해당 구조 안에서 활동하는 사람들의 규범과 행동을 다루는 **고신뢰문화**(High-Reliability Culture) 구축.

이 두 요소는 상호 보완적이고 서로를 강화시킨다. 이 장에서는 먼저 전형적인 실행의 접근방식에서 발생하는 문제점을 살펴본 다음, 통합관리 시스템과 고신뢰문화를 통해 우리가 의미하는 것을 설명하고, 이 두 구성 요소가 어떻게 작용하여 실행을 가능하게 할 수 있는지에 대해 논의하면서 결론을 내릴 것이다.

많은 관리 시스템이 엉망이 되는 이유

만약 당신의 조직이 관리 시스템을 가지고 있는지 궁금하다면, 우리는 '공식적이든 그렇지 않든 관리 시스템은 있다'고 답할 수 있다. 전형적인 관리 시스템 프로세스에는 목적과 목표 설정, 책임 할당, 위험 식별 및 통제, 변화 관리, 직원 교육, 요구사항에 대한 감사 등이 포함된다.[*] 만약 당신의 관리 시스템이 비공식적인 것이라면, 그것은 여러분이 의도적으로 주요 프로세스를 관리하고 있지 않다는 것을 의미하는데, 이것은 문제가 될

---

[*] 관리 시스템 프로세스와 가치흐름 프로세스를 구분하는 것이 중요하나. 가치흐름 프로세스는 사용자가 수행하는 작업을 정의하는 반면, 관리 시스템 프로세스는 이러한 가치흐름 프로세스를 관리하는 방법을 정의한다. 둘 다 개선의 기회를 나타내는 것일 수도 있다. 의사결정 사일로(Silo)가 있는 복잡한 시스템에서는 가치흐름이 흔히 준최적화되고 제대로 조정되지 않으며, 관리 시스템

수도 있다. 그러나 많은 기업들이 때로는 복수의 관리 시스템을 갖추면서 각각 다른 방향으로 나아가고 있는데, 이는 불리한 방향으로 향하고 있음을 의미한다.

실제로 셰브론(Chevron), 엑슨(Exxon), 코크 인더스트리와 같은 기업들은 그들의 관리 시스템으로 엄청난 성공을 거두었지만, 다른 많은 기업들은 그렇지 못했다. 그들이 운영을 개선하기 위해 실행한 관리 시스템은 관료적이고, 원가가 많이 들고, 성과에는 비효율적이었으며, 그 자체가 심각한 복잡성 제조기였다.

공식적인 관리 시스템은 1920년대부터 존재했지만, 특히 지난 수십 년 동안 많은 발전을 했다. 이러한 시스템은 안전, 환경적 이슈, 규제 준수, 위험, 품질 그리고 자산 관리와 같은 분야를 다루고 있다. 많은 대외적인 조직들 또한 기업이 따라야 할 관리 시스템을 규정한다. 예를 들어 미국 직업안전위생국(OSHA)은 위험성이 높은 화학물질을 취급하는 기업에 화학 공정 안전 관리 시스템을 시행하도록 요구하고 있다. 마찬가지로 미국 환경보호국(EPA)은 환경 관리 시스템의 시행을 권고한다. 그리고 물론, 많은 기업들이 그들의 공급자들에게 품질 관리 시스템인 ISO 9000을 시행하도록 요구한다.

오늘날 대부분의 관리 시스템은 하나의 결과(안전, 규제 준수, 품질 등)를 달성하도록 설계되어 있기 때문에, 많은 기업들이 결국 사업의 한 면에만

프로세스는 자주 번거롭고, 원가가 많이 들고, 비효율적이며, 전체적인 복잡성을 가중시킨다. 그러나 그 차이점을 아는 것이 중요하다. 많은 지속적인 개선 도전은 가치흐름 프로세스에 초점을 맞추고 있다. 그러나 통제불능 상태이거나 통제력이 부족한 프로세스(관리 시스템 프로세스의 역할인 통제)를 평가하거나 개선하는 것은 가치 없는 일이다.

초점을 맞춘 복수의 관리 시스템을 갖추었다. 한 설문조사에 따르면, 75% 이상의 기업이 둘 이상의 관리 시스템을 사용하고 있다.[2] 불행히도 관리 시스템의 경우, 더 많은 것이 더 좋은 것은 아니다! 복수의 시스템을 보유하면 원가와 복잡성이 증가할 뿐만 아니라 조직 전체에 잠재적인 충돌 및 혼란을 만들어 위험과 성과에 영향을 미친다.

예를 들어, 우리는 중복되는 복수의 관리 시스템이 있는 한 조직의 잠재적 갈등 지점에 대한 평가를 실시했다. 그림 16.2에서 그리드의 각 정사각형은 관리 프로세스에서 잠재적 충돌 또는 중복 지점, 즉 시스템에 더 복잡성을 가져올 확률이 높은 지점을 나타낸다. 현재 운영되고 있는 다양한 관리 시스템 프로세스를 양쪽 축에 열거하고 있다. 이러한 프로세스가 가장 잘 작동하기 위해서는 이들 프로세스 간에 겹치거나 충돌이 발생하지 않아야 함을 예상할 수 있다. 사실은 그 조직의 시스템에는 394개의 잠재적 갈등이 있었다! 예를 들어 특정 자산에 대한 위험 식별을 요구하는 여러 프로세스가 있었는데, 각 프로세스는 서로 다른 위험 평가 방법론을 적용하여 상충되는 결론과 완화 조치의 혼란으로 이어졌다.

복수의 관리 시스템을 가진 대부분의 기업들이 깨닫지 못하는 것은 이들 시스템의 대부분이 정확히 동일한 일련의 프로세스를 포함하고 있다는 것이다. 예를 들어 거의 모든 관리 시스템에는 목적과 목표 설정, 위험 식별, 절차 시행, 직원 훈련 및 감사 수행 프로세스가 필요하다. 복수의 관리 시스템을 시행함으로써 기업들은 의도하지 않게 중복된 프로세스와 불필요한 간접원가를 발생시킨다. 따라서 만약 기업이 안전관리 시스템, 환경관리 시스템, 품질관리 시스템을 구현했다면 별도의 3가지 중복된 교육 요건을 갖춘 별도의 3가지 교육과정을 만들었을 가능성이 높다. 한 그룹

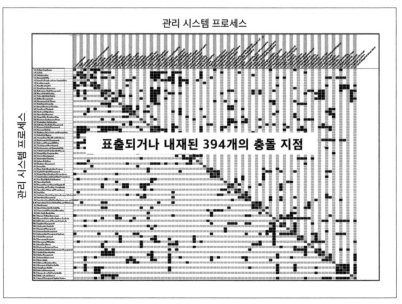

그림 16.2: 상호 배타성 시험의 예

주) 고기능의 통합관리 시스템을 가지고 있는 당신의 관리 시스템 프로세스들은 서로 충돌하는 것이 아니라 서로 구별될 것이다. 이 예에서 고객은 394개의 잠재적 갈등 지점을 가지고 있었다.

이 관리하는 단일 훈련 과정을 만드는 것이 훨씬 효과적이고 효율적일 것이다.

혹은 아마도, 당신은 공식적인 관리 시스템을 아예 갖추지 않는 것이 낫다고 생각할 수도 있다.

결국 성장에 초점을 맞춘 기업들은 관료주의를 피하려고 하며, 불행하게도 많은 기업들에게 있어, 현재의 중복된 관리 시스템 프로세스의 누적은 관료주의의 큰 원인이 된다. 비공식적인 관리 시스템으로 가는 것이 낫다는 생각의 유혹이 있을 수 있다.

비공식적인 관리 시스템을 사용하는 기업은 주로 '선한 사람들은 선한 일을 한다'는 생각에 의존한다. 기업이 성장함에 따라, 사람들이 하는 역할은 감소하고 처리되는 일의 숫자는 늘어나기 때문에 그런 시스템 효율성은 급속히 떨어진다. 만약 핵심 프로세스 중 일부가 오직 입소문을 통해서만 관리되었다고 생각해보자. 그럼 사람들은 그들이 무엇에 대해 평가받고 있는지 알지 못할 것이다. 또한 책임이 주어지지 않은 상태에서, 사람들은 누가 무엇을 책임질 것인지 어떻게 알 수 있겠는가?

그렇기 때문에 형식은 필요하다. 조직에서 의도적으로 고안되고, 작성되어 공유된 공식적인 관리 시스템이 다음의 사항을 실행하기 위해 더 효과적으로 도움이 될 것이다.

- 조직 전체에 기대치를 명확하게 전달한다.
- 부서 간 표준화 및 일관성을 향상한다.
- 리더가 표준과 목표에 맞춰 조정해야 할 책임의 근거를 제공한다.
- 지속적인 개선 기회를 점검할 수 있도록 측정 기준의 설정을 허용한다.

모든 것을 공식화하는 것은 직원이 적은 작은 기업에는 시급하지 않을 수 있지만, 대기업의 특정한 핵심 프로세스에는 필수적이다. 당신에게 필요한 것은 직원, 고객 또는 커뮤니티에 심각한 영향을 미칠 수 있는 프로세스의 우선순위를 정하고, 낮은 부가가치 프로세스를 관리하는 데 너무 많은 시간, 원가 및 노력을 쏟는 함정을 피할 수 있도록 돕는 '**위험 기반**' 접근방식이다. 즉 통합관리 시스템이 필요한 것이다.

통합관리 시스템

통합관리 시스템을 도입하기 위해, 나름의 7가지 '가치 동인(動因)'의 조합을 통해 모든 조직이 원하는 결과를 어떻게 정의할 수 있는지 생각해 보라.

- 안전
- 규제 준수
- 생산성
- 원가
- 환경
- 품질
- 수익

전통적으로 기업은 위험 평가 및 실행과 관련하여 이러한 가치 동인들을 서로 다른 관점에서 취급해왔다. 결국 실패의 잠재적 원인을 예방하기 위해 끝없이 핵심 제어 기능을 사용하게 되고, 그 결과 혼란이 발생한다 (그림 16.3 참조).

통합관리 시스템의 혁신적 특징은 위험의 원천이 사업과 운영 전반에 걸쳐 같음을 인식하는 데 있으며, 4가지 '위험의 원천'이 있다.

- 사람
- 설비
- 프로세스
- 변화

투입 요소를 완제품으로 변환시키기 위해 기업의 운영은 인력, 프로세스 및 설비의 어떠한 조합을 통해 투입물에 작용한다. 그중 어느 하나라도 실패하면 완제품은 고객의 요구사항을 충족하지 못할 것이다. 이외에 요구사항이 충족되지 않을 수 있는 다른 경우는 운영의 투입 요소 또는 요구사항 자체의 예기치 않은 변화가 있는 경우이다.

예를 들면 사람을 위험 카테고리에 넣고 고려해보자. 개인이나 그룹이

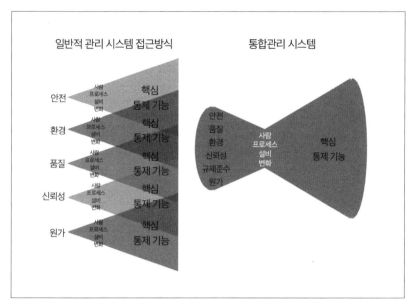

그림 16.3: 일반적인 관리 시스템 접근법

예상대로 일을 수행하지 못할 때, 무엇이 이런 일을 발생하게 했을까? 보통은 3가지 중 하나이다. 그 사람이 수행하길 기대했던 것이 무엇인지 모르는 경우, 기대했던 대로 수행할 능력이 부족했거나, 또는 기대했던 대로 일하지 않기로 했을 경우이다. 이것이 전부이다.

이것이 함축하는 의미는 미세하지만 매우 강력하다. 실행관리 측면에서 사람, 프로세스, 설비, 변화라는 한정된 원천에서 관리를 시작하는 것이 더 직접적이며, 더 적은 시간을 소요하며 더 유용하다. 이러한 원천은 일반적인 실패 원인으로 전환될 수 있다. 따라서 우리는 이러한 실패의 원인들을 예상할 수 있으며, 방어를 위한 통제 기능을 구축할 수 있다(그림 16.4 참조). 이와 같이 제한된 숫자의 잠재적 실패 원인을 관리하는 것이 어떤 한 요소가 유발할 수 있는 엄청나게 많은 숫자의 결과적 실패의 위험을 완화하는 것보다 훨씬 덜 복잡하다. 또한 이 접근방식을 적용하면, 한 가지 통제 기능을 통해 여러 가지 실패 원인을 해결하거나, 또는 한 가지 실패 원인이 여러 핵심 통제 기능의 지원을 받아야 해결할 수 있다.

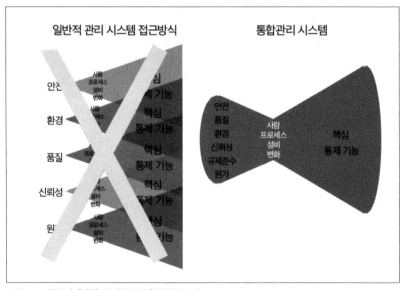

그림 16.4: 중복과 충돌을 제거하는 통합관리 시스템

7가지 요소

시스템 관리를 쉽게 하기 위해 핵심 통제 기능을 7가지 요소로 분류하는 것도 도움이 된다.

1. 리더십
2. 직원 책임
3. 위험 식별

4. 위험 완화

5. 지식 공유

6. 변화 관리

7. 지속적인 개선

이런 단순한 분류는 의사소통을 용이하게 하고 관리 시스템의 신속한 평가를 위한 전사적 프레임워크를 제공한다. 예를 들어 고객 이슈의 문서 관리(표준 및 절차 개발 프로세스)의 평가는 지식 공유(요소 5번)에 해당된다. 이 기업은 지난 몇 년 동안 문서관리에 근본적으로 발전을 보였지만, 문서의 사용 방법에 대해서는 일관성이 거의 없었다. 고객 이슈를 비싼 IT 솔루션을 통해 그 문제를 해결하려고 했지만 문제를 해결하지 못했다. 핵심 쟁점은 기업이 불필요한 서류들을 너무 많이 가지고 있었다는 것이었다. 그리고 이는 어떻게 위험을 식별해서(요소 3번), 어떻게 위험 완화 계획(요소 4번)을 개발하고, 문서 전체에 걸쳐 어떻게 변화 관리(요소 6번)할 것인지에 그 뿌리를 두고 있다. 신기술 도입은 이러한 각 프로세스에 단지 다른 프로세스를 추가하여 일을 더 복잡하게 했을 것이다. 결국 그 기업은 신기술 도입의 필요 없이 근본적인 문제에 집중함으로써 문제를 체계적으로 해결할 수 있었다.

추가적으로, 이 7가지 요소에는 순서가 있다(그림 16.5 참조). 대기업의 관리 시스템 혁신은 흔히 감당하기 어려운 대규모의 번거로운 다년간의 노력이 될 수 있다. 각 요소는 이전 요소에 근거하여 형성되기 때문에, 7가지 요소에 내재된 순서는 어디에 초점을 맞춰야 하는지를 제시한다. 예를 들어 충분한 능력이 없거나 당초에 위험을 식별하는 데 능숙하지 않다면 위험 통제에 집중하는 것은 합리적이지 않다.

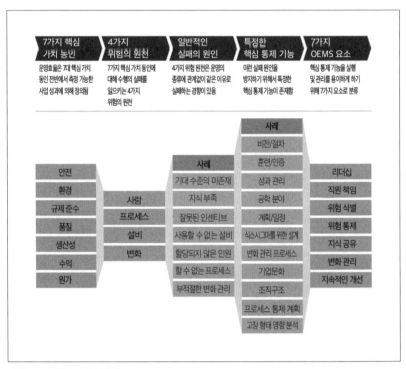

7가지 핵심 가치 동인	4가지 위험의 원천	일반적인 실패의 원인	특정한 핵심 통제 기능	7가지 OEMS 요소
운영효율은 7대 핵심 가치 동인 전반에서 측정 가능한 사업 성과에 의해 정의됨	7가지 핵심 가치 동인에 대해 수행의 실패를 일으키는 4가지 위험의 원천	4가지 위험 원천은 운영의 종류에 관계없이 같은 이유로 실패하는 경향이 있음	이런 실패 원인을 방지하기 위해서 특정한 핵심 통제 기능이 존재함	핵심 통제 기능을 실행 및 관리를 용이하게 하기 위해 7가지 요소로 분류

안전				사례		리더십
환경			사례	비전/절차		직원 책임
규제 준수	사람	기대 수준의 미존재	훈련/인증		위험 식별
품질	프로세스	지식 부족	성과 관리		위험 통제
생산성	설비	잘못된 인센티브	공학 분야		지식 공유
수익	변화	사용할 수 없는 설비	계획/일정		변화 관리
원가		할당되지 않은 인원	식스시그마를 위한 설계		지속적인 개선
		할 수 없는 프로세스	변화 관리 프로세스		
		부적절한 변화 관리	기업문화		
			조직구조		
			프로세스 통제 계획		
			고장 형태 영향 분석		

그림 **16.5**: 통합관리 시스템 개요

고신뢰조직(HRO, High-Reliability Organizations): 실행문화

통합관리 시스템은 복잡한 세상에서 실행효율을 위한 불충분하지만 매우 중요한 수단이다. 그것은 조직의 복잡성을 줄이는 단순화된 구조와 실행을 위한 프레임워크를 제공한다. 또한 사업의 중요한 프로세스는 더욱 강조되고, 중요성이 떨어지는 프로세스도 인지된다. 이러한 명확성은 훨씬 원가가 적게 드는 효율적인 운영을 가능하게 한다.

관리 시스템은 '하드웨어'이지만, 최적의 성과를 위해서는 여전히 '소프트웨어'가 필요하다: 그것은 문화이다. 문화는 조직이 점점 더 복잡하고 불확실한 조건에서 실행할 수 있는 수단이다.

복잡한 시스템에서는 운영을 위해 다른 종류의 문화를 필요로 한다. 새로 생기는 조건들 때문에 작업 지침만으로는 불충분하다. 석유, 화학, 가스, 제철, 항공, 원자력, 전력, 선박 등의 고위험 산업은 오늘날 세상에서 잠재적 대재앙이 일어날 수 있는 경우의 수들이 기하급수적으로 증가했다는 사실을 해결해야 한다. 분산된 인력들로 운영되는 글로벌 조직은 직원들의 작업을 감시하는 것이 더 어려워질 수 있다.

좀 더 구체적으로 말하면 재앙적인 결과를 초래하는, 즉 일어날 것 같지 않은 사건들인 '블랙 스완(Back Swan)'이 자주 일어나는 사건이 되고 있다. 리먼 브라더스 붕괴나 후쿠시마 재앙과 같은 사건들은 정상적인 예상 범위 밖에 있기 때문에 예견되지 않지만, 그것들은 사실이 된 이후에 이해가 되는 사건들이다.

이러한 잠재적인 사건을 해결하기 위해서는 새로운 문화 모델이 필요하다. 그 중심은 예상치 못한 일에 대처할 수 있는 행동과 사고방식을 배우고 발전시키는 데 있어야 한다. 이런 훈련을 실행하고, 역량을 개발하는 조직을 '고신뢰조직(HRO, High-Reliability Organizations)'이라고 한다. '고신뢰조직'은 단순화되고 통합된 관리 시스템을 운영하지만, 문화를 지렛대로 사용함으로써 한발 더 나아가고 있다. 결과적으로 그들은 다른 조직들보다 더 효과적으로 그리고 더 안전하게 운영된다.

세상에서 가장 잘 알려진 '고신뢰조직'은 '미국 해군 핵 추진 프로그램 (핵 해군)'일 것이다. 지난 60년 이상 혹독한 환경에서 젊은 기사(해병)들과 함께 원자로를 운영해온 이 조직은 원자로 사고를 경험한 적이 없다. 그 이유는 '심층적 방어'라 불리는 운영 성과와 안전을 위한 시스템 때문이며, 시스템은 다음과 같이 세 단계의 방어막에 의근한다.

- 최고의 설비조차도 때때로 고장날 것이라는 점을 인식하면서 '견고하고, 잘 점검되고, 유지되는 설비'.
- 모든 우발 상황에 대처하는 절차를 만든다는 것은 불가능하다는 인식이 반영된 '엄격한 절차'.
- 유사시 새로운 상황이 일어나도 대처할 수 있게 하는 '문화적 원칙(Cultural Pillars)'에 잘 적응되어 있고, 발전소 및 발전소의 능력에 대한 완벽한 이해를 갖춘 마지막 방어선인 '잘 훈련된 운영능력'.

핵 해군이 '프로그램의 원칙(Pillars of the Program)'이라고 부르는 마지막 요소는 예측불허하고 복잡한 상황에 적응하는 문화를 직접적으로 조성하는 데 도움이 된다. 이들은 다음과 같다.

- **진실성** 사람들은 자신이 하고자 하는 대로 행동하고, 누군가가 보든 안 보든 자신에게 기대하는 것을 할 수 있다. 그들은 옳은 일을 하고 자신을 포함한 모든 사람들이 책임질 용기를 가지고 있다.
- **지식 수준** 사람들은 그들이 무엇을 하는지뿐만 아니라 그것을 왜 하는지 이해한다. 사람들은 작업장의 시스템, 프로세스 및 위험에 대한 이해를 지속적으로 확장하여, 비정상적인 상황과 잠재적 위험을 식별하고 예기치 않은 상황에 효과적으로 대응하며 서로를 뒤에서 받쳐줄 수 있다.
- **문제의식의 자세** 사람들은 문제를 예상하고 일반적이지 않은 상황에

경각심을 갖는다. 그들은 스스로에게 끊임없이 다음과 같이 묻고 있다: 무엇이 잘못될 수 있을까? 뭔가 변한 게 있나? 이것들이 보이는 그대로 확실한 것인가? 내가 모르는 것이 무엇일까? 뭔가 놓치고 있는 것이 있을까? 이와 같이 문제의식의 자세는 타인에 대한 신뢰 부족이나 본인이나 동료 직원들이 해당 과제를 완수하지 못할 것이라는 생각에서 오는 것이 아니다. 오히려 그것은 경계심과 만성적인 불안감, 즉 일을 하는 데 더 좋은 방법이 있을 수 있다는 믿음에서 나온다.

- **형식** 직원들은 승인된 절차를 따른다. 그들은 계획한 대로 업무를 수행하고, 훈련된 방식으로 정보를 전달한다. 그들은 함께 작업하는 다른 사람들, 시설, 장비 그리고 프로세스로 이루어진 조직의 일부라는 것을 인식한다. 만약 어떤 것이 개선될 수 있다면, 그들은 개선하기 위해 공식적으로 적절한 채널을 사용한다; 그들은 '차선책'을 찾지 않는다. 그들은 정보를 신뢰하고 이해할 수 있도록 일관되고 규정된 방식으로 의사소통을 한다.

- **강제적인 감시 팀 백업** 사람들은 서로를 적극적으로 지원하며, 잠재적인 문제가 인식되면 거리낌없이 말한다. 강제적인 감시 팀 백업은 모두가 큰 조직의 일부분이고, 효과적이기 위해 함께 일해야 하며, 어느 누구도 완벽하지 않다는 개념에 뿌리를 두고 있다. 그들은 동료들이 놓쳤을지도 모르는 것을 적극적으로 찾고, 반대로 다른 사람들도 그렇게 하기를 기대한다. 그들은 개입하고 서로에게 관심을 보일 용기가 있다.

'문화적 원칙'은 서로를 보강하며 지탱해주고 있다. 예를 들어 지식 수준이 높다는 것은 의문점을 갖는 태도를 위한 기초가 되는데, 지식 수준이 낮다면 어떻게 비정상적인 상황을 인식할 수 있겠는가?(그림 16.6 참조) 이러한 원칙들은 극한의 조건에 적응하면서 하나씩 쌓아 올린 조직에 대한 학습에서 나왔다. 그러나 이러한 '문화적 원칙'은 모든 산업에 적용 가능하기 때문에 우리는 이를 통해 많은 이점을 얻을 수 있다. 석유, 화학 및 가스와 같은 고위험 산업에서부터 문화적 원칙이 고객 만족으로 바뀌는 소매업에 이르기까지, 그리고 심지어 의료 산업까지 모든 산업에 걸쳐 적용 가능하다. 사실 코로나바이러스와 메르스 등의 전염병에 매우 취약한 병원 시스템은 고신뢰조직의 문화적 원칙이 강조되는 분야이며, 원가 및 규제 압박 그리고 신기술로 인해 전례 없는 수준의 복잡성이 발생하고 있다.

우리는 다수의 자문과 컨설팅을 수행하면서, 이런 원칙들을 다른 조직

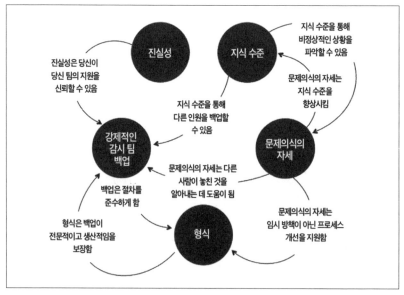

그림 **16.6:** 고신뢰조직의 문화적 원칙은 상호 간에 서로를 강화시킴

에 공식화하고 적용 및 배포하는 과정에서 그 위력을 보았다. 또한 우리는 미국 핵 해군 내의 원칙들을 공식적으로 측정(다음에서 설명한 야드스틱 접근 방식을 통해 문화를 측정하는 방법 참고)했으며, 수많은 기업에 대한 벤치마크 자료를 수집했다. 고신뢰조직은 비고신뢰조직보다 뛰어나고, 고신뢰조직문화는 '문화적 원칙'과 일치한다. 예를 들어 고신뢰조직의 직원은 목표문화가 무엇인지, 즉 어떤 모습이 좋은 모습인지의 관점에 대해 보다 밀접한 통일성을 가진다. 그리고 고신뢰조직문화는 비고신뢰조직보다 그들이 원하는 목표문화에 훨씬 더 가깝다.

야드스틱(Yardstyck)을 활용한 문화 측정

문화는 성과, 신뢰성, 수익성의 핵심이다. 이것은 또한 고객 경험을 직접적으로 형성하는데, 이는 최전방 행동들이 문화적 규범을 반영하기 때문이다. 불행하게도 '문화작업'은 흔히 측정지표와 자료가 없는 경우가 많다. 기준이 없으면 이슈와 진행 과정을 파악하기 어렵다. 고객의 요구에 따라 윌슨페루말이 개선의 출발점으로 자동화된 문화 측정 시스템인 야드스틱(그림 16.7 참조)을 개발하였다.

야드스틱은 고신뢰조직이 문화적 원칙을 어떻게 수행하는지에 대한 우리의 벤치

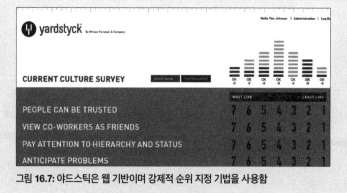

그림 16.7: 야드스틱은 웹 기반이며 강제적 순위 지정 기법을 사용함

마킹 자료를 사용하여, 우리의 고객이 그들의 문화와 고신뢰조직의 탁월한 실행과의 차이를 평가할 수 있도록 개발된 도구이다.

사용 방법은 다음과 같다.

1. **현재 문화의 기준으로 정함** 이 과정의 첫 번째 단계는 직원들에게 설문조사에 응답하도록 요청하고, 문화적 원칙에 맞춘 40개의 지표에 기초하여 직원들이 현재 문화를 어떻게 묘사하는지에 대한 데이터와 통찰력을 리더에게 제공한다. 야드스틱은 미래의 진행 상황을 측정할 수 있는 기준을 제공한다.

2. **목표문화 정의** 다음으로, 참가자들이 원하는 목표문화를 설명한다. 이를 통해 리더는 직원들이 원하는 문화, 현재 문화와 목표문화 사이의 일치 정도 및 격차의 크기를 이해할 수 있다.

3. **고신뢰조직문화에 대한 벤치마크** 윌슨페루말은 미국 핵잠수함 부대와 같은 고신뢰조직들과 야드스틱 평가를 실시했고, 세계적 수준의 벤치마크 비교자료를 고객에게 제공할 수 있다.

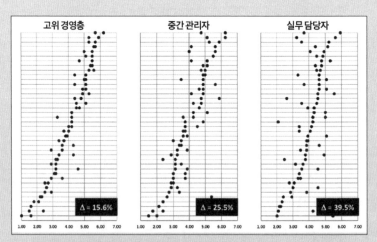

그림 16.8: 야드스틱은 문화에 대한 인식이 직위별로 어떻게 다르게 나타나는지 보여줌

40명의 직원을 두었든 4만 명의 직원을 두었든, 직원의 수에 상관없이 기업의 리더들은 야드스틱을 사용해 문화를 측정하고 다음과 같은 질문에 대답할 수 있다.

- 우리 직원들은 모두 같은 방식으로 우리의 문화를 체험하는가? 직위나 지역에 따라 다르게 체험하는가?(그림 16.8 참조)
- 우리 직원 모두는 우리의 목표문화가 무엇인지 알고 있는가?
- 우리의 문화를 건강한 문화를 가진 최고의 조직과 어떻게 비교해야 할까?
- 우리는 어디에 집중해서 우리의 문화를 변화시켜야 할까? 우리는 이러한 진행 과정을 어떻게 파악하고 있는가?

이런 데이터는 주요한 차이를 정확히 집어내기 때문에 가치가 있지만, 또한 문화에 적응하기 위해 일하는 동안에도 진행 상황을 알아볼 수 있는 플랫폼을 제공한다. 데이터가 제공하는 이익은 위험과 실행의 관점뿐만 아니라, 이익 개선 관련에서도 중요하다(그림 16.9 참조). 우리의 컨설팅 고객 중 하나인 100억 달러 규모의 정유기업이 이런 원칙들을 기업에 내재화시키기 위해 어떻게 문화적 전환을 시작했는지 생각해보자. 시작의 의도는 문화를 재앙적 위험 상황의 방어막으로 활용하려는 것이었다. 문화 원칙을 도입하고 불과 9개월 만에 '오일 누출' 사건이 75%가 줄면서 이를 달성했고, 더 주목할 것은 1년 만에 2억 달러 상당의 가치가 있는 신뢰도 향상까지 달성했다.

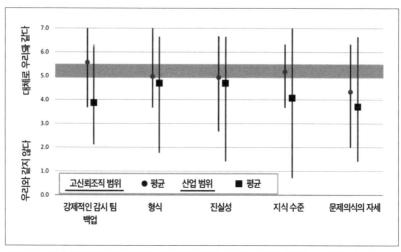

그림 16.9: 비고신뢰조직은 고신뢰조직보다 기대만큼 잘하지 못하며, 문화적 원칙과도 일치되지 않음

이 그림은 고신뢰조직뿐만 아니라 고신뢰조직 프로그램을 시작하려는 비고신뢰조직에서 집계된 데이터도 보여준다. 야드스틱 데이터는 고신뢰조직들의 문화적 원칙과 뚜렷하게 일치한다는 것을 보여준다.

(출처: 야드스틱의 문화적 평가에 대한 윌슨페루말의 고객 결과물)

모든 잠재적 위험에 대해 예측하고 설계하는 것이 불가능하므로, 원칙들은 새롭게 발생하는 이슈에 적응할 수 있는 수단을 제공할 뿐만 아니라, 학습을 가능하게 하는 간단한 관리 시스템과 함께 작동한다. 복잡한 시스템을 숙달하는 방법을 처음부터 운영 설계에 반영할 수 없기 때문에, 복잡성을 해결하는 방법은 한 번에 하나씩 이루어진다. 고신뢰조직은 가장 잘 알려진 접근법을 이용하고, 단순화된 관리 시스템을 학습을 위한 프레임워크로 활용한다. 그들은 모든 사건으로부터 배우고, 운영에 대한 새롭고 깊은 이해를 개발하여 해당 지식을 조직 전체에 빠르게 보급한다. 그렇기 때문에 미국 핵 해군 소속으로 바다로 나가는 모든 잠수함이 원자로 운영에 대한 6,200년 이상의 누적 학습을 대표한다고 말할 수 있다.

리코버 제독의 조직적 천재성

문화와 운영 규율에 대한 우리 생각의 대부분은 하이먼 리코버 제독(Admiral Hyman Rickover)과 미국 해군으로부터 영감을 받았다. 2차 세계대전이 끝난 후, 당시 리코버 장군은 핵추진 잠수함과 수상용 선박의 엄청난 잠재력을 가장 먼저 인식했다. 그는 상업용 원자력 발전소의 도면이 나오기도 전에 핵 해군을 건설하기 위한 연구에 착수했다. 유능한 엔지니어로서 그는 극복해야 할 엄청난 기술적 어려움들에 대해 정확하게 알고 있었다. 실제로 이것은 핵 원자로의 크기를 줄여서 잠수함 안에 들어갈 수 있도록 하고, 안전하게 운용할 수 있는 조직을 만드는 일로서 그 당시 기술적으로 가장 복잡한 일이었을 것이다. 그의 비전은 해군이 연료와 배터리의 제약 없이 더 멀리, 더 오래갈 수 있도록 하여 전술적으로 엄청난 이점을 갖는 것이었다.

결과는 당신이 알고 있는 그대로이다. 60여 년 전 원자력 잠수함이 시작된 이후 미 원자력 해군은 세계 어느 조직보다 많은 원자력 발전을 가동했으며, 단 한 건의 원자로 사고도 없었다. 또한 해군은 바다라는 멀고, 역동적이고, 거칠고 힘든 환경에서 젊은 인력과 높은 보직 변경에도 불구하고 이러한 것을 해냈다.

리코버의 진정한 천재성은 중요한 조직적 도전들에 대한 그의 깊은 이해에 기반을 두고 있다. 어떻게 핵 원자로같이 복잡한 것을 잠수함에 배치하고, 바다 아래에서 젊은 선원들과 함께 이것을 안전하게 운영할 수 있는가? 그는 그렇게 하기 위해서 수세기 동안 지속되었던 전통적인 군사 문화인 명령하고, 시키는 대로 따르고, 질문하지 않는 문화를 피해야 한다고 인식했다.

리코버는 군사력의 연속성과 원자로의 안전이라는 해군 핵 추진 프로그램의 이중 목적을 달성하기 위해서는 핵잠수함의 운영자들이 다른 방식으로 운영해야 한다는 것을 알고 있었다. 그는 향후 해군 내에서 '프로그램의 원칙'으로 알려진 진실성, 지식 수준, 문제의식의 자세, 형식, 그리고 강제적인 감시 팀 백업과 같은 차별화된 문화를 구축해야 했다.

리코버는 가장 하급 해병들조차도 문제를 제기하고, 발전소 전체가 어떻게 작동하는지 통합적인 이해를 하며, 그들 이외에 장교들까지도 백업하고, 철저한 형식을 갖추어 운영하고, 서로를 의지할 수 있기를 기대했다. 문제의 발생을 막는 열쇠는 사소한 일이 잘 맞지 않을 때 문제를 알아내는 것이었는데, 이때 선원들은 모두 계속해서 무언가를 검사하고 의문을 품어야 했다. 그렇게 하기 위해서는 사소한 것이 잘못되었을 때에 그것을 발견할 수 있는 상당한 수준의 지식이 필요했다.

실행을 마스터하기

리더들과의 작업에서, 우리는 대부분의 리더들이 그들의 낡은 문화에 변화가 필요함을 인식하고 있다는 것을 알았다. 하지만 문화적 변화를 가로막는 것을 감당하기에는 힘겨울 수 있다. 마찬가지로 관리 시스템을 정밀하게 점검하는 것이 엄청난 업무처럼 느껴질 수도 있다. 그래서는 결국 아무것도 할 수 없다. 하지만 업무를 하향식으로 처리하여 복잡성을 줄일 수 있는 방법이 있으며, 이를 통해 실행을 마스터할 수 있다.

1. **현재 상황과 기준점을 진단하고 측정하라** 측정 가능한 기준을 설정하고 기존 상황을 이해하라. 이는 하향식 접근방식인 7가지 요소를 통한 통합관리 시스템과, 당신의 실행능력을 신속하게 진단할 수 있는 야드스틱 문화 평가를 통해 이루어질 수 있다. 조직의 실행을 마스터하기 위해 실행 이슈들, 전략적 맥락, 그리고 비즈니스 사례를 이해하는데 시간을 투자하라. 그러면 나중에 많은 시간을 절약할 수 있고, 변화를 위한 반박할 수 없는 사례를 만들 수 있을 것이다.

2. **필요한 실행 역량을 정의한 후 미래상을 설계하라** 전략적 목표를 충족시키기 위해 어떤 새로운 또는 향상된 실행 역량이 필요할까? 통합관리 시스템과 고신뢰조직문화는 이러한 실행 요구사항을 어떻게 지원하는가? 이는 비즈니스의 특정 상황에서 새로운 통합관리 시스템 및 문화가 어떻게 보이는지 자세히 설명하는 중요한 설계 작업이며 경영진 전체의 지지가 필요하다. 예를 들어, 모든 관리 시스템 프로세스가 동일한 중요성을 가지는 것은 아니기 때문에 이를 어느 정도 구체적으로 정의하는 것이 중요하다.

3. **비전과 로드맵을 알리고, 출발점을 매우 신중하게 선택하라** 초기 출발점이 잘못되어 주요 도전 과제를 다시 시작하는 것은, 이것을 처음 시작하는 것보다 훨씬 어렵다. 현실적인 행동 기대치에 따라 새로운 문화에 조직을 맞춰보자. 지나칠 정도로 소통하고 그리고 조금 더 많이 소통하라.

4. **임원진의 스폰서십을 확인하라** CEO들이여, 이 문제를 당신의 의제로 삼으라. 실행 문제를 다루기 위해 고안된 대규모 프로그램을 실행할 때 어려움이 없는 것이 아니다. 실행을 뒷받침하는 것은 임원진의 스폰서십과 이를 비추는 밝은 미래이다. 이것은 계단과 같다. 기업에서 변화에 책임이 있는 사람이 누구인지 명확히 파악해야 한다. 매니저들은 실행 업무를 담당할 수 있지만, 리더가 '프로젝트를 팀에게 넘겨주길' 기대할 수는 없다. 관리 및 보상 시스템을 통해 새로운 문화가 지원되는지 확인해야 한다.

5. **변화의 여정을 시작하고 유연하고 긍정적인 자세를 유지하라** 진행과정과 계획 변경에 대해 투명성을 유지하라. 노력을 쏟는 동안에도 필요한 진

행 과정의 변경이 있을 것으로 예상하고, 처음부터 이러한 것에 대해 의사소통해야 한다. 물론 원하던 변화가 발생할 때 이를 확정하고 축하하는 것을 잊으면 안 된다. 큰 승리는 한 번에 오는 것이 아니라 작은 승리들이 쌓여서 이루어지는 것이다.

통합관리 시스템과 고신뢰조직문화를 함께 사용하면 매우 복잡한 세상에서 안정적이며, 일관성 있고, 안전하며, 더 낮은 원가로 전략을 실행할 수 있도록 조직의 능력을 변화시킬 수 있다. 올바른 관리 시스템을 개발하고 문화를 바꾸는 것은 리더의 의지와 헌신을 상당히 필요로 하는 어려운 과제이다. 탁월한 실행으로 가는 길은 기업마다 조금씩 다르게 보일 수 있다. 그러나 분명한 것은 조직이 각기 매우 다른 환경에 적응해야 하며, 그렇기 때문에 새로운 실행능력을 개발하는 것이 대부분의 조직에게 상당히 중요하다.

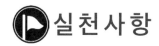 **실 천 사 항**

항해사의 기술을 습득하고 성장 리더 되기

기회:

Part Ⅳ에서는 복잡성 시대에 수익적 성장의 성공적 항해를 위해 필요한 중요한 역량을 정의했다. 모든 역량에 대해서 그들 자신이 강하다고 생각하는 조직은 거의 없고, 어디에 초점을 맞춰야 하는지는 현재의 경쟁 상황에 달려 있다. 하지만 다른 모든 것이 동등할 때, 돈을 어디에서 버는지 이해하는 것이 우선순위를 정하는 데 도움이 되기 때문에 그것부터 시작해야 한다.

핵심 토론 주제:

항해사의 기술	토론 질문
우리는 실제로 돈을 버는 곳을 알고 있다.	• 표준원가를 어느 정도까지 믿고 있는가? • 정확한 원가 관점에서 어떤 결정이 영향을 받는가?
우리는 포트폴리오를 관리하는 방법에 대해 신중하다.	• 현재의 핵심 브랜드는 어떤 상태인가? 일반적으로 우리의 포트폴리오는 어떤 상태인가? • 어떤 기회가 핵심에 집중함으로써 성장을 재점화할 수 있는가?
우리는 규칙을 가지고 새로운 시장과 목표물에 접근한다.	• M&A에서 우리는 전문가인가, 절제가인가, 아니면 애호가인가? • 인접영역 기회 평가를 어떻게 개선시킬 수 있는가!
우리의 운영 모델은 기업의 목표에 적합하다.	• 운영 모델을 언제 마지막으로 점검했는가? • 운영 모델이 우리의 실행능력을 가능하게 하는가, 아니면 방해하는가?
우리는 효율적이고 일관되게 실행한다.	• 우리의 관리 시스템은 복잡성을 줄이는가? 아니면 증가시키는가? • 우리는 어느 정도의 실행문화를 가지고 있는가?

검토 대상 영역:

- 추가 검토를 기반으로 당신의 항해사의 기술 위치를 표시하라.
- 경쟁 업체가 어디 있는지 상대적 위치를 추정하라.
- 당신이 가진 탐험가의 사고방식과 결합하여 사분면 위에 위치를 표시하라.
- 당신이 성장 리더라면 기회와 기회의 모습을 정의하고 평가하라.
- 성장의 길을 설정하라. 성장 리더가 되려면 어떤 것이 필요할지 생각하라.

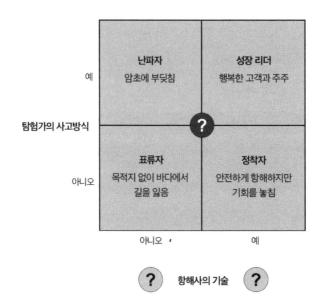

키투웨이(Key To Way Inc.)는…

㈜키투웨이(www.keytoway.kr)는 2009년 9월 설립된 한국의 토종 경영 컨설팅 회사로, 이후 지난 10년간 저성장, 저물가 시대에 맞춰 기능 중심의 전통적인 기존 컨설팅과 차별화된 실행 중심의 맞춤형 컨설팅을 제공하고 있다.

다양한 산업에 대한 경험과 외부전문가 및 글로벌 네트워크를 기반으로 복잡성 시대에 필수적인 복잡성원가계산에 기반한 포트폴리오 최적화, M&A 및 신시장 진출 전략 그리고 운영 모델 구축 등 실질적인 실행효율화(Execution Excellence)를 지원하며, 디자인 씽킹(Design Thinking)에 기반한 기업의 혁신 활동과 신사업 개발을 고객과 함께 수행하고 실질적인 결과물을 도출하고 있다.

'단일 브랜드 중심'의 구시대적인 글로벌 컨설팅 모델이 아닌 '국가별 브랜드 중심'의 전략적 제휴 방식의 글로벌 컨설팅 모델인 Cordence Worldwide(CWW, www.cordence.com)의 한국 대표(Member Firm)로 2013년 1월부터 가입하고, 30개 국가, 70개 사무소, 5,500명 이상의 컨설턴트와 프로젝트를 공동으로 수행하고 있으며, 해외근무를 통하여 글로벌 경험과 지식 기반을 공유하고 있다.

최근에는 CWW와 함께 'R&D의 제고·장비의 디자인 설계과정에서 생산 품질을 보장하는 방법론'인 'Six Theta' 서비스를 자동차 부품 산업 등 부품 및 조립 중심의 제조업을 영위하는 한국의 대기업에 제공함으로써 Six Sigma보다 훨씬 선행적인 큰 폭의 실행 중심의 원가절감을 지원하고 있다.

이외에도 복잡성 이슈를 해결하는 글로벌 리더인 윌슨페루말(Wilson Perumal & Company)을 포함하여 원가절감 등의 운영효율화, 턴어라운드, 경영(사업)승계 컨설팅, Smart X 및 고신뢰조직(HRO)문화 구축 등 특화된 전문 컨설팅 중심으로 다수의 외국 컨설팅 회사와 전략적 제휴를 맺고 있다.

주석

Chapter 1

1. 리빙스턴은 유명한 의료 선교사로, 집요하게 나일강의 근원을 찾아다녔다.

2. 리처드 포스터 이노사이트 연구

3. 짐 콜린스, 『위대한 기업은 다 어디로 갔을까』

4. 스티브 잡스의 아이폰 키노트, 「맥월드」, 2007에서

5. 상동(上同)

Chapter 2

1. 윌슨과 페루말, 『복잡성과의 전쟁』, 맥그로힐, 2009년

2. 빌 스위트맨, "랜드 리포트의 공동 프로그램 비용에 대한 발표(Aviation Week & Space Technology)", 2013년 12월 30일/ 2014년 1월 6일

3. 시에바넨, 수오말라, 파란고, "활동 기반 비용 및 제품 수익성", 탐페레, 핀란드: 산업경영기관, 탐페레 기술대학, 2001년

 5. "2010 IBM 글로벌 CEO 연구", IBM, 2010년 5월

6. "집중된 기업", 베인 앤 컴퍼니, 2012년 6월

7. "제9회 글로벌 CEO 설문조사", PWC, 2006년

8. 모리 클라인, 『파워 메이커』, 뉴욕: 블룸즈버리 출판, 2008년

9. 앤디 케슬러, 『돈 굴리기』, 뉴욕: 하퍼비즈니스 출판, 2004년

10. 모리 클라인, 『파워 메이커』

11. 상동

Chapter 3

1. 존 래플리, "새로운 중세시대", 「포린어페어스」, 2006년 5~6월호

2. 랄프 피터스, 『피와 신념의 전쟁들』, 스택폴북스, 2007년

3. 아마존닷컴은 '장기간'이라는 단어의 정의를 확장하고 있음

4. 브루스 그린월드와 저드 칸, 『경쟁우위 전략』, 펭귄 그룹, 2005년

5. 제니 캐티털 마켓이 맥도날드 주인 25명을 대상으로 실시한 조사를 「허핑턴 포스트」의 "맥도날드 가게 주인들은 패스트푸드 체인이 너무 느리게 되는 것을 두려워한다"에서 인용함(2013년 5월 17일)

6. 레슬리 패튼 "맥도날드의 145가지 선택, 미국 메뉴 정밀검사", 「블룸버그」, 2013년 5월 16일

7. 여러 치폴레 레스토랑에서 대장균의 출현은 메뉴 단순성의 이슈가 아니라, (아이러니하게도) 핵심 판매 지점에서 발생하는 문제(신선한 재료 사용 vs. 냉동 재료 사용)에 더 관련이 있다. (「블룸버그」 뉴스)

8. 「블룸버그」 기사에서 인용, "맥도날드, 미국 메뉴 정밀검사"

Chapter 4

1. S. H. 부처와 앤드루 랭에 의해 번역, 1906년

2. 시앙 완, 필립 T. 에버스와 마틴 E. 드레스너, "좋은 것이 지나치게 많음: 다양한

제품이 운영 및 판매 실적에 미치는 영향", 「운영 관리 저널」, 2012년

3. 제프리 콜빈, "러버메이드는 가장 존경받는 기업에서 방금 인수된 기업으로 되기까지 실패에 어떻게 대처했는가", 「포춘」, 1998년 11월 23일

4. 상동

5. 상동

6. 보 잭슨, 은퇴한 야구 선수이자 미식축구 선수

7. 치키타 투자자 설명회, 2013년 12월

8. "치키타는 '언더커버 보스'가 나가서 새 CEO를 찾는다", 「월스트리트저널」, 2012년 8월 7일

9. 엘리 포르틸로, "포도 사업을 떠나는 치키타", 샬럿 옵저버, 2012년 10월 18일

10. 짐 콜린스, 『위대한 기업은 다 어디로 갔을까』, 2009년

11. 탈리 샤로트, 『낙관주의 편향: 비이성적으로 긍정적인 누뇌의 여행』, 빈티지, 2012년

12. 글로브와 메일의 인터뷰, 2013년 2월 1일(https://www.youtube.com/watch?v=dR-GfEGpuCc.)

13. 윌슨페루말 인터뷰, 2014년 2월 20일

14. 짐 콜린스, 『위대한 기업은 다 어디로 갔을까』

15. 인디텍스(Inditex): 2012, 「하버드 비즈니스 리뷰」 사례(2014년 3월 7일),

    존 R. 웰스와 갤런 단스킨의 사례 연구

16. 계기판에 카세트 데크를 장착한 마지막 신차는 2010 렉서스였다. "카세트 데크의 재생 시간은 끝났다", 「뉴욕타임스」, 2011년 2월 4일

17. J. E. 카우프만과 H. W. 카우프만, 『중세 요새』, 다 카포 프레스, 2004년

18. 니콜로 마키아벨리, 『전쟁의 기술』, 시카고 대학 출판부, 2005년

19. "오늘은 죽지 않아: 리더들이 기업의 삶을 위축시키는 것에 대해 할 수 있는 일", 보스턴 컨설팅 그룹, 2015년 7월 2일

20. 「하버드 비즈니스 리뷰」, 2013년 10월

21. 스티브 데닝, "무엇이 마이클 포터의 모니터 그룹을 몰락시켰는가?", 포브스닷컴, 2012년 11월 20일

Chapter 5

1. S. H. 부처와 앤드루 랭에 의해 번역, 1906년

2. CEO 크루즈에 따르면, 그러한 맛 중 하나는 코코넛이다. "사람들 중에 90%가 코코넛을 싫어하지만, 10%는 광적으로 좋아한다고 한다. 우리는 3개월 동안 충분히 해냈지만, 이것은 5주 만에 사라졌다"고 그는 말했다. 윌슨페루말이 진행한 블루벨 아이스크림 CEO 폴 크루즈와의 인터뷰, 2011년 8월

3. "옴니채널 공급망에 대한 준비가 되지 않은 80%의 소매업체", 피어스리테일 블로그, 2015년 9월 16일, HRC 소매 자문사의 연구에서 인용

4. 런던 최고 전략 책임자 컨퍼런스, 2014년

5. "슈퍼배드 2(Despicable Me 2) 프로듀서는 박스오피스를 얻는 방법을 알고 있다", 「블룸버그 비즈니스」, 2013년 9월 23일

6. 매튜 그라한, "크리스 멜레댄드리, 미니언즈에서 밀리언즈를 만든 사람", 「파이낸셜타임스」, 2014년 1월 5일

7. "슈퍼배드 2(Despicable Me 2) 프로듀서는 박스오피스를 얻는 방법을 알고 있다", 「블룸버그 비즈니스」, 2013년 9월 23일

8. 질리안 디온프로와 유진 김, "아마존 설립자이자 CEO인 제프 베조스의 생애와 위대함", 비즈니스 인사이더, 2016년 2월 11일

9. 송재용과 이경묵, 『삼성 웨이』, 2014년

10. 삼성전자 대표이사인 권오현 박사와의 개별 만찬에서, 그는 우리 모두에게 디지털 시대에서 속도의 중요성을 강조했다. 그는 유럽의 느린 의사결정 때문에 잃은 경쟁력에 대해 한탄했다. 미국 기업들이 디지털 시대를 선도하고 있는 것은 미국 기술문화에 의해 의사결정 속도가 빠르기 때문이며, 삼성은 이를 모델로 삼고 있다고 전했다. 그리고 일본의 합의문화는 디지털 세계에서 그들이 뒤처지게 만드는 요인이라고 지적했다. 그는 일본이 경쟁력을 가진 사진과 인쇄 분야에서 핵심 기술은 디지털이 아니라 아날로그라고 덧붙였다.

11. 우리는 또한 이러한 방법이 다르게 작용하는 것도 목격했다. 기존 사업의 수명을 연장시키기 위한 투자를 고성장 사업이 빼앗아가는 것이다. 흔히 기업들은 이러한 고성장 사업과 관련된 복잡성 비용을 과소평가하거나, 현재 시행 중인 사업과는 다른 운영 모델이 필요하다는 사실을 알지 못한다.

12. 우리가 해독해낸 암호임. 윌슨페루말의 제곱근 원가계산에 대한 설명은 Chapter 12 참고.

Chapter 6

1. 콩고에서의 벨기에 잔학 행위에 대한 자세한 내용은 애덤 호크실드, 『레오폴드 왕의 유령』, 호튼 미플린, 1998년

2. 노먼 셰리, 『콘라드의 서부 세계』, 캠브리지 대학 출판부, 1971년

3. 로빈 핸버리-테니슨, 『위대한 탐험가들』, 템스 앤 허드슨, 2010년

4. 제프리 콜빈, "러버메이드는 가장 존경받는 기업에서 방금 인수된 기업으로 되기까지 실패에 어떻게 대처했는가", 「포춘」, 1998년 11월 23일

5. 다바 소벨, "경도", 블룸즈버리, 1995년 참조

6. 다바 소벨, "경도", 블룸즈버리, 1995년

7. 2013년 10월 2일

8. "페타바이트는 어떻게 생겼는가?", 컴퓨터 위클리는 몇 가지 사례를 제시하여 이에 대한 답변을 시도했다(http://www.computerweekly.com/feature/What-does-a-petabyte-look-like). 예를 들어, 1페타바이트는 미국 전체 인구의 DNA를 저장한 다음 두 번 복제하기에 충분하다. 만약 당신의 아이폰에 1페타바이트의 노래가 있다면 그것을 모두 재생하는 데 2,000년이 걸릴 것이다.

9. 앤드루 맥아피와 에릭 브린욜프슨, 『빅 데이터: 경영 혁명』, 「하버드 비즈니스 리뷰」 출판, 2012년 10월

10. 이에 대처하기 위해 리더들은 서로 다른 접근법을 개발한다. 한 임원은 오전 10시 이후에는 자신의 하루가 운영 활동에 소모될 것을 알고 있다고 말했다. 그러니까 4시간 동안 전략적인 사고를 가진다면 오전 6시에, 5시간이라면 오전 5시에 회사에 올 것이다 등등. 소매업 경영진이 금요일 매장에서 고객 및 직원들과 하루를 함께 보내는 것은 흔한 일이다. 이것은 매장에서의 일이 중요하다는 것을 의미하면서, 동시에 이러한 인식을 심어주기 위한 것이다.

11. 타깃(소매기업)에 대한 존슨의 획기적인 순간은 많은 유럽 출장 중 발생하곤 했다. 한번은 그가 이탈리아 기업인 알레시가 화분과 주스기를 예술 작품으로 선보이고 있는 가정용품 쇼에 참석했다. 그는 "마치 박물관을 걷는 것과 같았다. 그들은 돈을 벌기 위해서가 아니라 훌륭한 제품을 만들기 위해 그곳에 있었다"고 말했다. 이는 그에게 디자인의 가치에 대한 인상을 깊이 심어주었으며, 타깃 성공의 큰 부분이 되었다. 제니퍼 레인골드, "론 존슨: 소매업의 새로운 급진파", 「포춘」, 2012년 3월 7일

12. "애플, 미국 내 제곱피트당 매출 기준 10대 소매업체로 사업을 확장한다", 「포춘」, 2015년 3월 13일

13. 다스 나라얀다스, 케리 허먼과 리사 마잔티, "론 존슨: 타깃, 애플, 제이시페니에서 소매업", 「하버드 비즈니스 리뷰」 사례, 2015년 4월 24일

14. 브래드 터틀에서 인용, "론 존슨이 이탈하도록 이끈 제이시페니의 5가지 큰 실수", 「타임」, 2013년 4월 9일

15. 제니퍼 레인골드, "론 존슨: 소매업의 새로운 급진파", 「포춘」, 2012년 3월 7일

16. 맥스 채프킨, "어떻게 실패한 제이시페니 CEO 론 존슨이 즐거움으로 자신을 보완하고 있는가", 「패스트컴퍼니」, 2015년 10월 26일

Chapter 7

1. 많은 사람들에게 '기업가'라는 단어는 작은 회사에서 일하거나, 많은 일을 할 기회를 갖거나, 관료주의를 거스르려고 노력할 필요가 없다는 것을 의미한다. 어떤 사람들에게 기업가란 올라갈 수 있는 상당한 가능성을 의미한다. 여전히 다른 사람들에게 기업가라는 단어는 그들이 가지고 있어야 하는, 그들의 모든 독특한 재능을 인정받는 것을 의미한다. 이 모든 것들이 기업가적 회사에 존재할지 모르지만, 우리는 이 모든 것들이 기업가정신을 정의하는 것과는 거리가 멀다고 믿는다.

2. 피터 H. 디아만디스와 스티븐 코틀러, 『볼드』, 사이먼 앤 슈스터, 2015년

3. 페이팔은 틸과 머스크가 설립한 두 스타트업의 합병으로 설립되었다.

4. 틸, "제로 투 원: 스타트업에 대한 노트 또는 미래를 구축하는 방법", 크라운-비즈니스, 2014년

5. 비비언 월트, "아마존이 인도를 침략하다", 「포춘」, 2015년 12월 28일

6. 클레멘트 애틀리에 대한 처칠의 논평: "겸손해야 할 것이 많은 겸손한 사람"

7. 저자들은 이러한 전략들이 여러 차례의 대화와 직접 인터뷰, 200시간이 넘는 비디오 녹화를 통해 확인되었다고 말한다. 연구원늘은 이 조사에서 아이디어를 분류한 다음 분석했다.

8. 디아만디스와 코틀러, 『볼드』

9. 조지 버나드 쇼, 『인간과 초인』

10. 디아만디스와 코틀러, 『볼드』

11. 디아만디스와 코틀러, 『볼드』에서 인용

12. 메드 로소프, "제프리 이멜트. GE가 10대 소프트웨어 기업이 되기 위한 궤도에 오르다", 비즈니스 인사이더, 2015년 9월 29일

13. 제프리 이멜트, "워싱턴으로부터 반영"(https://www.linkedin.com/pulse/reflections-from-washington-jeff-immelt?trk=mp-reader-card), 2016년 9월 29일

Chapter 8

1. 월터 아이작슨, "스티브 잡스의 진정한 리더십 교훈", 「하버드 비즈니스 리뷰」, 2012년 4월

2. 에른스트 F. 슈마허, 영국 경제학자(1911-1977)

3. 예산이 기업의 전략을 반영해야지 반대로 해서는 안 된다. 그러나 실제로는 종종 예산 책정과정의 목적이 전략을 반영하고 지원하는 것이 아니라 예산에 도달하는 것이다.

4. "내 프리토를 내버려둬: 펩시의 도전: 회사를 한 조직으로 유지하라", 「이코노미스트」, 2014년 3월 1일

5. 마이클 히트, R. 듀에인 아일랜드, 로버트 호스키스, "전략적 경영: 경쟁력 및 세계화: 개념과 사례", 사우스-웨스턴 센게이지 러닝, 2009년

6. 셰릴 나이트, "새로운 글로벌 이니셔티브가 화이자를 도와 3천만 달러 이상의 비용 절감", 플리트 파이낸셜, 2010년 7월

7. 트리샤 듀리, "이베이와 페이팔의 분리에 대해 알아야 할 모든 것", 긱와이어닷컴, 2015년 7월 1일

Chapter 9

1. "비즈니스의 속도가 정말로 점점 빨라지는가?", 「이코노미스트」, 2015년 12월 5일

2. 노트: 지수에서 이탈한 것은 가치 하락이나 인수 때문이었다. 일부 인수 목표의 지수 이탈은 주주에게 희소식이긴 했지만, 다음의 유명한 기업을 포함한 대부분의 경우 지수 이탈은 하락의 이정표였다: 서킷 시티, 베어스턴스, 솔렉트론, 라디오 섀크, 코닥, 팜, 시어스, 그리고 「뉴욕타임스」.

3. 길반 C. 수자, 배리 L. 바이우스, 하비 M. 와그너, "신제품 전략과 산업 클럭 속도", 매니지먼트 사이언스 50, 4번(2004년 4월)

4. 『복잡성과의 전쟁』에 대한 보증, 스티븐 윌슨과 안드레이 페루말 저(맥그로힐, 2009년)

5. 에일리 포프, "맥크리스털 장군이 어떻게 작은 팀의 마술로 규모를 잡았는가?", 총회 블로그, 2015년 10월 8일

6. 스탠리 맥크리스털, 데이비드 실버맨, 크리스 푸셀, 탄툼 콜린스, "스탠리 맥크리스털 장군: 군대가 우리에게 적응을 가르칠 수 있는 방법", 「타임」, 2015년 6월 9일

7. 프레더릭 테일러는 기계공학자였으며, 과학적 경영의 아버지로 간주된다. 그는 공장 효율을 높이기 위해 시간과 동작 연구를 개발한 것으로 유명하다.

8. "켈리의 14가지 규칙과 실습", http://www.lockheedmartin.com/us/aeronautics/skunkworks/14rules.html

9. 다이스케 와카바야시, "애플 엔지니어가 아이폰의 탄생을 회상한다", 「월스트리트저널」, 2014년 3월 25일

10. 스탠리 맥크리스털, 데이비드 실버맨, 크리스 푸셀, 탄툼 콜린스, "스탠리 맥크리스털 장군: 군대가 우리에게 적응을 가르칠 수 있는 방법"

11. 스콧 엥글러, "리더십의 여정: 스탠리 맥크리스털 장군으로부터 얻은 네트워크 리더십에 대한 7가지 교훈", 링크드인, 2016년 1월 4일

12. "은퇴한 미군 스탠리 맥크리스털 장군이 이야기하는 리더십 전략", MIT 슬론, 2015년 2월 18일

13. 2015년 레킷벤키저 그룹의 연간보고서 및 재무제표

14. 스탠리 맥크리스털 장군, "팀 중의 팀: 복잡한 세계를 위한 새로운 참여 규칙", 포트폴리오, 2015년

15. 「하버드 비즈니스 리뷰」, 2014년 1~2월

16. 송재용과 이경묵, 『삼성 웨이』, 맥그로힐 교육, 2014년

Chapter 10

1. 필 사이먼에서 인용함, 『Too Big to Ignore』, 와일리, 2013년

2. "할 배리언의 웹이 관리자에게 도전하는 방법", 맥킨지 코멘터리, 2009년 1월

3. 에릭 슈미트, 조너선 로젠버그, 『구글은 어떻게 일하는가』, 그랜드 센트럴 출판, 2014년

4. 다니엘 코헨, 매튜 서전트, 켄 서머스, "3-D 프린팅이 형태를 잡다", 맥킨지 쿼털리, 2014년 1월

5. 잭 홀, "애플워치 데뷔를 앞두고 패션/럭셔리 전문가들을 모집하는 애플스토어", 9to5Mac, 2014년 12월 8일

6. 존 게라시, "내가 「뉴욕타임스」에서 혁신하려고 노력하면서 배운 것", 「하버드 비즈니스 리뷰」, 2016년 4월 7일

7. 케빈 J. 부드로와 카림 R. 라카니, "크라우드를 혁신 파트너로 사용하기", 「하버드 비즈니스 리뷰」, 2013년 4월

8. 이 책의 Part I~IV의 시작 부분에 있는 그래픽은 세계 각지의 크라우드소싱을 통해 얻었다.

9. 미셸 카루소-카브레라, "3M CEO: 리서치가 이 기업을 이끌고 있다", CNBC, 2013년 6월 10일

10. 마크 M. 존슨, 클레이턴 M. 크리스텐슨, 헤닝 카거만, "비즈니스 모델에 재투자

하라", 「하버드 비즈니스 리뷰」, 2008년 12월

11. 킴 바그너, 앤드루 테일러, 하디 자블릿, 유진 푸, 보스턴 컨설팅 그룹, BCG 설문조사: 2014년 가장 혁신적인 기업", 2014년 10월 28일

12. 아룬 순다라라잔, "집카(Zipcar)에서 공유경제까지", 「하버드 비즈니스 리뷰」, 2013년 1월 3일

13. 마이클 슈레이지, "Q&A: 실험자", 「MIT 테크놀로지 리뷰」, 2011년 2월 18일

14. 매트 호난, "애플 뉴턴의 예언적 실패와 충격의 지속에 대한 기억", Wired.com, 2013년 8월 5일

15. 조이스 베디, "토마스 에디슨의 발명적 삶", 스미스소니언 연구소, 2004년 4월 18일

16. 리타 건서 맥그래스와 이안 맥밀런, 『발견 주도 성장』, 「하버드 비즈니스 리뷰」, 2009년

Chapter 11

1. 메모리칩은 인텔의 기술 동력이었다. "이 문구가 의미하는 것은, 테스트하기 쉽기 때문에 항상 우리는 메모리 제품에 대한 기술을 먼저 개발하고 다듬었다는 것이다. 일단 이 기술이 메모리에 디버깅되면 마이크로프로세서와 다른 제품에 적용되었을 것이다." 또 다른 믿음은 인텔의 영업 사원들이 완전한 제품군 없이는 일을 잘 할 수 없다는 것이었다.

2. 앤드루 S. 그로브, "오직 편집증 환자만이 살아남다", 크라운 비즈니스, 1999

3. 마틴 피어스와 닉 윙필드, "우편으로 영화를 제공하도록 설정된 블록버스터사", 「월스트리트저널」, 2004년 2월 11일

4. 상동

5. 릭 뉴먼에서 인용한, "어떻게 넷플릭스(그리고 블록버스터사)가 블록버스터사를

죽였는가", U. S. 뉴스앤월드리포트, 2010년 9월 23일

6. "코닥의 마지막 순간?", 「이코노미스트」, 2012년 1월 14일

7. 슘페터, "후지필름이 어떻게 살아남았는가", 「이코노미스트」, 2012년 1월 18일

8. 클라우디아 H. 도이치, "코닥에서, 오래된 것들이 다시 새로워졌다", 「뉴욕타임스」, 2008년 5월 2일

9. 카나 이나가키와 주로 오사와, "후지필름, 초점의 변경으로 번성하다", 「월스트리트저널」, 2012년 1월 20일

10. 데이비드 골드먼, "어떻게 MS 서비스는 10억 달러를 날렸고, 그 이야기를 전하기 위해 살아남았는가", CNN머니, 2015년 3월 31일

11. 앤드루 S. 그로브, 『오직 편집증 환자만이 살아남다』

12. 리처드 포스터와 사라 캐플런, 창조적 파괴(더블데이 출판)의 저자들이 "문화적 록인(Lock-in)"에 기여한 두 번째와 세 번째 포인트에 대해 토론하다.

13. 예외는 마이크 맥나마라, 타깃사의 CIO이자, 전 영국의 테스코 스토어의 CIO이다. 새로운 일자리를 얻은 지 얼마 지나지 않아서, 맥나마라는 CEO 브라이언 코넬에게 그의 예산이 너무 크다고 말했다. 이는 스타트리뷴(카니타 쿠말, "타깃의 IT 최고위자 소규모 예산으로 시작하여 새로운 방향 설정, 2016년 7월 30일)에 보도된 것과 같았다. 「월스트리트저널」 분석가들과 함께한 뉴욕의 회의에서 코넬은 "이 일은 내 경력 중 처음으로 누군가 내 사무실로 들어와서 '브라이언, 우린 써야 할 돈이 너무 많아'라고 말한 경험이었다"고 말했다. 맥나마라는 "우리는 그저 너무 많은 일을 하고 있었을 뿐"이라고 설명했다. 그 후 기업은 800개의 프로젝트 수를 80개로 줄였다. 맥나마라에 따르면, "심지어 타깃만큼 큰 기업도 800개의 우선순위를 가지고 있지 않다".

14. 브래드 스톤, 『아마존, 세상의 모든 것을 팝니다』, 리틀, 브라운 앤 컴퍼니, 2013년

15. 리타 건서 맥그래스, 『경쟁우위의 종말』, 「하버드 비즈니스 리뷰」 출판, 2013년

Chapter 12

1. 기업의 표준원가 수치가 영업이익 수준에서 반영되지 않았다. 분석을 위해 SG&A 비용을 수익과 비례하도록 균등하게 배분해서 표준원가를 영업이익 수준으로 환산해 반영했다.

2. 이 사례에서 이윤 수치는 고객 보호 차원에서 변경했기 때문에 예시적이다.

3. 이러한 원가는 규모에 따라 차이가 발생한다는 점에서 변동원가에 속하지만, 물량에 비례해 변동하는 기존의 변동원가와는 매우 다르다. 우리는 변동(Variable)이라는 용어를 전통적인 변동원가를 참조하기 위해 사용할 것이다.

4. 기술적으로 모든 복잡성원가가 물량의 제곱근 관계를 따르는 것은 아니다. 비록 대부분이 그렇기는 하지만, 우리가 복잡성원가라고 부르는 것 중 일부는 변동적 또는 고정적 원가 관계를 따를 수 있어, 그것들을 변동원가와 고정원가 범주에서 다루고 있다. 더 정확히 말하면, 우리는 이것을 수량의 제곱근원가라고 부를 수 있지만, 이것은 복잡성원가라고 부르는 것보다 훨씬 더 번거롭다. 복잡성원가는 더 정확하고 훨씬 유익한 용어이다.

5. 디자인상 SRC 비용은 단순 다항식($Cost = Ax + Bx^{1/2} + C$)으로 표현될 수 있는데, 이는 원가 및 이윤 확대 곡선을 간단하게 개발하도록 돕는다.

Chapter 13

1. 세스 고딘, "하지만 이것이 당신의 유일한 일이라면?"(블로그), 2014년 12월 28일

2. 세레나 엔지, "P&G는 브랜드의 절반 이상을 버릴 것", 「월스트리트저널」, 2014년 8월 1일

3. 제니퍼 라인홀드, "P&G가 다시 목표를 찾을 수 있을까?", 「포춘」, 2016년 6월 9일

4. 드미트리오스 칼로예로풀로스, "프록터앤드갬블사 주식 90달러: 다음은 뭐지?", 모틀리풀, 2017년 4월 8일

5. 린지 휘프, "또 다른 100억 달러를 절감하기 위한 P&G", 「파이낸셜타임스」, 2016년 2월 18일

6. 알렉산더 쿨리지, "P&G는 79억 달러 이익, 핵심 판매 전망 증가", 신시내티 인콰이어러, 2017년 1월 20일

7. 릭 쿠시, "허쉬 기업: 외부에서 승리하기 위한 내부 조정," 아이비 비즈니스 저널, 2012년 4월

8. P&G 내부 블로그, "전략은 단순하다…", 2010년 12월 24일(http://news.pg.com/blog/company-strategy/strategy-simple%E2%80%A6)

9. 네슬레 2017년 뉴욕의 소비자 분석 그룹(CAGNY) 발표회, 2017년 2월 23일

10. 칼 울리히, "'파괴적 혁신'의 오류", 「월스트리트저널」, 2014년 11월 6일

11. "뉴욕의 한 남성 5월 21일 종말의 날을 앞두고 평생 모은 저축을 모두 써버리다", 폭스뉴스닷컴, 2011년 5월 14일

12. 네슬레 2017년 뉴욕의 소비자 분석 그룹(CAGNY) 발표회, 2017년 2월 23일

13. 드류 나이서, "크로락스 CMO의 더 나은 브랜드를 위한 다섯 개의 빌딩 블록", 애드버타이징 에이지, 2017년 3월 8일

14. 존 카롤프스키, "크로락스의 구매자 통찰력을 활용한 계절별 프로모션", CPG Matters, 2012년 4월

Chapter 14

1. 켄 파바로는 마라콘 어소시에이츠(Marakon Associates)의 전 CEO였다.

2. "인접영역으로의 확장 전략의 위험", 「전략+비즈니스」, 2014년 1월 30일

3. 안젤라 아렌츠, "노후화된 영국 아이콘을 글로벌 명품 브랜드로 바꾸는 버버리 CEO", 「하버드 비즈니스 리뷰」, 2013년 1~2월

4. 윌슨페루말의 밴티지 포인트, 2014년 2호

5. 스콧 A. 크리스토퍼슨, 로버트 S. 맥니시와 다이앤 L. 시아스, "합병이 잘못되면", 맥킨지 쿼털리, 2004년 5월

6. 윌슨페루말의 밴티지 포인트 보고서, "M&A의 애호가 그룹이 되는 함정을 피하라. 절제가 그룹이 전문가 그룹으로부터 성공적인 M&A 전략을 실행하는 방법을 어떻게 배울 수 있는가"에 자세히 설명됨.

7. 윌슨페루말 인터뷰와 조사

8. 비벡 버마, CEO 겸 총괄 책임자, 올람 내부 블로그, "인스턴트 커피로 진입하기", 2016년 2호

9. 숀 레인(중국시장조사단 관리이사), "중국에서 베스트바이가 실패한 이유", CNBC, 2011년 3월 7일

Chapter 15

1. "M&A의 애호가 그룹이 되는 함정 피하기", 밴티지 포인트 2013년 4호(www.wilsonperumal.com)

Chapter 16

1. 도널드 설, 레베카 홈크스와 찰스 설에서 인용, "전략 실행이 흐트러지기 시작하는 이유와 그 해결 방법", 「하버드 비즈니스 리뷰」, 2015년 3월

2. "오직 4개 업체 중 1개 업체만 이 일을 잘한다", 윌슨페루말(http://www.wilsonperumal.com/blog/blog/only-1-in-4-businesses-do-this-well#more-3822)

복잡성 시대의 성장의 역설

1판 1쇄 발행 2020년 10월 1일
1판 2쇄 발행 2021년 1월 25일

- ■**지은이** | 안드레이 페루말·스티븐 윌슨
- ■**옮긴이** | 김만수·권영상
- ■**펴낸이** | 정태욱 **책임편집** | 강은영   **디자인** | 안승철
- ■**펴낸곳** | 여백출판사 **등록** | 2019년 11월 25일 제 2019-000265호
- ■**주소** | 서울시 성동구 한림말길 53, 4층 [04735]
- ■**전화** | 02-798-2368 **팩스** | 02-6442-2296   **이메일** | yeobaek19@naver.com

ISBN 979-11-90946-03-2 03320